KB100980

레닌의 유산: 진리로 나아갈 권리

REVOLUTION AT THE GATES

Copyright ⓒ Slavoj Zizek

All rights reserved. Published by arrangement with Verso(The Imprint of New Left Books).

No part of this book may be used or reproduced in any manner whatever without written permission except in the case of brief quotations embodied in critical articles of reviews.

Korean Translation Copyright ⓒ 2017 by Sangsang Academy
Korean edition is published by arrangement with Verso, through BC Agency, Seoul.

이 책의 한국어판 저작권은 BC 에이전시를 통한 저작권자와의 독점 계약으로 상상아카데미에 있습니다. 저작권법에 의해 한국 내에서 보호를 받는 저작물이므로 무단전재와 복제를 금합니다.

레닌의 유산:
진리로 나아갈 권리

Revolution at the Gates:
Selected Writings of Lenin from 1917

슬라보예 지젝

정영목 옮김

생각의힘

차례

파국과 혁명 사이에서 2   레닌의 유산: 진리로 나아갈 권리

일러두기

1. 『레닌의 유산: 진리로 나아갈 권리』는 Verso에서 출간한 *Revolution at the Gates* 2011년판의 'Afterword: Lenin's Choice'를 우리말로 옮긴 것이다. *Revolution at the Gates*의 'Introduction: Between the Two Revolutions'와 'Revolution at the Gates'는 『혁명의 기술에 관하여』로 출간하였다.
2. 저자의 주석은 일련번호로, 한국어판 옮긴이의 주석은 •로 표기하였다.
3. 단행본은 『 』, 신문, 잡지, 영화, 음반 등은 「 」로 표기하였다.
4. 본문에서 굵게 표기한 글자는 저자가 강조한 부분이다.

레닌에게서 무엇을 배울 것인가

동유럽의 변방 슬로베니아의 한 지식인이 1989년 『이데올로기의 숭고한 대상』을 통해서 세계 지식사회에 처음 이름을 내밀었을 때, 그가 우리 시대의 가장 문제적인 철학자이자 '가장 위험한 철학자'가 되리라고 점친 사람은 많지 않았다. 하지만 그는 이듬해 슬로베니아 대선에 출마했다가 낙선한 이후에 더 본격적으로, 그리고 전방위적으로 열정적인 '이론투쟁'을 개시한다. 그 투쟁은 간단히 도식화하자면 '민주주의에서 프롤레타리아 독재로', '순수정치에서 정치경제학으로'라는 이행의 궤적을 그린다. 이러한 이행의 중요한 계기는 레닌주의에 대한 그의 새로운 사유다. 이 경우 레닌은 "마르크스는 괜찮아, 하지만 레닌은 뭐야?"라고 할 때의 레닌이다.

블라디미르 일리치 레닌Vladimir Il'ich Lenin을 반복한다고? 지젝의 이러한 기획에 대한 일반적인 반응은 '빈정거리는 폭소'다. '자본주의의 힘을 완벽하게 묘사한 상품의 시인' 카를 마르크스Karl Marx

는 오늘날 월스트리트에서도 좋아한다. 하지만 레닌은 뭔가? 마르크스주의를 실천에 옮기려는 노력의 '실패'이자 '현실사회주의' 실험이라는 커다란 '재앙'의 상징적 인물 아닌가? 하지만 지젝이 다시 건져내고자 하는 레닌은 그러한 '낡은 교조적 확실성'을 가리키는 이름이 아니라 재앙에 가까운 상황에 내던져지는 근본적인 경험을 한 레닌이며 그런 상황에서 어쩔 수 없이 마르크스주의를 다시 만들어야 했던 레닌이다. '사회적 모순을 해결하기 위한 과학적 무기'로서『자본론』을 치켜세우곤 하지만, 레닌은 자신이 직면한 새로운 문제들에 대해 이렇게 토로한 바 있다. "이 문제에 관해서 마르크스와 엥겔스는 단 한마디도 하지 않았다."

레닌이 처했던 재앙적 상황이란 1914년의 상황이다. 전 유럽이 군사적 갈등 상황 속에서 둘로 쪼개져 대립하고 있었고, 유럽의 모든 사회민주주의 정당들마저도 '애국주의 노선'을 채택해 레닌에게 충격을 던져주었다. 하지만 레닌은 사회주의 운동 자체가 소멸한 것 같은 절망적인 시점에서 '혁명의 독특한 기회'를 포착한다. 영국의 역사학자 에릭 홉스봄Eric Hobsbawm은 20세기를 자본주의의 평화적 팽창이 끝난 1914년에서 현실사회주의의 모국 소련이 해체된 1991년까지로 규정했다. 지젝의 제안은 우리가 레닌이 1914년에 대응해한 일을 1991년에 대응해 다시금 행해야 한다는 것이다. "다른 가능성은 없어. 민주적 합의에 충실해야 돼"라는 일종의 '사고 금지'에 대응해 다시금 생각하기 시작하는 것, 그것이 "레닌"이란 이름이 우리에게 상기시켜주는 것이다.

"파국과 혁명 사이에서"라는 새 이름을 얻은 이 책에서 지젝은 한마디로 "레닌에게서 무엇을 배울 것인가?"라고 다시 따져 묻는다. 그의 기본 문제의식은 무엇이었나? "우리가 양보할 수도 없고 양보해서도 안 되는 '레닌주의적' 입장은 다음과 같은 것이다. 오늘날 실질적인 사상의 자유는 현재 지배적인 지위에 있는 자유민주주의적이고 '탈이데올로기적인' 합의에 의문을 제기할 자유를 의미하며, 그것이 아니라면 아무런 의미도 없다."는 것이다. 지젝이 보기에 오늘날 전지구적 자본주의 사회에서는 그러한 '합의'만 유지된다면 아무리 과격하고 급진적인 주장이라 할지라도 용인된다.

자유주의적 관용의 한 사례로 지젝이 드는 것은 인도에서의 맥도널드 해프닝이다. 맥도널드가 감자튀김을 소의 지방에서 나온 동물성 기름에 튀긴다는 사실이 알려지자 인도에서는 대규모 시위가 일어나는데, 이에 대응하며 맥도널드는 바로 사실을 시인하고 인도에서 파는 모든 감자튀김은 식물성 기름으로만 튀긴다고 약속한다. 신속한 조치에 만족한 힌두교도들은 다시금 '안심하고' 감자튀김을 먹게 되었다는 얘기다. 여기에서 요점은 힌두교도가 자신의 전통을 방어한다는 것 자체가 이미 근대성의 논리에 포섭되어 있다는 사실이다. 지젝이 보기에 맥도널드의 힌두교도 '존중'은 어린아이들을 대할 때의 태도와 다를 바 없는 생색내기다. 우리가 어린아이들을 진지하게 대하진 않더라도 그들의 환상을 굳이 깨뜨리지 않으려고 무해한 습관들을 '존중'해주는 것과 마찬가지라는 것이다. 하지만 그런 관용적 태도는 남편이 죽으면 부인도 불에 태워 죽이는 힌두교의 전통에 이르면 손쉽게 '불관용'으로 바뀐다. 즉 자유주의적 관용은 '타자'가 '신싸 타자'가 아닌 경우에만 유지되며, 이것이 언제나 디지와는 적당한 거리를 유지하고자 하는 자유주의적 다문화주의의 함정이다.

지젝의 자주 드는 구동독의 농담을 한번 더 상기해보자. 한 노동자가 시베리아에서 일자리를 얻게 되었다. 그는 친구한테 이렇게 미리 일러둔다. "모든 우편물이 검열될 테니까 암호를 정하자. 나한테 받은 편지가 파란 잉크로 쓰여 있으면 진실이고, 빨간 잉크로 쓰여 있으면 거짓이야." 친구는 한 달 후에 파란 잉크로 쓰인 편지를 받게 된다. 시베리아의 친구는 모든 것이 풍부하고 쾌적하며 만족스럽다고 적은 이후에 끝으로 한 가지를 덧붙인다. "단 하나, 빨간 잉크만 없어." 이 노동자는 진실을 말할 수 없는 상황에서도 자신의 메시지를 전달하는 데 성공하고 있다. 실제로는 빨강 잉크를 사용할 수 있는 상황이었더라도 그의 거짓말은 '진실'을 전달하는 유일한 방법이 된다. 그리고 이런 방법이야말로 이데올로기 비판의 핵심이기도 하다. 오늘날 우리는 우리를 진정으로 사유할 수 있게 해주는 '언어'를 과연 가지고 있는가?

민주주의는 기본적으로 다원적 경합을 허용하며 그것에 의해서 유지되는 체제이지만, 지젝이 말하는 레닌주의적 제스처는 어떤 근본주의적 태도를 가리킨다. 오늘날 재발명되어야 할 레닌의 유산은 '진리의 정치'라고 그는 주장하며, 근본적 좌파의 목표는 '원칙 없는 관용적 다원주의'와는 정반대라고 단언한다. 마르크스의 정치경제학을 다시 떠올려 보자. 지젝은 정치경제학을 경제와 정치 사이의 시차視差에 대한 고려라고 본다. 정치적인 것에 초점을 맞추면 경제는 고작 '재화의 공급'으로 격하되고, 경제에 초점을 맞추면 정치는 한갓 기술 관료주의의 영역으로 축소된다. 레닌의 위대한 점은 이 두 수준을 함께 사고할 수 있는 개념적 장치가 없었음에도 불구하고 그렇게 했다는 데 있으며 '레닌을 반복하라!'는 지젝의 요구는 거기서 비롯된다. 경제가 핵심이지만 그 개입은 경제적이 아니라 정치적이어야 한다는 것이다.

따라서 "바보야, 문제는 경제야"라거나 "바보야, 문제는 정치야"라는 일면적 슬로건은 해결책이 될 수 없다. 즉 반세계화(반지구화) 운동으로는 충분하지 않다. '자유와 민주주의'를 자명한 것으로 간주하는 태도 자체를 문제 삼을 수 있어야 한다. 그리고 자유민주주의가 실상은 자본주의적 사적 소유에 근거하고 있다는 점을 분명히 할 때에만 진정으로 반자본주의적이 될 수 있다. 지젝은 러시아혁명의 진정한 혁명적 순간은 1917~1918년의 봉기도 아니고 이어진 내전 상황도 아닌, 1920년대 초반에 새로운 일상생활의 의례들을 창안하려고 했던 강력한 실험에서 찾을 수 있다고 주장한다.

우리에게 필요한 것은 무엇인가? "국가권력을 장악하기 위해 투쟁하거나 국가로부터 거리를 두는 저항을 위해 후퇴한다"라는 식의 양자택일은 거짓된 것이라는 인식이다. 지젝이 보기에 양자는 동일한 가정을 공유한다. 즉 국가형태는 거기에 그대로 있기 때문에 우리가 할 수 있는 것은 그것을 장악하거나 그로부터 거리를 취하는 것뿐이라는 가정이다. 하지만 지젝은 『국가와 혁명』에서 레닌이 주장한 교훈을 상기시켜준다. 혁명적 폭력의 목표는 국가권력을 장악하는 데 있는 것이 아니라 국가권력을 변형시키고 그 기능 방식과 토대와의 관계 등을 근본적으로 바꾸는 데 있다는 교훈이다. 그가 말하는 '프롤레타리아 독재'의 핵심이 거기에 있다. 지젝은 "프롤레타리아 독재란 민주주의의 철폐가 아니라 민주주의를 사용하는 방식이다"라고 한 로자 룩셈부르크Rosa Luxemburg를 인용한다. 여기서 핵심은 민주주의라는 텅 빈 형식적 틀 자체에 '계급적 편향'을 기입하는 것이다.

러시아혁명 100주년을 맞아 레닌의 유산을 되짚어보는 것은 현실 사회주의의 실패를 반복하지 않기 위한 뜻을 갖는다. 무엇이 반복되어야 할 것인가를 다시 생각해보기 위한 것이다. 우리가 반복해야 하는 것은 레닌의 실패가 아니라 레닌의 기회다. "파국과 혁명 사이에서"는 바로 그 '레닌의 기회'를 만날 수 있는 기회를 우리에게 제공한다.

이현우

들어가며

레닌을 다룬다고 하면 오늘날의 학계 정치판에서는 즉시 두 가지 단서를 달 것이다. 그래, 뭐 어떠냐, 우리는 자유 민주 사회에 살고 있지 않느냐, 사상의 자유가 있지 않느냐……. 단, 레닌을 노스텔지어에 젖은 우상숭배적 태도가 아니라 '객관적, 비판적, 과학적인 방식'으로 다루어야 한다. 나아가서 인권의 범위 내에서, 민주적인 정치 질서에 단단히 뿌리박은 관점에서 다루어야 한다. 이것이야말로 20세기 전체주의의 경험을 통하여 우리가 고통스럽게 배운 교훈 아니냐.

여기에 뭐라고 대꾸하면 좋을까? 문제는 이보다 더 암묵적인 단서들에 있으며, 이 단서들은 '구체적 상황의 구체적 분석' ― 레닌이라면 그렇게 말했을 것이다. ― 으로 쉽게 분별해낼 수 있다.[1] '민주

---

1   물론 '구체적 상황'에 대한 그릇된 참조도 있다. 2001년 9월 실비오 베

적 합의에 충실하라'는 말은 현재의 자유주의적 의회제의 합의를 받아들이라는 뜻이다. 그러나 이것은 이러한 자유민주주의적 질서가 공식적으로 비난하는 현상과 스스로 공범이 되어버리는 방식에 대한 진지한 문제 제기를 미리 배제하는 것이다. 또한 물론 이와는 **다른** 사회정치적 질서를 상상하려는 모든 시도를 미리 배제하는 것이기도 하다. 간단히 말하자면 이런 뜻이다. 네 마음대로 말하고 써라. 단 지배적인 정치적 합의에 실제로 의문을 제기하거나 그것을 방해하지만 마라. 비판적 논제로서는 모든 것이 허용된다. 아니, 제발 그렇게 해달라. 지구 생태계의 파국에 대한 예상. 인권 침해. 성차별, 동성애 혐오, 반페미니즘. 멀리 떨어진 나라들만이 아니라 바로 우리가 살고 있는 거대 도시에서 점점 늘어나는 폭력. 제1세계와 제3세계, 부유한 사람들과 빈곤한 사람들 사이의 간극. 디지털화가 우리 일상 생활에 가하는 강력한 충격…… 오늘날 국제화보다 쉬운 일은 없으며, 새로운 형태의 인종적, 종교적, 성적 폭력과 싸우는 방법을 연구하기 위해 국가나 기업으로부터 학문간 공동 연구 프로젝트 자금을

===

베를루스코니(Silvio Berlusconi)는 서구 기독교 문명이 이슬람보다 우월하다고 말한 뒤 광범한 비판적 반응에 직면한 후 이 스캔들은 자신의 말을 문맥에서 떼어내 이용한 저널리스트들이 만들어낸 것이라고 반박했다. 사람들이 이런 식으로 자신을 방어할 때 그런 발언이 옳게 받아들여질 수 있는 문맥을 절대 적극적으로 규정해주지 않는다는 것은 의미심장한 일이다(루이 파라칸[Louis Farrakhan]의 영국 대리인이 파라칸의 반유대인 발언을 두고 "적절한 문맥에서 떼어낸" 것이라고 주장했을 때도 똑같은 일이 벌어졌다. 텔레비전 인터뷰에서 그에게 이 "적절한 문맥"을 설명할 기회를 주었지만 그는 당연히 설명을 거부했다). 게오르크 헤겔(Georg Hegel W. F.)의 용어를 빌리자면, 그런 직접적이고 구체적이지 않은 "문맥" 참조는 가장 순수한 수준의 추상이다.

얻어내는 것보다 쉬운 일도 없다. 문제는 이 모든 것이 근본적으로는 생각의 금지Denkverbot라는 배경에서 이루어진다는 것이다.

오늘날의 자유민주주의적 헤게모니는 1960년대 말 독일에서 악명 높았던 '급진 좌파 성향인 자들의 국가기관 취업 금지Berufsverbot' 와 비슷한, 일종의 문서화되지 않은 생각 금지에 의해 유지되고 있다. 우리가 기존 질서에 진지하게 도전하는 정치적 기획에 참여하려는 조짐만 보여도 그 즉시 이런 대답이 튀어나온다. "자비로워 보이지만 이것은 불가피하게 새로운 굴라크Gulag*로 끝나고 말 것이다!" 따라서 홀로코스트Holocaust**, 굴라크 그리고 좀 더 최근에 일어난 제3세계 파멸을 계속 언급하는 것의 이데올로기적 기능은 우리에게 끊임없이 **다른 길로 갔으면 상황이 이보다 훨씬 더 나쁠 수도 있었다**는 점을 상기시킴으로써 이런 생각 금지를 지탱하는 것이다. "당신의 급진적 생각을 따라가면 무슨 일이 일어날지 주위를 둘러보고 당신 눈으로 직접 확인하라!" 여기서 우리는 애너 디너스타인Anna Dinerstein과 마이크 니어리Mike Neary가 **디스유토피아disutopia***기획이라고 부른 것의 궁극적 사례를 만나게 된다. 이것은 "단지 유토피아의 일시적 부재가 아니라 사회적 꿈의 종말을 정치적으로 기념

    •   소련의 교정(矯正) 노동 수용소 관리국(1934~1960). Gulag는 이 말의 러시아어 머리 글자를 딴 것이며, 보통 강제 노동 수용소의 의미로도 사용된다.

    ••   원래는 유대교에서 짐승을 통째로 구워 신 앞에 바치는 제사를 가리키는 말이나 나치의 유대인 대학살을 가리키는 말로도 사용된다.

    ••• 유토피아의 반대 개념.

하는 것이다."² '과학적 객관성'에 대한 요구는 똑같은 생각 금지가 모습만 바꾼 것일 뿐이다. 우리가 기존의 자유주의적 합의에 진지하게 의문을 제기하는 순간 우리는 과학적 객관성을 팽개치고 낡은 이데올로기적 입장으로 돌아간다고 비난을 받기 때문이다. 우리가 양보할 수도 없고 양보해서도 안 되는 '레닌주의적' 입장은 다음과 같은 것이다. **오늘날 실질적인 사상의 자유는 현재 지배적인 지위에 있는 자유민주주의적이고 '탈이데올로기적인' 합의에 의문을 제기할 자유를 의미하며, 그것이 아니라면 아무런 의미도 없다.**

---

2   Peter McLaren, *Che Guevara, Paulo Freire, and the Pedagogy of Revolution*, Oxford: Rowan & Littlefield 2000, p. xxv에서 인용.

파국과 혁명 사이에서

1

진리로 나아갈 권리

이데올로기 비판의 관점에 따르면 우리는 루트비히 비트겐슈타인Ludwig Witgenstein의 "말할 수 없는 것에 대해서는 입을 다물어야 한다"는 말을 "말하지 말아야 하는 것에 대해서는 입을 다물 수 없다"로 바꿀 수밖에 없다. 사회체제에 관해서 말하고 싶다면 그 억압된 과잉에 대해서 입을 다물 수 없다. 요는 '진리' 전체를 말하는 것이 아니라, 정확하게 (공식적) '전체'에 그 허위를 고발하는 불편한 보충물을 덧붙이는 것이다. 막스 호르크하이머Max Horkheimer는 일찍이 1930년대에 이렇게 말했다. "자본주의에 대해서 말하고 싶지 않다면 파시즘에 대해서 입을 다물어야 한다." 파시즘은 자본주의의 내재적인 '증상'(억압된 것들의 복귀)으로서, 자본주의의 '정상적' 논리의 외부에 있는 우연한 일탈이 아니라 그 '진리'로 들어가는 열쇠다. 이 말은 오늘날의 상황에도 적용된다. 자유주의적 민주주의와 그 다문화주의적 관용의 결함들을 비판적으로 분석하고 싶지 않은 사람들은 신우익의 폭력과 불관용에 대해서도 입을 다물어야 한다.

자유민주주의적 보편주의와 인종적·종교적 근본주의 사이의 대립을 넘어서고자 한다면, 그 첫 단계는 **자유주의적 근본주의**의 존재를 인정하는 것이다. '보통' 사람들의 권리에 대한 무지막지한 침해는 무시하면서 연쇄살인범이나 전범 용의자의 권리가 침해받았을 때는 법석을 떠는 도착적 게임 말이다. 더 정확하게 말하자면, 정치적으로 올바른 입장은 두 극단 사이의 동요를 통해서 그 도착적 경제를 드러낸다. 즉 피해를 본 타자(무력한 아이들, 강간당한 여자들……)에게 매혹되거나 아니면 문제가 되는 타자에 초점을 맞추는 것 사이에서 동요하는 것이다. 문제가 되는 타자는 비록 범죄자 등등이기는 하지만 '오늘은 그이지만 내일은 우리가 될 것'이기 때문에 인권을 보호받을 자격이 있다는 것이다(노엄 촘스키[Noam Chomsky]가 홀로코스트에 대한 수정주의적 입장을 옹호하는 프랑스 책을 방어하고 나선 것이 아주 좋은 예다). 다른 수준이기는 하지만 '정치적 올바름'의 도착을 보여주는 비슷한 예가 덴마크에서도 나타난다. 그곳에서 사람들은 비꼬는 투로 '백인 여자의 짐'에 대해 이야기한다. 제3세계 국가 출신의 이민 노동자들과 섹스를 하는 것이 백인 여자의 윤리적·정치적 의무라는 것이다. 이것이 그들의 배제를 끝내는 데 필요한 최종 단계라는 이야기다.

위르겐 하버마스Jürgen Habermas가 새로운 불투명성die neue Unübersichtlichkeit[1]이라고 지칭한 이 시대에 우리의 일상 경험은 그

---

1   Jürgen Habermas, *Die Neue Unübersichtlichkeit*, Frankfurt: Suhrkamp Verlag 1985 참조.

어느 때보다 우리를 미혹시킨다. 근대화는 새로운 반계몽주의를 낳는다. 자유의 축소는 우리에게 새로운 자유의 탄생으로 제시된다. 우리가 가장 '자연스러운' 특징(인종 또는 성 정체성)까지도 선택해야 하는 자유 선택의 사회에 살고 있다는 인식은 그 정반대, 즉 진정한 선택의 **부재**가 표출되는 형식이다.[2] '교체 가능한 현실'을 그린 영화 — 우리를 둘러싼 이 현실이 여러 가지 가능한 결과물들 가운데 하나로 제시된다. — 라는 최근의 경향은 선택이 이제 실제로 중요하지 않은, 하찮아진 사회의 증상으로 읽힌다. 시간의 뒤틀림에 관한 서사들의 교훈은 이보다 훨씬 더 황량하다. 이것은 완전한 폐쇄를 가리킨다. 미리 정해진 경로를 피하려는 시도 자체가 우리를 그 경로로 이끌 뿐 아니라, 사실상 그 경로를 구성하고 있기 때문이다. 오이디푸스 이후로 우리는 A를 피하고 싶어하지만, 우리가 바로 그렇게 우회하는 과정을 통하여 A는 실현되고 만다.

이런 상황에서 우리는 실제로 **지배하는 이데올로기와 지배하는 것처럼 보이는 이데올로기를 혼동하지 않도록** 특히 주의해야 한다. 우리는 그 어느 때보다 발터 벤야민Walter Benjamin의 조언을 명심해야 한다. 즉 어떤 이론(또는 예술)이 사회적 투쟁과 관련하여 어떤 위치에 있는지 묻는 것만으로는 부족하며, 그 이론이 바로 그런 투쟁에서 실제로 어떤 기능을 하는지 물어야 하는 것이다. 섹스에서 진짜 헤게모니를 쥔 태도는 가부장적 억압이 아니라 자유로운 난교다.

---

2   여기에서 나는 Anna Kornbluh, "The Family Man", 미출간 원고 (UCLA, 2001년 3월)에 의지하고 있다.

예술에서는 악명 높은 '센세이션' 전시 스타일의 도발은 오히려 규범이며, 예술이 체제에 완전히 통합되어 있음을 보여주는 예다. 에인 랜드Ayn Rand는 이 논리를 끝까지 밀고나간 뒤 일종의 헤겔적인 비틀기로 보충한다. 즉 공식적인 이데올로기를 가장 크게 위반하는 것이 바로 그 이데올로기라고 거듭 주장하는 것이다. 이것은 최근에 발표한 그녀의 논픽션 책들의 제목인 "자본주의, 이 알려지지 않은 이상Capitalism, This Unknown Ideal"이나 "최고 관리자, 미국 최후의 멸종 위기에 처한 종Top Managers, America's Last Endangered Species" 같은 말에서 확인할 수 있다.

사실 자본주의 기능의 기본 원칙에 대한 일종의 거부 역시 그 '정상적' 기능에 포함되는 것이기 때문에(오늘날의 모범적인 자본가는 무자비하게 이윤을 산출한 뒤에 관대하게 그 일부를 나누고, 교회나 인종 또는 성적 학대의 피해자들에게 많은 기부를 하고, 인도주의자의 자세를 취하는 사람이다.) 궁극적으로 그것을 위반하려면 이 원칙을 직접적으로 주장하여 그 인도주의적인 가면을 벗겨버려야 한다. 따라서 나는 마르크스의 11번 테제를 뒤집고 싶은 유혹을 느낀다. 오늘날 첫 번째 과제는 행동하고 싶은 유혹, 직접 개입하여 사태를 변화시키고 싶은 유혹(이렇게 되면 막다른 골목에, 즉 '전 지구화된 자본에 맞서 우리가 할 수 있는 게 뭔가?' 하는 맥 빠지는 불가능성에 이를 수밖에 없다.)에 굴복하는 것이 **아니라** 헤게모니를 쥔 이데올로기 좌표에 의문을 제기하는 것이다. 간단히 말해서 우리의 역사적 순간은 여전히 테오도르 아도르노Theodor Adorno가 말한 순간이다.

나로서는 "무엇을 할 것인가?"라는 질문에 "모르겠다"라는 말만이 진실한 답변일 경우가 매우 많다. 나는 있는 것을 엄격하게 분석하려고 노력할 수 있을 뿐이다. 이 점에서 사람들은 나를 책망한다. 당신이 비판을 하는 사람이라면 어떻게 더 낫게 만들지 말해줄 의무도 있는 것 아니냐. 내 생각에 이것은 논란의 여지가 없는 부르주아적 편견이다. 역사에서는 순수하게 이론적인 목표만을 추구한 작업이 의식을 바꾸고, 그럼으로써 사회적 현실까지 바꾼 사례가 아주 많다.[3]

오늘날에는 행동하라는 직접적인 요청을 따른다 해도, 이 행동은 허공에서 이루어지지 않는다. 지배적인 이데올로기 좌표 안에서 이루어진다. '민중을 돕기 위해 진정으로 뭔가 하기를 바라는' 사람들은 국경 없는 의사회, 그린피스, 페미니스트 운동, 인종차별 반대 운동과 같은 (의심의 여지없이 명예로운) 활동에 참여하게 된다. 이런 행동은 경제 영역에도 침입하는 것처럼 보이지만(예를 들어 생태 환경을 존중하지 않거나 아동 노동을 이용하는 기업을 비난하고 불매운동을 벌이는 것), 미디어는 이런 활동을 묵인할 뿐 아니라 심지어 지원하기도 한다. 어떤 한계에 너무 가까이 다가가지만 않으면 묵인하고 지원해주는 것이다.[4]

---

3 Theodor W. Adorno, *Vermischte Schriften I*, Frankfurt: Suhrkamp Verlag 1997, p. 404.

4 나아가서 유럽 중심적인 인종주의에 대항한 투쟁은 그 나름의 인종주의를 낳는다. Shepard Krech, *The Ecological Indian: Myth and History*(New York: Norton 1999)는 자연을 지배하고 변화시키려고 하는 대신 방해 없이 자연과 균형을 이루어 사는 미국 원주민이라는 신화가 궁

이런 종류의 활동은 상호수동성[5], 즉 뭔가를 이루기 위해서가 아니라 뭔가가 진짜로 일어나는 것, 진짜로 변하는 것을 막기 위해 일을 하는 것의 완벽한 예다. 열광적으로 인도주의적인, 정치적으로 올바른 등등의 이 모든 활동은 '계속 뭔가 변하게 해서 세계적으로는 모든 것이 그대로 유지되게 하라!'는 공식에 들어맞는다. 일반적인 '문화 연구'가 자본주의를 비판한다 하지만 이것은 할리우드의 자유주의적 편집증을 예증하는 규격화된 방식으로 이루어진다. 적은 단순히 자본주의와 국가 장치가 아니라, '체제'이고, 숨은 '조직'이고, 반민주주의적 '음모'다. 이런 비판적 자세의 문제는 구체적인 사회적 분석을 추상적인 편집증적 환상에 대한 투쟁으로 대체할 뿐 아니라, 편집증 환자의 전형적인 태도와 마찬가지로 사회적 현실을 불필요하게 **이중화한다**는 것이다. 즉 '눈에 보이는' 자본주의와 국가 기관 **뒤에** (보이지 않는) 비밀 '조직'이 있다는 것이다. 우리는 '조직 내 조직'(비밀 조직)은 필요 없다는 사실을 받아들여야 한다. '음모'는 이미 '눈에 보이는' 조직 자체에, 자본주의 체제에, 정치적 공간과 국가 장치가 운용되는 방식에 있기 때문이다.[6]

===

극적으로 인종주의적인 신화이며, 암묵적으로 미국 원주민을 동물과 마찬가지로 자신의 땅에 아무런 흔적을 남기지 않는 존재로 축소하고, "호전적인" 서양인은 그 땅을 경작한 것으로 제시한다는 사실을 설득력 있게 보여준다. 그런 신화는 자연자원의 보존과 보전이 결정적으로 서양의 개념이며, 미국 원주민의 세계관에는 근본적으로 이질적이라는 핵심적 사실을 지워버린다.

5   이 개념에 대해서는 Slavoj Žižek, *The Plague of Fantasies*, London and New York: Verso 1997, 3장 참조.

6   음모론은 '이성'(합리적인 의식적 의도)이 세상을 지배한다는 계몽주의적 신

오늘날 '급진적인' 미국 학계에서 가장 뜨거운 화제인 탈식민주의 연구를 보자. 탈식민주의 문제는 물론 핵심적이다. 그러나 탈식민주의 연구는 탈식민주의 문제를 식민화된 소수자의 '서사敍事의 권리', 그들의 희생 경험, '타자성'을 억압하는 권력 기제 등 다문화주의적 문제로 번역하는 경향이 있다. 그래서 결국 우리는 탈식민지주의에서 말하는 착취의 뿌리가 우리의 '타자'에 대한 불관용이라고 배우게 되며, 나아가 이러한 불관용이 '우리 자신 내부의 이방인'에 대한 우리의 불관용, 우리 내부에서 또 우리 자신에게서 나오는 것 가운데 우리가 억압했던 것을 똑바로 바라보지 못하는 태도에 뿌리를 두고 있다고 배우게 된다. 따라서 정치경제적 투쟁은 어느새 내적인 상처를 있는 그대로 보지 못하는 주체라는 사이비 정신분석학적 드라마로 바뀌고 만다······(왜 사이비 정신분석학일까? 정신분석은 우리를 매혹하는 그리고/또는 우리를 혼란에 빠뜨리는 외적 사건들이 단순히 우리 내부의 억압된 충동들의 투사라고 말하지 않기 때문이다. 삶의 견딜 수 없는 진실은 우리를 혼란에 빠뜨리는 사건들이 **실제로** 존재한다는 것이다. 우리가 발기 부전에 시달리는 동안 진한 성적 쾌락을 즐기는 인간들이 **실제로** 있다. 무시무시한 고통을 겪는 사

─────────

넘의 이면이다. 만일 그런 신념이 사실이라면 '이성'이 자신의 체제를 수립하는 데 실패했다는(그렇게 보인다는) 점이 '이성'의 맥락에서 설명되어야 한다. 단지 '이성'이 현실 생활의 복잡성을 정복하는 데 실패한 것이 아니라 **이성**적으로 '이성'의 통치에 반대하는 음모를 꾸미는 어떤 어두운 세력들 때문이라고 설명되는 것이다(대중은 무지하여 종교적 반동 세력이 그들을 조작하는 대로 자신의 이익과는 반대되는 행동을 한다는 생각으로부터 사회주의 건설의 '난관' 뒤에는 어떤 반혁명적 음모가 있는 것이 틀림없다는 스탈린주의적 관념에 이르기까지). 이 모든 것이 반유대주의(최고의 음모론)가 계몽주의에 근거를 두고 있다는 아도르노와 호르크하이머의 명제를 확인해주지 않는가?

람들이 **실제로** 있다. …… 다시 말하지만, 정신분석의 궁극적 진리는 우리의 진정한 '자기' 발견이 아니라 견딜 수 없는 '실재'와 만나며 정신적 외상을 입는 것이다.)

미국 학계의 진정한 부패는 일차적으로 재정적인 것이 아니라, 대학들이 유럽의 비판적 지식인들(나 자신도 포함하여 — 어느 선까지는)을 대량으로 구매할 수 있다는 것만이 아니라, 개념적인 것이다. '유럽의' 비판적 이론의 개념들은 어느새 우아한 '문화 연구'의 자비로운 우주로 번역되어 들어온다. 어느 지점에 이르면 이 우아한 작업은 유명한 시티뱅크 광고와 구별이 되지 않는다. 이 광고에서는 동아시아, 유럽, 흑인, 미국 어린이들이 놀고 있고 거기에 이런 목소리가 들린다. "사람들은 한때 대륙에 의해 나뉘었지만 …… 이제 경제에 의해 통일되었습니다." 이 맨 마지막의 결정적인 대목에서 물론 아이들은 시티뱅크 로고로 바뀐다.[7]

오늘날의 '급진적' 대학 교수들 대다수는 미국 자본주의 모델의 장기적인 안정에 말없이 의지하고 있다. 그들의 궁극적인 직업적 목표는 안전한 종신직이다(심지어 그들 가운데 놀라울 정도로 많은 수가 주식 시장에서 놀기도 한다). 그들이 정말로 두려워하는 것이 한 가지 있다면 그것은 발전한 서구 사회의 '상징적 계급들'의 (상대적으로) 안전한 생활환경이 급격히 해체되는 것이다. 따라서 성차별, 인종차별, 제3세

---

7   나는 이 예를 Anna Kornbluh(UCLA)에게서 빌려왔는데, 그녀의 미출간 논문 "Multiculturalism and Multinational Corporate Capitalism"은 The Ticklish Subject(London and New York: Verso 1999)의 4장에 나오는 다문화주의와 관련된 나의 정식화 일부에 대한 정당한 비판을 포함하고 있다.

계의 착취공장 등을 다룰 때 그들이 보이는 지나치게 '정치적으로 올바른' 열정은 궁극적으로 그들 자신의 가장 깊은 동일시에 대한 방어다. 이것은 일종의 강박감에 사로잡힌 의식儀式인데 그 감추어진 논리는 이렇다. "급진적 변화의 필요성에 관해 가능한 한 많이 이야기하여 실제로는 아무것도 바뀌지 않게 하자!" 정기간행물 「10월 October」이 전형적인 예다. 편집자들에게 이 제목이 무엇을 가리키느냐고 물어보면 그들은 무슨 비밀이라도 이야기하듯이 물론 그 10월이라고 암시한다. 이런 식으로 자신이 급진적인 혁명의 과거와 연결을 유지하고 있다는 은밀한 확신을 품은 채 은어를 사용해가며 현대 예술을 분석하는 일에 탐닉할 수도 있다…… 이런 세련된 급진적 태도의 유행과 관련하여 우리는 '제3의 길' 이론가들이나 실천가들에게 먼저 찬사를 보내야 한다. 적어도 그들은 정직하게 게임을 한다. 전 지구적 자본주의의 좌표를 솔직하게 받아들인다. 학계의 사이비 급진파 좌익들은 제3의 길을 완전히 경멸하는 태도를 보이지만 사실 그들 자신의 급진주의는 결국 공허한 제스처에 지나지 않아 누구도 분명한 행동으로 이끌지 못한다.

물론 착취당하는 소수자들을 위한 진정한 사회 참여(예를 들어 캘리포니아에서 불법 고용된 멕시코계 미국인 현장 노동자들을 조직하는 일)와 '급진적인' 미국 학계에서 번창하고 있는 다문화적/탈식민주의적 "아무런 위험도, 책임도 없는 짝퉁 반역의 재배"[8]는 엄격하게 구별해야 한다. 만일 '비판적 다문화주의'를 '기업의 다문화주의'와는 달리 "억

---

8   McLaren, *Che Guevara*, p. x.

압의 공통된 힘들, 억압당하는 집단들을 배제하고 상투적으로 고정해버리고 낙인을 찍는 공통된 전략, 따라서 공통된 적과 공격 목표들이 존재한다"[9]는 사실을 지적하는 전략으로 규정한다 해도, 굳이 '다문화주의'라는 용어를 계속 사용하는 것이 적절한 일인지 모르겠다. 여기서는 강조점이 **공통된** 투쟁으로 옮겨가기 때문이다. 반면 일반적으로 받아들여지는 의미의 다문화주의는 전 지구화된 시장의 논리에 완벽하게 들어맞는다.

최근 맥도널드가 감자튀김을 얼리기 전에 동물(소) 지방에서 나온 기름에 튀긴다는 사실이 알려진 뒤 인도의 힌두교도는 맥도널드에 항의하는 광범위한 시위를 벌였다. 그러나 이 회사가 그 사실을 인정하고 인도에서 파는 모든 감자튀김은 식물성 기름으로만 튀기겠다고 약속하자 만족한 힌두교도는 다시 기쁜 표정으로 감자튀김을 우적우적 씹기 시작했다. 맥도널드에 대한 이러한 항의와 이 회사의 재빠른 대응은 전 지구화의 근본을 흔들기는커녕 힌두교도가 다양성을 갖춘 전 지구화 질서에 완전히 통합되었음을 구체적으로 보여준다. 문제는 전 지구화된 시장이 수요의 다양화를 기반으로 번창한다는 점만이 아니라, 순수하게 형식적인 수준에서 힌두교도가 자신의 전통을 방어하는 것이 이미 근대성의 논리에 기입되어 있다는 점, 그것이 이미 '반영된' 제스처라는 점이다. 힌두교도는 자신의 전통(에 충성하는 쪽)을 **선택**하였으며, 이로써 이 전통을 그들이 이용할 수 있는 여러 대안 가운데 하나로 바꾸어놓은 것이다.

---

9   Douglas Kellner, *Media Culture*, London: Routledge 1995, p. 97.

더 면밀하게 분석하려면 맥도널드의 감자튀김에 대한 힌두교도의 저항에서 축자逐子적 차원과 비유적 차원 사이의 간극을 고려해야 한다. 이러한 항의가 서구의 문화적 제국주의에 대한 전 세계의 불만의 비유적인 대리자 역할을 한다는 것은 분명하다. 따라서 우리는 두 가지 변형을 더 상상할 수 있다(세 번째 변형은 고려하지 않는다. 즉 맥도날드가 거짓말을 하여 계속 쇠고기 지방을 사용하고, 힌두교도는 이 회사의 거짓말을 믿으면 어떻게 할 것이냐 하는 것이다. 사실 이 경우에는 모두가 만족하지 않을까?).

- 맥도널드가 진짜로 쇠고기 지방을 사용하지 않는다는 약속을 힌두교도가 받아냈음에도 어떻게 된 일인지 좌절감을 느낀다면 어떻게 할 것인가? 맥도널드가 힌두교도들의 요구를 문자 그대로 따라줌으로써 서구의 문화적 제국주의에 대한 더 근본적인 항의를 정확하게 표현하는 것을 막은 것이라면?

- 맥도널드가 진짜로 쇠고기 지방 사용을 중단한 뒤에도 힌두 언론이 쇠고기 지방이 계속 사용된다는 거짓말을 계속 퍼뜨리고, 이 거짓말 때문에 문화 제국주의에 대항하는 대중적인 폭동이 촉발되어 진정으로 어떤 해방의 효과를 낳는다면 어떨까? 이 경우에는 사실 뻔뻔스러운 거짓말이 더 세계적인 진실을 정확하게 표현하는 역할을 한 것이 아닐까?

  (아프리카계 미국인 살인자의 재판이라는 비슷한 경우를 생각해보라. 설사 그가 정말로 범죄를 저질렀다 해도 판결은 어쨌든 '잘못'이다. 그것은 아프리카계 미국인들을 향한 인종차별적 태도를 유지하는 데 기여하기 때문이다.)

따라서 맥도널드의 힌두교도 '존중'은 끊임없이 **생색을 내는** 태도다. 우리가 보통 어린 아이들을 대하는 태도와 같은 것이다. 우리는 어린 아이들을 진지하게 대하지는 않지만, 그들의 환상의 세계를 깨뜨리지 않으려고 무해한 습관들은 '존중'한다. 외부인이 고유의 관습이 있는 어떤 마을에 들어와서는 자신이 이런 관습들을 '이해'하고 따를 수 있다는 것을 보여주려고 서툴게 시도하는 것만큼 인종차별적인 것이 있을까? 이런 행동은 어른이 어린 아이들의 몸짓이나 언어 습관을 흉내 내어 아이들에게 적응했다는 것을 보여주는 경우와 마찬가지로 생색내는 태도만 드러내는 것 아닐까? 외부인이 자신의 행동을 흉내 낸다면 그 지역 주민이 불쾌해하는 것은 당연하지 않을까? 생색을 내는 방문자의 기만성은 단지 그가 '우리와 다름없는' 척하는 것만이 아니다. 핵심은 오히려 원주민이 스스로 자신들의 관습을 자구대로 준수하는 것이 아니라 거리를 두고 있다는 사실을 우리에게 보여줄 때에만 우리가 그들과 진짜로 접촉을 할 수 있다는 사실이다.[10] 투르크족과 싸운 전투만이 아니라 서사시로도 유명했던 19세기 초 몬테네그로의 통치자 페테르 페테로비치 니에고슈Peter Petrović Njegoš와 관련된 유명한 일화가 있다. 그의 궁정을 방문한 영국인 손님이 현지의 의식에 깊은 감명을 받아 거기에 참여하고 싶다

---

10 실제로는 모욕을 주는 생색 내기인 "'타자'의 특정한 관습에 대한 존중"이라는 이런 태도와 유사한 것으로 우리가 교육 과정에서 자주 만나는, 그릇되게 강요되는 주체화를 들 수 있다. 교사는 '객관적'이고 공정하다고 여겨지는 방식으로 어떤 점을 설명한 뒤에 학생을 돌아보며 묻는다. "자, 네가 내 설명을 이해했다는 것을 보여주기 위해 이제 너 자신의 말로 설명해보아라……."

는 의사를 표명하자 니에고슈는 퇴짜를 놓았다. "왜 당신도 바보짓을 하려는 거요? 우리만 그 바보 놀음을 하는 것만으로는 충분하지 않다는 거요?"……

나아가서 남편이 죽으면 부인도 불에 태워 죽이는 관행은 어떨까? 이것도 신성한 소와 마찬가지로 힌두의 전통에 속하는 것인데. 우리는(관대한 서구의 다문화주의자로서) 이런 관행 역시 존중해야 하는 걸까? 이 경우 관대한 다문화주의자는 철저하게 **유럽 중심적인** 구별, 힌두교에는 완전히 이질적인 구별에 의지할 수밖에 없다. 아무도 해치지 않는 관습일 경우에만 '타자'에게 관용을 베푼다는 것이다. (우리에게) 어떤 외상을 줄 수 있는 특징과 부딪히는 순간 관용은 끝난다. 간단히 말해서 (우리의) 관용이란 '타자'가 '관용 없는 근본주의자'가 아닌 경우에만 베푸는 관용이다. 간단히 말해서 '타자'가 진짜 '타자'가 아닐 경우에만 관용을 베푼다는 것이다. 진짜 '타자', 다시 말해 향락jouissance의 실체 있는 무게를 지닌 타자에게는 '절대 불관용'이다. 여기서 이런 자유주의적 관용은 실체를 박탈당한 대상에게 다가가는 기본적인 '포스트모던적' 과정을 재현하는 것임을 알 수 있다. 우리는 카페인 없는 커피를 마실 수 있고, 알코올 없는 맥주를 마실 수 있고, 직접적인 신체 접촉 없이 섹스를 할 수 있다. 이런 식으로 '가상현실Virtual Reality'에까지 이르는 것인데, '가상현실'이란 비활성의 물질적 실체를 박탈당한 현실 자체다. 이런 맥락에서 우리는 심지어 '타자성'이라는 실체를 박탈당한 인종적 '타자'를 얻을 수도 있다……

다른 말로 하면 자유주의적 다문화주의자의 문제는 타자의 광락에 진정한 무관심을 유지할 수 없다는 것이다. 이 향락에 그들은 껄끄러움을 느끼며, 그래서 그들이 취하는 전략의 핵심은 그 향락에 적당한 거리를 유지하는 것이다. 타자의 향락에 대한 무관심, 즉 질투가 전혀 없는 태도는 자크 라캉Jacques Lacan이 '성자'라고 부르는 주체적 위치의 핵심적 구성 요소다. 진짜 '근본주의자들'(예를 들어 아만파 사람들*)은 타자의 은밀한 즐거움을 성가시게 여기지 않는 정말 무관심한 사람들이다. 이들과 마찬가지로 (보편적) 대의를 진정으로 믿는 사람들, 예컨대 바울 같은 사람들은 **문제가 되지 않는** 지방의 관습이나 관행에는 눈에 띄게 무관심하다. 이와 대조적으로 다문화주의 자유주의자는 리처드 로티Richard Rorty류流의 '빈정대는 사람'에 불과하여, 늘 거리를 유지하면서 믿음을 '타자'들에게로 전치轉置한다. '타자'들이 그들 대신 믿는 것이다. 이런 자유주의자들이 믿음의 구체적인 내용 때문에 믿음을 가진 '타자'를 비난하는 것처럼('그들 자신에게') 보일 때라도 그들이 실제로('그 자체로') 껄끄러워하는 것은 **믿음이라는 형식 자체다.** 불관용은 믿음이라는 '실재'에 대한 불관용이다. 이런 사람들은 사실 속담에 나오는 남편, 즉 부인이 애인을 두는 것을 원칙적으로는 인정하지만 **저** 남자를 애인으로 삼는 것만은 안 된다고 말하는, 즉 특정한 연인은 모두 받아들일 수 없다고 말하는 남편처럼 행동한다. 관용을 베푸는 자유주의자는 원칙적으로 믿음의 자유를 인정하지만 모든 확고한 믿음은 '근본주의'라고 거

* 17세기에 스위스의 목사 J. 아만이 창시한 종파. 펜실베이니아에 이주하여 검소하게 살았다.

부한다.[11] 다문화주의적 관용에서 가장 웃기는 점은 물론 계급 구별이 그 안에 기입되는 방식이다. 상층 계급의 '정치적으로 올바른' 개인들은 그런 다문화주의적 관용을 이용하여 하층 백인 노동자들의 '근본주의'를 꾸짖는데, 이것은 (이데올로기적인) 공격에 (정치경제적인) 모욕까지 더하는 꼴이다.

가장 세련된 형태의 인종차별(또는 성차별)적 억압은 타자가 스스로 자신의 정체성을 규정할 권리를 거부하고 우리가 대신 해주는 것이다. 우리는 그들에게 그들이 누구이고 무엇을 하는 사람인지 말해준다. 이런 행위는 '정치적으로 올바른' 다문화주의로도 확대된다. 예를 들어 오래된 민족 집단 구성원들이 '소비사회'의 쾌락을 맛보고 싶다는 욕망을 분명히 밝히면 생색을 내는 다문화주의자들은 그들이 서구 자본주의 이데올로기의 피해자이며 그것에 저항해야 한다고 설득하려 한다. 이런 생색을 내는 태도는 이름을 부르는 방법 자체에 대한 직접적 개입에 이를 수도 있다. 몇 년 전 미네소타에서 열린 텔레비전 원탁 토론에서 계몽된 백인 자유주의자들은 토론에 참석한 원주민들에게 스스로를 "미국 원주민"으로 부르라고 설득하려 했다. 그러나 그들은 낡은 용어인 "인디언"이 분명히 더 좋다고 고집했다.

여기에서 더 근본적인 질문이 나온다. 다른 사람의 믿음(예를 들어

---

11 이런 곤경을 빠져나가는 '부르주아적' 방식은 관용을 국가에 전치하는 것이다. 국가는 중립적이고 공평해야 한다. 그래서 우리가 실제로 남들에게 피해를 주는 것을 막는 중립적 틀을 국가가 보장해준 상태에서 우리 개인늘은 계속 미워하고 다툴 수 있다.

소가 신성하다는 믿음)을 존중하는 것이 정말로 궁극적인 윤리적 영역일까? 혹시 이것이 포스트모던적 윤리의 궁극적 영역은 아닐까? 이 윤리에서는 모든 형태의 보편적 진리에 대한 언급은 문화적 폭력의 한 형태로 실격 대상이기 때문에 궁극적으로 중요한 것은 다른 사람의 환상을 존중하는 것이다. 더 신랄하게 이야기해보자. 좋다, 힌두교도에게 쇠고기 기름에 대해 거짓말하는 것이 윤리적으로 문제가 된다고 주장할 수 있다. 그렇다고 해서 이것이 그들의 믿음(소가 신성하다는 믿음)이 그 자체로 이미 거짓이라고, 그릇된 믿음이라고 공개적으로 주장해서는 안 된다는 뜻일까? 오늘날 어디에서나 생겨나는 '윤리위원회'들은 모두 한 방향을 가리키고 있다. 어쩌다 갑자기 윤리가 국가에서 지명한 관료적(행정적) 위원회의 업무가 되어, 이런 위원회가 어떤 행동 방향이 여전히 윤리적으로 받아들일 만한지 아닌지 결정하는 권한을 휘두르게 된 것일까? '위험 사회' 이론가들의 답(이제 낡은 규범을 적용하는 것이 가능하지 않은 새로운 상황에 직면했기 때문에 위원회가 필요하며, 따라서 윤리위원회는 '반영된' 윤리의 표시라는 답)은 분명히 적절치 않다. 이 위원회들은 더 깊은 병적 불안(그리고 동시에 그에 대한 부적절한 대응)의 징후이기 때문이다.

'서사의 권리'의 궁극적인 문제는 그것이 하나뿐인 특수한 경험을 정치적 주장으로 이용한다는 것이다. '오직 동성애 흑인 여자만이 동성애 흑인 여자가 된다는 것이 어떤 의미인지 경험하고 말할 수 있다'는 식이다. 이런 식으로 보편화할 수 없는 특수한 경험에 의지하는 것은 언제나 명백하게 보수적인 정치적 제스처다. 궁극적으로는 모두가 비난받을 만한 행동을 정당화하기 위해 자신만의 독특한 경험을 제시할 수 있기 때문이다.[12] 나치 범죄 수행자도 희생자들이 처형자 자신의 동기가 된 내적인 비전을 진정으로 이해하지 못했다고 주장할 수 있지 않을까? 이런 논리의 연장선상에서 나치의 영화 감독 파이트 하를란Veit Harlan은 1950년대에 미국의 유대인은 「유대인 쥐스The Jew Süss」를 제작한 일에 대한 자신의 변명을 전혀 이해해주지 않는다고 하면서, 그들은 나치 독일 치하에 살았던 자신의 상황을 이해할 수 없다고 절망에 빠져 이야기했다. 이 외설적인 (사실적인) 진실은 그의 결백을 증명해주기는커녕 궁극적인 거짓말이다. 나아가서 영화 역사상 가장 대대적인 관용 청원이 이루어진 것이 큐 클럭스 클랜KKK 옹호자에 대한 '관용 없는' 공격에 반대할 때였다는 사실은, 오늘날의 용어로 '관용'이라는 기표가 심하게 '부유하는' 것임을 잘 보여준다. D. W. 그리피스D. W. Griffith*에게 「불관용Intolerance」(1916)은 「국가의 탄생The Birth of a Nation」(1915)의 호전적인 인종차별적 메시지에 대한 자신의 무죄를 증명하는 수단이 아니

─────

12   물론 이런 입장에도 부분적인 진실의 요소는 있다. 나 자신의 경우 서구 친구들을 찾아갈 때마다 그들이 나에게 유고슬라비아 전쟁 이후 진정으로 중요한 것, 내가 슬로베니아 민족주의와 '자기중심주의' 등에 대해 늘 알고 싶어하던 모든 것을 나에게 자세하게 설명해주곤 하던 일이 잊히지 않는다. 좌익 인종주의가 있다면 이것이 그 사례일 것이다. 그러나 이것과 싸우는 방법은 '오직 옛 유고슬라비아 출신인 사람만이 진정으로 그 전쟁이 어떤 것인지 이해할 수 있다'고 반박하는 것이 아니라 더 나은 구체적인 분석을 제시하는 것이다.

•   미국의 영화감독. 별칭 영화 예술의 아버지. 클로즈업, 커트백 기법 등 변화 있는 표현 방법을 구사하여 고전적 연출법의 출발점이 되었다. 「불관용」, 「국가의 탄생」 같은 인종차별적 영화를 만들었다.

었다. 이와는 정반대로 「국가의 탄생」이 흑인을 공격했다는 이유로
이 영화를 금지하려 했던 집단들의 '불관용'에 분개하는 것이었다.
간단히 말해서 그리피스가 '불관용'을 불평할 때 그의 태도는 오늘
날 차이에 대한 다문화주의적인 주장보다는 여자들의 보편적 권리
에 대한 '정치적으로 올바른' 변호가 그들의 특정한 삶의 방식에 대
한 '불관용'이라고 비난하는 근본주의자들의 태도에 더 가깝다.

결과적으로 오늘날 재발명되어야 할 레닌의 유산은 '진리의 정
치'다. 자유주의적인 정치적 민주주의와 '전체주의'는 모두 진리의 정
치를 배척한다. 물론 민주주의는 소피스트들의 통치다. 오직 의견들
만 있을 뿐이다. 정치적 행위자가 어떤 궁극적 진리를 언급하면 이것
은 '전체주의적'이라고 비난을 받는다. 그러나 '전체주의' 체제 역시
진리의 닮은꼴만을 강요한다. 독단적인 '교시'의 기능은 통치자의 실
용적 결정을 정당화하는 것일 뿐이다.[13] 우리는 진리의 주장 자체를
감추어진 권력 구조의 표현으로 치부하는 '포스트모던' 시대에 살고
있다. 다시 태어난 사이비 니체주의자들은 '진리란 우리가 권력 의지
를 역설할 때 가장 효율적으로 사용되는 거짓말'이라고 강조하고 싶
어한다. 어떤 진술에 대하여 "그것이 진실인가?" 하고 묻는 것 자체
가 "어떤 권력 조건에서 이 진술이 나왔는가?" 하고 묻는 것으로 대
체된다.

우리가 얻는 것은 보편적 진리가 아니라 다양한 관점, 또는 오늘

---

13 Alain Badiou, *D'un Désatre obscur*, Paris: Édition de l'Aube 1998, p. 50.

날 유행하는 표현으로 하자면, 다양한 '서사'다. 그 결과 오늘날 전 지구적 자본주의의 두 철학자는 위대한 좌파 자유주의적 '진보주의자' 리처드 로티와 피터 싱어Peter Singer다. 두 사람 다 자신들의 급진적 입장에서 정직하다. 로티는 기본적 좌표를 규정한다. 괴로워할 수 있는 능력, 고통과 굴욕을 경험할 수 있는 능력은 인간의 근본적 특질이다. 따라서 괴로움과 굴욕의 경험을 자신의 서사로 말할 권리는 상징적 동물인 인간의 근본적 권리다.[14] 싱어는 다원적인 배경을 제공한다. (인간 종에게 특권을 부여하는) '종 차별'은 인종차별과 다르지 않다. 인간과 (다른) 동물 사이의 차이를 인식하는 것은 예를 들어 과거에 남자와 여자, 흑인과 백인 사이의 윤리적 차이를 인식하는 것만큼 비논리적이고 비윤리적이기 때문이다.[15]

---

[14] Richard Rorty, *Contingency, Irony, Solidarity*, Cambridge: Cambridge University Press 1989.

비슷한 맥락에서 로티와 대립하는 중요한 인물인 하버마스는 시민 사회에서 '공적 영역', 즉 계몽주의 시대에 사적인 생활과 정치·국가 장치들 사이를 매개하는 자유로운 토론 공간의 등장을 중시한다. 문제는 이 계몽된 공적 토론 공간이 비합리적/감정적 군중 – 오염(스피노자가 imitatio affecti라고 부른 것)되어 사제나 다른 공상가들이 조작하는 미신에 기초한 살인적 폭력으로 폭발할 수 있는 – 에 대한 두려움에 의해 늘 강화되었다는 것이다. 따라서 합리적인 토론의 계몽된 공간은 늘 어떤 배제에 기초를 두었다. 충분히 '합리적'이지 못하다고 여겨지는 사람들 (하층 계급, 여자, 아이, 야만인, 범죄자……)의 배제에 기초를 둔 것이다. 이들을 제어하려면 '비합리적' 권위로 억압하는 것이 필요했다. 다시 말해서 그들에게는 볼테르의 유명한 말, 즉 "신이 존재하지 않는다면 발명할 필요가 있다"는 말이 유효했다는 것이다.

[15] Peter Singer, *The Essential Singer: Writings on an Ethical Life*, New York: Ecco Press 2000.

싱어의 문제는 우선 다음과 같은 뻔한 사실이다. 즉 멸종 위기에 처한 동물 종의 경우 우리는 생태 의식이 있는 인간으로서 그들을 보호하기만 하면 되지만, 억압과 착취를 당하는 인간 집단과 관련해서는 그들을 '보호'하는 것뿐 아니라 무엇보다도 그들이 자신을 스스로 돌보면서 자유롭고 자율적인 삶을 영위할 수 있도록 힘을 부여하는 것이 우리의 궁극적인 목적이라는 것이다. 그러나 이것만이 아니다. 싱어의 다원주의적인 서사주의에서 사라지는 것은 '객관적 진리', 즉 다수의 특정한 서사들 위에서 부유하는 어떤 관점에서 본, 실재에 대한 관념이 **아니다**. 진리의 차원 자체가 사라진다. 이런 진리의 보편적 차원을 보지 않는다면 우리는 궁극적으로 모두 "차가운 신의 원숭이들"(마르크스가 1841년에 쓴 시[16]에서 말했듯이)에서 벗어나지 못할 것이다. 이것은 싱어가 진보적으로 변형시킨 사회적 다원주의에서도 마찬가지다. 레닌의 전제 ─ 포스트모던적 상대주의의 시대인 오늘날 그 어느 때보다 타당성이 느껴지는 전제다. ─ 는 보편적 진리와 당파성, 즉 편을 드는 태도가 상호 배타적이지 않을 뿐 아니라 서로의 조건이 된다는 것이다. 구체적 상황의 **보편적** 진리는 오직 철저하게 **당파적인** 입장에서만 표현될 수 있다. 진리는 정의상 어느 한편에 치우친 것이다.

이것은 물론 '타협'이라는 지배적인 견해, 갈등하는 여러 이해관계 가운데 중간의 길을 찾는 견해와는 어긋난다. 그러나 만일 우리

---

16 Robert Payne, *Marx*, New York: Simon & Schuster 1968, p. 61에서 인용.

가 서사화의 다른 대안적인 기준들을 구체적으로 제시하지 않는다면, 그런 노력은 '정치적으로 올바른' 분위기에 싸여 원주민의 전체론적 지혜의 우월성 같은 우스꽝스러운 '서사'들을 지지할 위험이 있다. 또 과학이 전근대적인 미신과 동등한 또 하나의 서사에 불과하다고 치부해버릴 위험도 있다. 따라서 포스트모던의 다문화주의적인 '서사의 권리'에 대한 레닌주의의 응답은 부끄러움 없이 **진리로 나아갈 권리**를 주장하는 것이어야 한다. 1914년 붕괴의 와중에 유럽의 거의 모든 사회민주당이 전쟁의 열기에 굴복하여 전쟁 채권에 찬성표를 던졌을 때, 레닌은 '애국주의 노선'을 완전히 거부했다. 이것은 지배적인 분위기로부터 고립을 자초하는 행동이었지만, 상황 전체의 진리가 독특하게 출현하는 과정을 대변하는 행동이기도 했다. 우리는 정치가 사람들을 갈라놓는다든가 사회 조직에 분열을 가져온다는 상투적인 말에 대항하여, **유일하게 실제적인 보편성은 정치적 보편성뿐**이라고 주장해야 한다. 그것이 근본적인 단결을 경험하는 모든 사람, 자신의 투쟁이 사회적 구조물 전체를 갈라버리는 투쟁의 일부임을 자각하게 된 모든 사람을 묶는 보편적 고리다.[17] 알랭 바디우Alain Badiou의 표현을 빌려보자. (진리 과정의) 보편성은 오직 사회

---

17   자유주의의 연대 부재와 그로 인한 사회적 해체의 가장 좋은 예는 다음과 같은 유명한 이야기다. 백인 두 사람이 광야에서 갑자기 그들을 향해 다가오는 굶주린 사자를 보았다. 첫 번째 백인은 공포에 질렸고, 두 번째 백인은 차분하게 운동화를 신기 시작했다. 첫 번째 백인이 물었다. "왜 그러는데? 사자가 사람보다 빨리 뛸 수 있다는 걸 모르는 거야?" 두 번째 백인이 대답했다. "나는 사자보다 빨리 뛸 생각이 없어. 그저 너보다 빨리 뛰고 싶을 뿐이야!"

조직의 한가운데를 그렇게 가르는 모습, 근본적으로 나누어버리는 모습으로만 자신을 드러낼 수 있다. 드골은 어떻게 통일된 프랑스의 상징으로 떠올랐는가? 프랑스가 패배한 뒤인 1940년에 전쟁은 끝나지 않았다고, 싸움은 계속되어야 한다고 집요하게 '헛소리'를 했기 때문이다. 이것은 깊숙한 분열을 일으키는 주장이었다.

우리는 더 꼼꼼하게 분석해 들어가 '서사의 권리'를 지향하는 문화적 상대주의 속에 그 자체의 대립물로 보이는 것이 포함되어 있음을 보여주어야 한다. 이 대립물이란 서사화에 저항하는 어떤 외상이라는 '실재'에의 고착이다. 이런 적절하게 변증법적인 긴장이 오늘날 학계의 '홀로코스트 산업'을 유지하고 있다. '모든 것이 담론적 구조물이며 직접적인 확고한 사실은 없다'는 포스트모던적 논리가 홀로코스트의 김을 빼는 데 사용되는 경우는 결코 없었다. 홀로코스트 수정주의자들은 경험적 분석의 맥락에서 논쟁하는 편을 더 좋아한다. 그들의 주장은 아돌프 히틀러Adolf Hitler가 홀로코스트를 명령했다는 문서 증거는 없다는 '사실'로부터 다음과 같은 괴상망측한 수학에까지 이른다. "아우슈비츠에 설치된 가스 가마의 숫자를 고려할 때 그렇게 많은 시체를 불태우는 것은 가능하지 않았다⋯⋯." 수정주의자들과는 대조적으로 포스트모던적 담론 구축 지지자들(예를 들어 장 프랑수아 리오타르[Jean François Lyotard])은 홀로코스트를 지울 수 없는 지고한 형이상학적 '악'으로 격상시키는 경향이 있다. 그들에게 홀로코스트는 손댈 수 없을 정도로 신성한 '실재'이며, 우연한 언어 게임의 부정이다.[18] 그러나 홀로코스트를 다른 강제수용소나 집단적인 정치 범죄와 비교하는 모든 행위는 홀로코스트를 상대화하는 것으로서 결코 받아들일 수 없다고 생각하는 사람들의 문제는 요컨대, 핵심을 놓치고 자신의 의심을 드러내고 만다는 점이다. 그렇다, 홀로코스트는 유일무이한 사건이었다. 그러나 그것이 유일무이하다는 것을 입증하는 유일한 길은 그것을 다른 비슷한 현상들과 비교하고, 그렇게 해서 이런 비교의 한계를 보여주는 것뿐이다. 그러나 아예 이런 비교에 나서지 않고 그것을 금지한다면 우리가 말

---

18 이것을 근거로 우리는 도미니크 라 카프라(Dominick la Capra)의 비판에도 답변을 할 수 있다. 그에 따르면 라캉의 부재 개념은 서로 떼어놓아야 할 두 수준을 섞어 놓는다. 하나는 상징적 질서 그 자체를 구성하는 순수하게 형식적인 '존재론적' 부재이며, 또 하나는 이 또한 일어나지 않았을 수도 있는 특수한 외상적 경험(예를 들어 홀로코스트)이다. 따라서 홀로코스트와 같은 특정한 역사적 파국은 인간 조건 자체와 관련된 근본적 외상에 직접 기초를 둔 것으로 '정당화되는' 것으로 보인다. (Dominick la Capra, 'Trauma, Absence, Loss', *Critical Inquiry*, vol.25, no. 4, 1999년 여름, pp. 696~727 참조.)

이런 식으로 구조적인 외상과 우연적·역사적 외상을 구별하는 것이 설득력 있게 보일지 모르지만, 이것은 형식적·구조적 선험성과 우연적·경험적 후험성을 칸트식 구별에 의지하고 있다는 점에서 이중적으로 부적절하다. 첫째로, 모든 외상, 외상 '자체'는 그 개념상 우연적인 것으로, 예기치 않은 의미 없는 혼란으로 경험된다. 외상은 그 정의상 '구조적'인 것이 아니라 구조적 질서를 흔드는 것이다. 둘째로, 홀로코스트는 단순한 역사적 우연성이 아니라, 신화적인 희생과 과학기술의 도구적 능률을 독특하게 결합했다는 점에서 이른바 서구 문명의 논리 자체에 각인되어 있는 어떤 파괴적 잠재력을 현실로 만들었다. 우리는 이것에 대해서는 중립적 입장이라는 안전한 거리를 유지할 수 없다. 즉 홀로코스트를 불행한 사건으로 치부해버릴 수 없다는 것이다. 홀로코스트는 어떤 면에서는 우리 문명의 '증상', 우리 문명에 관한 보편적인 억압된 진실이 출현하는 독특한 지점이다. 이 점을 약간 극적으로 표현해볼 수도 있다. 홀로코스트를 설명하지 않는 서양 문명 이야기는 모두 그 점 때문에 효력을 잃는다.

할 수 없는 것에 대해서는 말을 금지해버리는 비트겐슈타인의 역설에 걸리고 만다. 만일 비교 금지를 고수한다면 끈질기게 의심이 우리 뒤통수를 잡아당길 것이다. ― 만일 홀로코스트를 다른 비슷한 범죄들과 비교하는 것이 허용된다면, 그 유일무이한 면이 사라질지도 몰라……

파국과 혁명 사이에서

2

유물론을 다시 생각한다

레닌의 진리는 궁극적으로 **유물론**의 진리이며, 실제로 현재의 뉴에이지 반계몽주의 풍토에서는 레닌의 『유물론과 경험비판론』의 교훈을 다시 역설하는 것도 매력적으로 보일 수 있다. 오늘날 양자물리학의 대중적 독법에서는, 레닌의 시대와 마찬가지로, 과학 자체가 마침내 유물론을 극복했다는 견해가 등장한다. 물질은 '사라진다'고, 에너지장의 비물질적 파장 속으로 해체된다고 생각하는 것이다.[1] 레닌이 물질의 철학적 개념과 과학적 개념을 구분함으로써 '자연 안의 변증법 또는 자연의 변증법'이라는 개념 자체를 일소했다는 것(루치오 콜레티[Lucio Colletti]가 강조하듯이)은 물론 사실이다. 물질이 정신으로부터 독립해서 존재하는 실재라는 철학적 개념은 과학에 대한 철

---

1   레닌의 『유물론과 경험비판론』을 구출하려는 알튀세르적인 시도로는 Dominique Lecourt, *Une crise et ses enjeux*, Paris: Maspero 1973 참조.

학의 개입 자체를 사전에 배제하기 때문이다. 그러나…… 이 "그러나"는 『유물론과 경험비판론』에는 변증법이, 헤겔이 들어설 자리가 없다는 사실과 관련되어 있다. 레닌의 기본적 명제는 무엇인가? 지식을 현상론적 또는 실용적 도구주의(즉 과학적 지식을 통하여 사물이 정신으로부터 독립해서 존재하는 방식을 알 수 있다는 주장 — 악명 높은 '반영 이론')로 환원시키기를 거부하면서, 동시에 우리 지식의 불안정한 본성(지식은 늘 제한적이고, 상대적이며 무한한 접근 과정을 통해서만 외적 실재를 '반영'한다)을 강조하는 것이다. 어쩐지 귀에 익은 말 아닌가? 이것이 바로 분석철학의 앵글로색슨 전통에서 전형적인 반헤겔주의자인 칼 포퍼Karl Popper의 기본 입장 아니던가? 콜레티는 「레닌과 포퍼Lenin and Popper」[2]라는 짧은 글을 통해, 포퍼가 1970년에 쓰고 「디 차이트Die Zeit」에 처음 공개된 개인적인 편지에서 이런 말을 했다고 회고한다. "내가 보기에 경험비판론에 대한 레닌의 책은 진정 탁월하다."[3]

---

[2] 1990년에 이탈리아 주간지 *L'Espresso*에 처음 발표되었으며, Colletti, *Fine della filosofia*, Roma: Ideazione 1996에 수록되었다.

[3] 레닌은 전이적인 파토스의 전형적인 제스처로 마르크스와 엥겔스가 늘 그들의 철학을 "변증법적 유물론"이라고 불렀다는 점을 되풀이해 이야기한다. 물론 반레닌주의적 마르크스 연구자는 마르크스와 엥겔스가 한 번도 그 용어를 사용한 적이 없다는 사실을 쉽게 지적할 수 있다(그 용어를 도입한 사람은 게오르기 플레하노프였다). 이런 상황 때문에 소비에트의 마르크스와 엥겔스 전집 편집자들은 멋진 딜레마에 빠졌다. 색인에는 "변증법적 유물론"이라는 항목이 들어가야만 했다. 그래서 그들은 마르크스나 엥겔스가 변증법, 역사의 유물론적 개념 등에 관해서 이야기한 페이지들을 적어 넣었다……. 그러나 이야기는 여기에서 끝나지 않는다. 이렇게 후기의 개념을 마르크스에게로 다시 환각적으로 투사하는 것에는

『유물론과 경험비판론』의 이런 유물론적인 단단한 핵심은 레닌이 헤겔을 재발견한『철학 노트Philosophical Note-Books』에서까지 끈질기게 계속된다. 왜? 레닌은『철학 노트』에서 아도르노가 '부정 변증법'에서 씨름했던 문제와 맞붙었다. 모든 직접성(무매개성)에 대한 비판이라는, 그리고 모든 주어진 객관성의 주관적 매개에 대한 비판이라는 헤겔의 유산과 아도르노가 "객관적인 것의 우선성"이라고 부르는 '최소한의 유물론'을 어떻게 결합할 것인가 하는 문제와 맞붙어 싸웠던 것이다. 이 때문에 레닌은 계속 '반영 이론'에 매달리는데, 그 이론에 따르면 인간의 생각은 객관적 실재를 거울처럼 비춘다.

현실적으로, 객관적으로 **세 가지** 구성 요소가 있다. (1) 자연 (2) 인간의 인식 = 인간의 두뇌(바로 그 자연의 최고의 산물) (3) 인간 인식에 자연이 반영되는 형식(이 형식은 정확히 개념, 법, 범주 등으로 이루어진다). 인간은 자연을 하나의 전체로서, 그 완전한 모습으로, 그 '직접적 전체성'으로 파악할(=반영할=비출) 수 없다. 인간은 그것에 **영원히** 더 가까이 다가갈 수 있을 뿐이며, 그 과정에서 추상, 개념, 법칙, 세계의 과학적인 그림 등등을 창조한다.[4]

진실 효과가 있기 때문이다.

4 V. I. Lenin, "Conspectus of Hegel's Book The Science of Logic", in *Collected Works*, Moscow: Progress Publishers 1966, vol. 38, p. 179. 나는 이런 비교에 대한 생각을 Eustache Kouvélakis, Paris(개인적 대화)에 빚지고 있다.

그러나 여기서 아도르노와 레닌은 모두 잘못된 길을 가고 있다. 유물론의 올바름을 역설하는 길은 사고의 주관적 매개 **외부**에 존재하는 최소한의 객관적 실재를 고수하는 것이 아니라, 사고가 자기 자신과 완전한 동일성을 이루는 것을 막는 외적 장애물이 절대적으로 사고 자체에 **내재함**을 강조하는 것이다. 이 점을 양보하는 순간, 그리고 이 장애물을 밖으로 돌리는 순간, 우리는 사고가 '객관적 실재'에 점근선을 그리며 잡힐 듯 잡히지 않는 '객관적 실재'에 다가가지만 그 무한한 복잡성은 절대 파악할 수 없다는 사이비 문제 설정으로 퇴행하고 만다.[5]

레닌의 '반영 이론'의 문제는 그 이론에 내재한 관념론에 있다. 의식 외부의 물질적 실재가 독립적으로 존재한다는 강박적인 강조는 징후적인 전치symptomatic displacement로 읽힐 수 있으며, 그런 강박적인 강조는 **의식 자체**가 자기가 '반영'하는 실재의 외부에 있는 것으로 암묵적으로 가정되고 있다는 핵심적인 사실을 결국에는 감추게 된다. 반영이 사물의 실제 존재 방식에, 객관적 진리에 무한히 접근한다는 비유 자체가 이런 관념론을 드러낸다. 이 비유는 '주관적 반영'의 불완전성(즉 왜곡)이 바로 주체가 반영 과정에 포함되어 있기 때문에 발생한다는 사실을 고려하지 않는다. 오직 바깥에서 세계를 관찰하는 의식만이 실재 전체를 '실제 있는 그대로' 관찰할 수 있을 것이다. 다시 말해서 실재에 대한 전적으로 온당한 '중립적' 지식이

---

5   아도르노의 '객관적인 것의 지배'에 대한 더 자세한 비평은 Slavoj Žižek, *On Belief*, London: Routledge 2001 참조.

있다는 것은 우리가 외부에 존재한다ex-sistence, 우리가 실재와 관련하여 외적인 지위를 갖는다는 뜻이 되고 만다. 거울이 대상 외부에 있을 때에만 완벽하게 대상을 반영할 수 있는 것과 마찬가지다(객관적 실재를 '비추는' 레닌의 인식론은 그 정도의 이야기에 불과하다).[6] 핵심은 저 바깥에, 나의 외부에 독립적 실재가 있다는 것이 아니다. 핵심은 나 자신이 그 실재의 한 부분으로서 '저 바깥에' 있다는 것이다.[7] 따라

---

[6] 『철학 노트』의 한 구절에서 레닌은 사고의 '추상 작업' 자체, 즉 사고가 대상의 무한한 복잡성을 단번에 파악하지 못하고, 대상과 거리를 유지하고, 대상으로부터 뒷걸음질치는 것 때문에 외려 우리가 대상의 실재에 더 가까이 다가간다는 사실에 주목하면서 이런 통찰에 이를 뻔한다. 대상을 관념의 추상적 속성 가운데 일부로 '일면적으로' 환원해버리는 그 작업 속에, 다시 말해 우리 지식의 '한계'(총체적인 직관적 지식의 꿈을 유지하는 것)로 보이는 것 속에 지식의 본질이 있는 것이다.

> 구체에서 추상으로 나아가는 사고 — 그것이 정확하기만 하다면(주목하라, 칸트도 다른 모든 철학자들처럼 올바른 사고 이야기를 한다) — 는 진리로부터 멀어지는 것이 아니라 진리를 향해 다가간다. 물질의 추상, 자연법칙의 추상, 가치의 추상 등, 간단히 말해서 모든 과학적(정확하고, 진지하고, 터무니없지 않은) 추상은 자연을 더 깊이, 더 진실하게, 더 완전하게 반영한다. 살아 있는 인식으로부터 추상적 사고로, 그리고 이것으로부터 실천으로 — 이것이 진리의 인식, 객관적 실재 인식의 변증법적 경로다.(Lenin, 'Conspectus', p. 168).

레닌은 그런 통찰에 다가갔다가, 다시 무한하게 실재에 접근한다는 지배적인 진화적 개념으로 퇴행한다.

[7] 이것을 가차없이 직접적으로 표현해보자. '레닌은 마르크스를 진정으로 이해하지 못했음'이 분명하다. 다른 것은 몰라도 마르크스의 '정치 경제학 비판'의 헤겔적인 복잡성은 이해하지 못했다. 그러나 모순적으로 레닌이 10월혁명, 제대로 된 최초의 마르크스주의 혁명을 조직할 수 있었던 것은 오직 '마르크스를 이해하지' 못했기 때문이라는 역설이 성립한

서 문제는 의식 외부에 의식으로부터 독립한 실재가 있느냐 없느냐가 아니라, 의식 자체가 실재의 외부에 실재로부터 독립해 있느냐 아니냐다. 따라서 '저 바깥에' 존재하는 객관적 실재, 착각과 왜곡의 층들에 의해 의식으로부터 분리된 객관적 실재, 무한한 접근을 통해서만 인식론적으로 다가갈 수 있는 객관적 실재라는 레닌의 (내재적으로 관념론적인) 개념을 받아들이는 대신 우리는 실재에 대한 '객관적' 지식은 불가능하다고 주장해야 한다. 우리(의식)는 늘 이미 실재의 일부이고, 실재의 한가운데 있기 때문이다. ― 우리가 실재에 대한 객관적 지식으로부터 분리되는 것은 바로 우리가 존재론적으로 실재 안에 포함되어 있기 때문이다.

물론 그렇다고 관념론과 유물론의 차이를 추적하는 일이 오늘날 중요하지 않다고 이야기하려는 것은 아니다. 우리는 정신을 바짝 차리고 진정으로 레닌주의적인 방식으로 나아가야 한다. '구체적 조건의 구체적 분석'을 통하여 이런 분리선이 어디에 그어졌는지 분별해야 하는 것이다.[8] 관념론과 유물론 사이의 분리선은 심지어 종교 분

다. 이것은 이미 마르크스 자신에게서 분열이 작동하고 있었음에 틀림없다는 뜻이다. 만일 마르크스의 이론에 대한 어느 정도의 무지가 마르크스주의 혁명을 일으키는 긍정적 조건이었다면, 마르크스의 혁명 이론 자체는 비록 세계인인 혁명적 실천의 이론적 계기라고 스스로 인식하고 있었지만, 혁명적 실천과 관련해서는 간극을 내포할 수밖에 없었다. 혁명적 개입의 조건을 잘못 인식할 수밖에 없었다는 것이다.

8 일반적으로 말하자면 유물론의 과제는 단지 '의미'의 경험을 물질적 운동으로 성공적으로 '환원'하는 것만이 아니다. 우리는 더 높은 목표를 가져야 한다. 유물론이 '의미' 자체의 독특한 경험을 더 잘 설명하여 그 자체의 게임에서 관념론을 이길 수 있다는 것을 보여주어야 한다. 여기

야 내에도 그어져 있다. 여기에서는 그리스도가 십자가에서 한 말이 유물론이 출현하는 독특한 지점의 신호로 나타난다. '아버지여, 어찌하여 나를 버리시나이까?' 이 완전히 버림받은 순간에 주체는 **대타자**big Other**가 존재하지 않음**을 경험하고 또 완전하게 받아들인다. 더 일반적으로 말하자면 분리선의 한편에는 진리가 우리 안에 있어 내적인 여행을 통해 (재)발견되기만 기다리고 있다는 '관념론적인' 소크라테스-그노시스 전통이 있고 다른 한편에는 진리는 오직 주체의 균형을 깨뜨리는, 정신적 외상을 입히는 **외적인** 만남으로부터만 출현할 수 있다는 유대-기독교의 '유물론적' 개념이 있다. '진리'는 우리에게 우리의 '자생적인' 경향과 싸울 것을 요구한다.

같은 주장을 다른 식으로 표현해보자. 정확한 유물론적 입장(이것은 칸트의 이율배반으로부터 급진적으로 헤겔주의적인 존재론적 결과를 끌어낸다)은 하나의 '전체'로서 우주는 없다는 것이다. 하나의 '전체'로서 우주(세계)는 무無다. 그 안에 존재하는 모든 것은 그 무 안에 있다.

===========

서 변증법적 유물론은 그 정의상 환원론적인 기계적 유물론과 엄격하게 대립한다. 변증법적 유물론은 원인과 관련하여 결과의 근본적 타율성을 인정하지 않는다. 즉 감각-결과를 단순한 표현, 밑바닥에 깔린 '더 깊은' 물질적 '본질'의 표현으로만 본다는 것이다. 반면 관념론은 감각-결과가 물질적 과정의 결과임을 부정하고, 그것을 스스로 생겨난 실체로 물신화한다. 이런 부정의 대가는 감각-결과의 실체화다. 관념론은 은밀하게 감각-결과를 새로운 '몸'(예를 들어 플라톤적인 '형상'들의 비물질적인 몸)으로 본다. 역설적으로 들릴지 모르지만, 오직 변증법적 유물론만이 '감각'의 결과, 사건으로서 감각의 결과를 실체를 지닌 존재의 어떤 변형으로 환원하지 않고 구체적 자율성을 갖춘 결과물로 생각할 수 있다(그래서 천박한 기계론적 유물론이 관념론의 필수 구성 요소가 되는 것이다).

우주는 무로부터 생기지 않았다. 우주는 무 안에서 생겼다. 안으로
부터 보자면 모든 것은 무다. **안으로부터 보자면 밖의 세계는 사실 무다.**
우리는 무 안에 있다.

　밖에서 보자면 영秦, 무가 있다. 안으로부터 보자면 우리가 아는 모
든 것이 있다. 전 우주가 있다.[9]

　여기서는 유물론과 관념론을 가르는 선이 매우 미묘하다. 한편
으로는 이것을 '저 밖에 있는' 우주는 '정신'으로 지각될 때만 나타난
다는 주관주의적인 방식으로 읽고 싶은 유혹이 있다. 반면 의식은
관찰되는 대상 안에 완전히 포함된다는 정반대의 급진적 결론도 있
다. 이곳에서 우리는 레닌의 '반영론'의 한계와 다시 만나게 된다. 오
직 바깥에서 우주를 관찰하는 의식만 실재 전체를 실제로 있는 그
대로 본다는 것이다. 따라서 '전체 우주'라는 개념 자체가 외부 관찰
자의 위치를 전제하지만, 이 위치로 가는 것은 불가능하다. 질 들뢰
즈Gilles Deleuze의 용어로 말하면, 이것이 의미하는 바는 절대적 관
점주의absolute perspectivism다. 즉 왜곡을 일으키는 불완전한 관점은
사물의 물질적 존재 자체에 기입되어 있다는 것이다.

　이것이 "세계는 없다"는 말의 의미다. '진정한 객관적 실재'는 없
다. 실재 그 자체가 왜곡된 관점으로부터, 원시의 '공空−무無'의 평
형상태의 교란으로부터 나타나기 때문이다. 이것이 헤겔과 나가르

9　　Tor Norretranders, *The User Illusion*, Harmondsworth: Penguin
　　　　1999, p. 353.

주나*의 불교 사상 사이의 상동相同 관계다. 나가르주나는 또 궁극적 실재로서의 '공'이 존재의 전면 부정을 뜻하는 것이 아니라고 주장한다. 모든 실재하는 실체는 빈틈없이 서로 관계를 맺고 있으며, 이러한 실체는 그것의 조건이 되는 부재하는 타자들의 공으로부터 나타난다는 사실을 가리킬 뿐이라는 것이다. 세계를 '전체'로서 생각하려고 하면 '공'에 이른다는 것이다.[10] 이것을 마르틴 하이데거Martin Heidegger의 시간성epochality이라는 용어로 표현할 수도 있다. '절대적 관점주의'란 우리 '세계'가 늘 어떤 한정된 지평 내에서만 우리에게 열리며, 이 지평은 '존재'의 뚫고 들어갈 수 없는 자기 은폐를 배경으로 생겨난다는 뜻이다. 모든 존재론적 열림(탈은폐)은 그 정의상 부분적이고, 왜곡된 것이며, 존재의 '그르침errance'이다. 이런 한계가 그 가능성의 절대적 조건이다.

헤겔과 라캉에게 공통되는 근본적인 교훈이 있다면 그것은 비본질적인 현상을 버리고 본질적인 것으로 다가가라는 통념과 정반대되는 것이라고 할 수 있다. 현상이 중요하다. 현상이야말로 본질적이다. 우리는 사물이 '그 자체로' 존재하는 그 방식에 무조건 반대할 수는 없다. 이런 현상은 사물 그 자체보다 더 무게를 지닌다. 왜냐하면 현상은 그 사물이 다른 사물들과 관계를 맺는 망에 기입되는 방식을 가리키기 때문이다. 마르크스주의에서 '상품 물신주의'는 상품이 주체에게 나타나는 방식의 좌표를 제공하며, 이런 **현상이 그 객관적**

---

* 　용수(龍樹). 초기 대승불교 사상을 연구하고 기초를 확립한 8종(八宗)의 조사(祖師)

10　그러나 불교는 주체성의 시위를 개념화하지 못하는 것으로 보인다.

53

인 사회적 지위를 결정한다. 정신분석에서 '환상'은 어떤 틀을 제공하는데, 그 틀 안에서 대상이 그것을 욕망하는 주체에게 나타나며, **이 틀은 주체가 '실재'로서 경험하는 것의 좌표를 구성한다.**

'유한'과 '무한' 사이의 올바른 헤겔적인 관계를 안다면 '유한'에서 시작한 뒤 어떻게 '무한'으로 나아갈 수 있는지 물어서는 안 된다. 이렇게 하는 순간, '유한'에서 시작하는(그래서 그것을 인정하는) 순간 우리는 이미 진정한 '무한'을 놓치고 만다. '무한'은 '유한' 너머에 있는 것이 아니라 '유한'의 존재 결여, 그 부정적인 자기 삭제이기 때문이다. 이것이 핵심이다. 이 점에서 보면 알랭 바디우는 '정치적인 것'과 '사회적인 것'(국가의 영역과 역사의 영역) 사이의 엄격한 경계를 고집함으로써 오류를 범하고 있다. 바디우는 너무 많은 것을 양보한다. **즉 사회가 존재한다**고 인정한다. 우리는 이런 양보에 반대하여 에르네스토 라클라우Ernesto Laclau와 샹탈 무페Chantal Mouffe[11]가 정리한 명제, "사회는 존재하지 않는다"는 명제를 승인해야 한다. 사회는 실재하는 영역이 아니라는 것이다. '정치적인 것'의 간극이 그 자체의 토대에 기입되어 있기 때문이다(사회체 전체를 가로지르는 '정치적인 것'을 가리키는 마르크스의 용어는 "계급투쟁"이다). 바디우는 '존재'의 질서가 있다고 받아들이고 나서 '사건'이 어떻게 가능한가 하는 문제로 나아감으로써 너무 많이 양보한다. 사회가 존재하지 않듯이 우리는 "세계는 존재하지 않는다"(또는 바디우의 용어로 하자면 '존재'의 질서는 없다)는 유물

---

11   Ernesto Laclau와 Chantal Mouffe, *Hegemony and Socialist Strategy*, London: Verso 1985.

론적 기본 명제를 정식화해야 한다. '필연'과 '자유' 사이의 관계도 마찬가지다. 먼저 '필연'의 인과관계망을 주장하고 나서 어떻게 그 안으로 파고드는 것이 가능한가, 어떻게 자유가 나타날 수 있는가를 물어서는 안 된다. 여기에서 우리는 또 칸트의 모호한 태도, 유물론과 관념론 사이에서 동요하는 태도를 분명히 찾아낼 수 있다. 일반적인 의미('초월적 구성'은 관념론적 주관주의다, 물 자체는 유물론의 잔재다)에서 하는 이야기가 아니다. '하나의 전체로서의 세계'가 존재하지 않는다고 순수하게 내재적인 방식으로 단언하는 것을 놓고 동요하는 모습으로, 그리고 현상 뒤에 자유의 실체적 영역이 따로 있다는 생각을 놓고 동요하는 모습으로 나타난다는 것이다.

아리스토텔레스에서 토마스 아퀴나스Thomas Aquinas에 이르기까지 관념론은 세계 내부에 실체적 대상들이 존재한다고 주장하면서, 신을 그 존재론적 일관성을 보장해주는 외적 '한계/예외' 자리에 갖다놓는다. 그 결과 유물론의 공식은 '저 너머(초월)'를 부정하는 것도 아니고, 현실의 유한한 '실재적' 대상들의 세계만 있다고 주장하는 것도 아니며, 바로 이 '실재하는' 대상에 완전한 존재론적 일관성이 없다고 주장하는 것이 된다. 다시 말해 '바깥'에서 볼 때, 하나의 '전체'로서 생각할 때, 그 대상은 무라는 것이다. 또 진정한 무신론의 공식은 '신이 존재하지 않는다'가 아니라 '세계가 존재하지 않는다'이다. 세계의 존재는 그 근거가 되는 예외, 즉 신을 포함한다. 여기에서 우리는 존재가 감추어진 '본질'이 나타난 것이라고 하는 헤겔의 엄격한 규정을 고집해야 한다. '세계'가 존재하지 않는다는 의미는 감추어진 '근거=본질'이 세계 안에/세계를 통해서 나타나지 않는다는 뜻이다. (마찬가지로 『모세와 일신론Moses and Monotheism』의 지그문트 프로이트 Sigmund Freud에게 반反-반反-유대주의의 진정한 공식은 "그 유대인(모세)은 존재하지 않는다……"는 것이다.) 이런 면에서 '의식' 외부에 대상이 존재한다고 주장하는 『유물론과 경험비판론』의 레닌은 은밀한 관념론자다. 이 완전하게 구성된 세계는 오직 비물질적인 '의식'을 '예외'로 함으로써만 나타날 수 있기 때문이다.

그러나 진리는 외적인 마주침으로부터 떠오른다는 관념을 『무엇을 할 것인가?』에 나오는 레닌의 유명한, 또는 악명 높은 관념, 즉 노동계급은 자체의 '고유한' 발전을 통해서 '자발적으로' 적절한 계급의식을 얻을 수 없으며, 이 진리가 밖으로부터(당 지식인에 의해) 노동계급에게 도입되어야 한다는 관념과 연결시키면 어떻게 될까? 이 지점에서 레닌은 카를 카우츠키Karl Kautsky의 말을 자기 말로 옮겨오면서 중요한 부분을 바꾼다. 카우츠키는 노동계급이 아닌 지식인, 계급투쟁의 바깥에 있는 지식인이 노동계급에게 과학을 소개해야 한다(역사에 대한 객관적 지식을 제공한다)고 말한 반면, 레닌은 계급투쟁이 아니라 경제투쟁의 바깥에 있는 지식인이 의식을 도입해야 한다고 말한다! 레닌이 긍정적인 태도로 인용한 카우츠키의 말은 이렇다.

사회주의와 계급투쟁은 나란히 일어나는 것이지 서로 의존하여 일어나는 것이 아니다. 이 각각은 서로 다른 조건에서 일어난다……. 과학을 실어나르는 것은 프롤레타리아가 아니라 **부르주아 인텔리겐치아**다……. 따라서 사회주의 의식은 외부로부터 프롤레타리아 계급투쟁에 도입되어야 하는 것이지, 그 내부에서 저절로 생기는 것이 아니다.[12]

레닌은 이 말을 이렇게 풀었다.

노동계급 운동의 자발성에 대한 **모든** 숭배, '의식적 요소'의 역할, 사
회민주주의의 역할에 대한 모든 경시는 **그 역할을 경시하는 사람이 바
라건 말건 그것과는 전혀 관계없이 노동자들에게 부르주아 이데올로기의
영향을 강화하게 된다**……. **유일한** 선택은 부르주아 이데올로기냐 사회
주의 이데올로기냐이다. 중간의 길은 없다……. 노동계급 운동의 **자연
발생적인** 발전은 노동계급을 부르주아 이데올로기에 종속시킨다…….
자연발생적인 노동계급 운동은 노동조합주의이기 때문이다.[13]

두 이야기가 똑같이 들릴지도 모르지만, 사실 그렇지 않다. 카우
츠키에게는 진정한 정치가 들어설 여지가 없다. 사회적인 것(노동계급
과 그들의 계급투쟁을 뜻하며, 여기에서 지식인은 은연중에 배제된다)과 이 지식
인들의 순수하고, 중립적이고, 비계급적이고, 비주관적인 지식의 결
합이 있을 뿐이다. 반면 레닌에게는 '지식인' 자신이 이데올로기들의
싸움(즉 이데올로기적인 계급투쟁)에 사로잡혀 있으며, 이것은 불가피하다.
(이 점을 강조한 사람은 마르크스다. 마르크스는 젊은 시절 독일 관념론 철학과 프
랑스혁명 대중의 결합을 꿈꾸다가 나중에는 어떤 일이 있어도 인터내셔널의 지도
권을 영국 노동자들에게 맡겨서는 안 된다고 주장하게 된다. 영국 노동자들은 숫자
도 가장 많고 조직도 가장 잘되어 있지만, 독일 노동자들과는 달리 이론적 엄중함

---

12   V. I. Lenin, *What Is to Be Done?*, New York: International Publishers
      1999, p. 40에서 인용.

13   같은 책, p. 40~41.

이 부족하다는 이유였다.) 따라서 지식인이 프롤레타리아에게 전달해야 할 지식을 레닌이 언급할 때 중요한 것은 이 지식의 정확한 지위다.

라캉은 지식의 네 가지 주요한 양식을 구분한다. 첫째가 하인의 '노하우'다. 이것은 장인, 농부 등의 실용적 지식을 가리키는 말이다. 두 번째가 '사심 없는' 테오리아theoria(정관)이다(『메논』의 플라톤: 노예와 대면한 철학자). 이것은 '주인'이 지식을 재전유/변형한 것이지만, 아직 근대의 과학적 지식은 아니다. 여전히 '주인'과 그의 도제/제자 사이의 입문적 관계에 의존하기 때문이다. 플라톤이 강조하듯이 이 지식은 사랑의 전이적 관계를 전제한다. 세 번째는 근대의 과학적 지식이다. 이것은 비인격적이며, '주인'이라는 인물에 근거를 둔 것이 아니라 비인격적인 교본과 기술 장비 안에, 누구나 접근 가능한 원리 안에 존재한다(라캉의 표현대로 여기서 주체는 배제된다). 네 번째는 관료적 지식이다. 이것은 등록의 과정, 존재(해야)하는 모든 것을 '작성하고', 정리하고, 분류하는 과정이다.

여기에서 상호 관련된 두 개의 역설을 강조해야 한다. 즉 과학적 지식의 역설과 관료적 지식의 역설이다. 과학자는 걷기 같은 평범한 활동을 위한 '소프트웨어'를 재구성하려 할 때 인간의 뇌가 아주 많은 복잡한 방정식을 수월하게 풀어야 한다는 것을 알고 놀란다. 어떤 공학자는 이런 식으로 표현한다. "인간이 직립하여 두 발로 이동하는 것은 그 자체로 재난을 자초하는 행위와 다름없어 보이며, 그것을 실행에 옮기려면 놀라운 통제력이 요구된다."[14] 다리는 지지점

---

14   Steven Pinker, *How the Mind Works*, Harmondsworth: Penguin

을 갑자기 바꿔야 하며, 그렇게 하려면 하중을 덜어야 한다. 다리를 통제하는 운동 근육들은 발이 땅에 붙은 채 하중을 지탱하고 앞으로 미는 동작과 하중을 덜어내고 다리를 자유로이 움직이게 하는 동작을 번갈아 해야 한다. 그 사이에 운동 근육들은 몸의 무게중심을 발이 규정하는 다각형 안에 유지해야 한다. 그래야 몸이 쓰러지지 않는다. 우리는 걸을 때 앞으로 기울어지다가 넘어지는 것을 아슬아슬하게 막는 동작을 되풀이한다.[15] 이러한 순간적이고 자연발생적인 계산의 복잡성, 몸이 걷기 위해 소유해야 하는 지식을 라캉은 "실재계 내의 지식"이라고 부른다. 물론 여기서 기본적인 해석학적 관점을 잊으면 안 된다. 우리가 이미 계산적인 과학적 지평 안에 있을 때에만, 걷는 몸을 공학적 관점에서 관찰하면서 몸이 걸을 수 있게 해주는 방정식을 해명하려 할 때에만 우리는 이런 종류의 "실재계 내의 지식"을 가정하게 된다. 좀 더 '순진한' 접근 방법에서는 어떤 타고난 또는 학습된 '경향'을 언급할 뿐이다. 간단히 말해서 이런 "실재에 대한 지식"은 우리가 외부에서 자료를 처리하는 관찰자의 태도를 취하여 활동 중인 살아 있는 신체 행위자의 반사 이전의 노하우를 명백한 규칙들에 의해 규제되는 행동으로 번역하려 하는 순간 출현한다.

관료적 지식을 보자면 그것이 널리 퍼짐으로써 어떤 간극이 생긴다. 프랑스의 '존재 증명서certificat d'existence'나 가끔 전해지는 다음과 같은 이상한 이야기들이 이 간극의 가장 좋은 예다. 이 이야기에

1999, p. 11에서 인용.

15 같은 책, p. 10~12.

따르면 (보통 이탈리아에서) 한 불운한 사람이 국가 기관으로부터 어떤 혜택을 받으려 하다가 그 기관으로부터 등록부 검토 결과 그는 공식적으로 사망 또는 존재하지 않는 인물이라는 이야기를 듣는다. 따라서 혜택을 받으려면 먼저 그의 존재를 확인하는 공식 문서를 제출해야 한다는 것이다. 이것은 "두 죽음 사이의 중간물"[16]의 관료적 판본 아닐까? 프랑스의 한 사업가 여성은 최근 현청의 소환을 받았다. 공식 소환장에 따르면 그녀가 건강 스마트카드carte vitale를 잃어버렸다는 것이다. 사실 그녀는 그 카드를 잃어버리지 않았다. 그래서 두 시간 넘게 줄을 서서 기다린 끝에 카드를 잃어버리지 않았다는 증거

---

16   자크-알랭 밀러 자신이 라캉과 S2와 S1의 관계를 맺고 있다. 그는 라캉의 '관료'로서, 처음 두 번의 커다란 개입, 즉 에세이 "*Suture*", 그리고 라캉의 "*Écrits*"의 불어판에 붙인 꼼꼼한 "Index raisonné"의 준비에서 그랬던 것처럼 사물들을 기록하고, 편집했다. 그의 존재 자체가 라캉 자신에게 소급적 영향을 행사하여, 라캉이 훨씬 더 간결한 방식으로 자신의 입장을 정리하도록 강요했다.

그러나, 라캉이 이미 프로이트를 '형식화하는 존재'였다면 밀러 역시 일종의 해체주의적 가짜 무한으로 프로이트를 '형식화하는 존재'일까? 아니면 한 걸음 더 나아가, 만일 라캉과 프로이트의 관계가 레닌과 마르크스의 관계와 같다면(라캉 자신이 그의 *Seminar XX: Encore*에서 아이러니를 섞어 그렇게 암시하고 있다), 밀러는 그들 둘에게 이오시프 스탈린(Iosif Stalin)이 마르크스와 프로이트에게 했던 역할을 하는 것일까? 즉 제도적 테러의 지배를 도입하는 '관료화하는 존재' 역할을(과거에 밀러파였던 많은 사람들이 밀러를 실제로 "스탈린주의"라고 비난하고 있으며, 그를 배신한 사람들에게서 공개 고백을 요구하기까지 한다)? 여기에 나는 이렇게 대답하고 싶은 유혹을 느낀다. 왜 아니겠는가? 이런 상동 관계가 우리에게 가르쳐주는 유일한 것은 정신분석학적 조직과 정치적 조직 사이의 차이뿐이다. 정치에서 자기 파괴적인 테러는 정신분석 공동체에서는 완전히 다른 것이 된다. 여기에서 스탈린적 인물은 "선한" 인물이다.

로 자신의 카드를 제출했다. 그러자 담당 관료가 말했다. "하지만 컴퓨터에는 잃어버린 것으로 되어 있습니다. 따라서 지금 가지고 계신 카드는 효력이 없습니다. 파기할 테니 그 카드를 주십시오. 그리고 새 카드를 신청하십시오!" 관료제의 윤리 같은 것이 있다면 이것이 바로 그 예다.

이 두 가지 양식의 지식 사이의 상호 관계는 둘이 서로 표리를 이룬다는 점이다. "실재계 내의 지식"은 상징적 매개를 우회하여 몸 자체의 '실재계'에 직접 각인된 지식의 직접성을 나타낸다. 반면 관료적 지식은 '상징계'와 '실재계' 사이의 부조리한 불일치를 실감하게 한다.

물론 이 네 가지 형태의 지식에 정신분석의 지식(으로 여겨지는 것)의 역설적 지위를 추가해야 한다. 분석가analyst는 분석 대상자 analysand의 욕망의 비밀을 안다고 여기기 때문이다. 물론 레닌주의 정당이 외부로부터 노동계급에 도입하는 악명 높은 '지식' 역시 정신분석의 지식(으로 여겨지는 것)과 성격이 같다. 따라서 핵심적인 문제는 이런 외부성의 정확한 지위다. 이 외부성은 역사를 연구하여 결국 위대한 미래는 노동계급의 손에 있다는 것을 입증한 뒤 이기는 편에 가담하기로 결정하는 불편부당한 '객관적' 과학자의 외부성에 불과한 것일까? 결국 레닌이 "마르크스의 이론은 진리이기 때문에 전능하다"[17]고 말할 때, 여기에서 '진리'를 어떻게 이해하느냐에 모든 것

17 여기에서 사도 바울은 여전히 우리에게 길을 안내할 수 있다. 그의 '정치적 신학'이라는 작업은 '로마'의 길(다문화적이고 관용적인 법적 권리들의 제국)과 '유대'의 길(인종적 근본주의) 사이에서 기운 빠지는 선택을 하는 것을 피한 (신자들의) 새로운 집단을 가르치려는 것이었다. (Jacob Taubes의 뛰어

이 달려 있다. 이것은 중립적인 '객관적 지식'일까, 아니면 참여한 주
체의 진리일까?[18] (이런 보편적인 당파적 진리 관념의 한 가지 결과는 우리가 대
중 영합주의적 '신우익'에 대하여 채택하는 자세와 관련이 있다. 우리는 매우 '교조
적으로' 그들을 배제하고, 어떠한 대화도 거부해야 하며, 그들의 '정상화' 즉 그들이
'정상적'인 정치적 주체-동반자로 변하는 것을 받아들이지 말아야 한다. 그렇다, 어
떤 대화도 거부해야 하는 것은 우리 좌파이며, [적어도 현재의 자유주의적 민주주
의의 헤게모니에서]* '대화의 정상적 동반자'로 받아들여주기를 바라는 것은 우파
다……).

정신분석에서 이 '지식으로 여겨지는 것'의 지위를 알 수 있는
열쇠는 타자가 아는 것을 알고 있다는 역설이다. 이디스 워튼Edith
Wharton의 소설 『순수의 시대』에서 마지막 반전을 보라. 올렌스카
백작부인에게 부정한 열정적 사랑을 오랫동안 품어 왔던 남편은 자
신의 젊은 아내가 내내 그 비밀스러운 열정을 **알고 있었다**는 사실을
알게 된다. 어쩌면 이것이 불행한 영화 「매디슨 카운티의 다리」(1988)
를 구해내는 방법을 제공할 수도 있다. 만일 순진하고 현실적인 사

난 *Die Politische Theologie des Paulus*, Munich: Wilhelm Fink Verlag 1993 참조.) 사
도 바울의 딜레마는 우리의 딜레마 아닐까? 편협한 '근본주의적' 위협에
대항하여 '진리'의 보편주의를 어떻게 옹호할 것인가? 진리의 보편주의는
자유주의-민주주의적 담론의 오염 없는 형식주의적 보편주의를 뒤에 남
기고 마는데 말이다.

18   V. I. Lenin, "Three Sources and Three Component Parts of
Marxism", in *Collected Works*, Moscow: Progress Publishers 1966,
vol.19, p. 23.

•   인용문에서 꺾쇠괄호는 인용자가 자신의 말을 집어넣고 싶을 때 일반적
으로 사용한다.

람으로 등장하는 남편이 그동안 아내와 「내셔널 지오그래픽National Geographic」의 사진작가 사이의 짧고 열정적인 사랑을 알고 있었고, 그 사랑이 그녀에게 어떤 의미가 있는지도 알고 있었지만, 아내에게 상처를 주지 않으려고 입을 다물고 있었으며, 마지막에 죽어가는 프란체스카가 그 사실을 알게 되는 경우를 상상해보라. 이것이 지식의 수수께끼다.

주인공이 어떤 것(오랫동안 억눌러온 어떤 비밀)을 직접적으로 알게 될 때가 아니라, (모르는 줄 알고 있었던) **다른 사람도 내내 그것을 알고 있었다는** (그러나 그냥 모르는 척하고 외적인 생활을 유지해왔다는) **사실을 발견할 때** 한 상황의 심리적 경제 전체가 급격하게 바뀌어버리고 만다. 어떻게 이런 일이 가능할까? 어떤 남편이 오랫동안 몰래 연애를 한 뒤 어느 순간 아내가 그 사실을 내내 알고 있었지만 예의 때문에, 또는 더 심한 경우 그를 사랑하기 때문에 입을 다물고 있었다는 사실을 알게 되는 것보다 더 모욕적인 일이 있을까?

라캉은 『햄릿』을 두고, '타자'가 모른다는 가정적 전제가 '무의식'을 '의식'으로부터 분리하는 빗장을 유지한다고 주장한다.[19] 어떻게? 『순수의 시대』에서 주인공은 자신의 열망의 대상과 함께 있고 싶은 것이 자신의 큰 욕망이라는 착각 속에서 살아간다. 그가 알지 못하는 것(그가 무의식 속에서 억누르는 것), 그리고 '타자'(자신의 부인)가 안다는 사실을 발견하게 될 때 직면할 수밖에 없는 것은 자신이 실제로

19　Jacques Lacan, *Le désir et son interprétation*(미출간 세미나 1958~1959) 참조.

는 가족을 버리고 사랑하는 사람과 살고 싶어하지 **않는다는** 사실이다. 그의 욕망의 진정한 대상은 이런 상황 자체, 즉 자신이 이런 열망을 은밀히 즐길 수 있는 상황 자체였다. 무의식적인 것은 열망의 대상이 아니라 내가 그것과 실제로 관계를 맺는 방식, 내가 그 대상에 애착을 느끼는 상황적 조건이다. 따라서 나 자신의 깊은 곳에서 ('타자'는 모르는 나의 열망에 관하여) 안다고 생각하는 바로 그 순간 나는 이열망의 특징에 관해 스스로 속고 있는 것이다. 유부남이 몰래 연애를 하면서 이제 아내는 사랑하지 않는다고 확신하다가 어떤 이유에선가(이혼, 아내의 죽음) 마침내 자신의 욕망을 깨닫는 순간 무너지고마는 경우가 얼마나 많은가. 훨씬 더 간단하게 보자면, 아내가 그 일을 안다는 것을 발견할 때, 그리고 아내가 보내주겠다고 할 때, 아내를 떠나지 못하는 경우가 얼마나 많은가⋯⋯.

뛰어난 다큐멘터리 「가늘고 푸른 선」(1988)*에서는 한 익명의 검찰관이 했던 기억에 남을 만한 말을 인용한다. "죄인의 유죄를 입증하는 것은 보통 검사라도 할 수 있다. 그러나 무고한 사람의 유죄를 입증하려면 정말 뛰어난 검사가 필요하다." 이 역설의 논리는 하인리히 힘러Heinrich Himmler**가 공식으로 정리한 나치 똘마니들의 구호와 똑같다. "조국을 위해 고귀한 일을 하기는 쉽다. 심지어 목숨도 바칠 수 있다. 그러나 진정한 영웅은 나라를 위해 필요한 더러운 일

---

* 1976년 댈러스에서 일어난 경찰관 살해 사건의 범인으로 체포되어 억울한 감옥살이를 했던 랜덜 애덤스 사건을 다룬 작품. 이 다큐멘터리가 계기가 되어 재심이 열렸고 애덤스는 석방되었다.
** 독일 친위대 대장. 유대인 대학살의 주범.

을 하는 사람이다. 조국을 위하여 죽이고 고문하고, 스스로 악의 짐을 지는 사람이다!" 이것이 냉소주의가 은밀하게 유혹하며 던지는 미끼다. 진실하고 선하게 사는 것은 지루하다. 유일하게 진정한 도전은 '악'의 도전이다. 즉 특별한 성취를 이룰 수 있는 유일한 공간은 위법적이고 일탈적인 특이성에서 발견된다. 간단히 말해서, 페르난도 페소아Fernando Pessoa*가 말했듯이, "진리를 얻었거든 너 혼자 간직해라!"

따라서 이런 입장과는 대조적으로 뻔뻔스럽고 용기 있게 마르크스주의는 '세속화된 종교'이고 레닌은 그 메시아라는 등의 지루한 고전적인 비판을 인정하는 모험을 하면 안 될까? 그렇다, 프롤레타리아의 입장을 취한다는 것은 믿음의 도약을 이루어 그 '대의'에 완전히 참여하게 되는 것과 같다. 그렇다, 마르크스주의의 '진리'는 중립적 관찰자가 아니라 이런 도약을 이룬 사람만 인식할 수 있다. 여기에서 외부성이 의미하는 바는, 그럼에도 이 진리가 보편적이며, 단순히 특정한 역사적 주체의 '관점'이 아니라는 것이다. '외부적' 지식인들이 필요한 것은 노동계급이 사회적 총체성 내에서 자신의 위치를 직접적으로 인식할 수 없기 때문이며, 따라서 자신의 '사명'을 완수할 수 없기 때문이다. 이런 통찰은 외적인 요소를 통해서 매개되어야 한다.

이런 두 가지 외부성(신성한 실재'의 외상적 경험이라는 외부성과 '당'의 외부성)을 세 번째 외부성, 즉 정신분석 치료에서 분석가의 외부성과

---

* 포르투갈의 모더니즘 시인.

연결시키면 어떨까? 세 경우 모두 우리는 '유물론적 장애물'의 증거가 되는 똑같은 '불가능성'을 만나게 된다. 신자가 자기 침례를 통해, 자생적으로 자신의 '자아'를 깨달음으로써 '자기 내부의 신을 발견하는 것'은 불가능하다. 신은 우리의 균형을 깨면서 외부로부터 개입해야 한다. 노동계급이 자신의 역사적 사명을 자연발생적으로 현실화하는 것은 불가능하다. 당이 외부로부터 개입하여 노동계급에게서 자기 만족적 자생성을 털어버려야 한다. 환자/분석가*가 자신을 분석하는 것은 불가능하다. 그노시스주의적인 자기 침례와는 반대로 정신분석에는 진정한 자기 분석이 없다. 분석은 외부에서 온 씨앗이 주체의 욕망의 대상-원인에 몸을 줄 때만 가능하다. 그러면 왜 이런 불가능성이 나타나는가? 바로 이 세 주체(신자, 프롤레타리아, 분석가*) 가운데 어느 누구도 자기 매개의 자기중심적 인자가 아니기 때문이다. 모두 외부에서 온 씨앗과 씨름하는, 중심에서 벗어난 인자들이기 때문이다.

어떤 사람들은 「당의 찬가」가 『조치The Measure Taken』에서 가장 문제적인 노래라고 보는데 브레히트는 이 노래에서 언뜻 보기보다 훨씬 더 독특하고 정확한 것을 제시한다. 즉 겉으로 보기에 베르톨트 브레히트Bertolt Brecht는 단순히 당을 '절대 지식'의 화신, 역사적 상황에 대한 완전하고 완벽한 통찰을 갖춘 역사의 대리자로 격상시키는 것 같다. 알고 있으리라 여겨지는 주체가 있다면, 바로 그런 주체가 당이다. "당신에게는 눈이 둘밖에 없지만 당에는 천 개가 있

---

* '분석 대상자(analysand)'의 오기로 보인다.

다!" 그러나 이 시를 꼼꼼히 읽어보면 뭔가 매우 다른 일이 진행되고 있다는 것이 분명해진다. 합창단은 젊은 공산주의자를 질책하면서 당이 모든 것을 알지는 못하며, 젊은 공산주의자가 지배적인 당 노선과 의견 차이를 보이는 것이 옳은 일일 수도 있다고 말한다.

> 우리가 가야 할 길을 보여다오, 그러면 우리는
> 너처럼 그 길을 따르겠다, 하지만
> 우리를 빼고 옳은 길을 택하지는 마라.
> 우리가 빠지면 이 길은
> 가장 잘못된 길이다.
> 너 자신을 우리와 떼어놓지 마라.[20]

이 말은 당의 권위가 결정적인 실증적 지식의 권위가 아니라, 지식의 '형식'에 의한 권위, 집단적인 정치 주체와 연결된 새로운 유형의 지식의 권위라는 뜻이다. 합창단이 주장하는 핵심적인 사항은 젊은 동지가 스스로 옳다고 생각한다면 당의 집단적 형식 외부가 아니라 그 **내부에서** 자신의 입장을 옹호하기 위해 싸워야 한다는 것뿐이다. 약간 극적으로 표현해보자. 젊은 동지가 옳다면 당에 다른 구성원들보다 그가 훨씬 더 필요하다. 당이 요구하는 것은 '나'를 당의 집단적 정체성인 '우리' 안에 두겠다고 동의하는 것이다. 당의 노선에

---

20 Bertolt Brecht, *Die Massnahme*, Franfurt: Suhrkamp Verlag 1998, p. 67. 내가 이 구절에 관심을 갖게 한 사람은 알랭 바디우다.

반대하여 우리와 함께 싸우고, 우리를 위해 싸우고, 너의 진리를 위해 싸워라. — 다만 당 외부에서 **혼자 하지만 마라**. 라캉의 분석가 담론의 공식과 똑같이 당의 지식에서도 중요한 것은 그 내용이 아니라 당이 '진리'의 자리를 차지한다는 사실이다.

신, 분석가, 당 — 이것은 '알고 있으리라 여겨지는 주체', 전이적 대상의 세 형식이다. 그래서 우리는 세 경우 모두 '신/분석가/당은 늘 옳다'는 말을 듣게 되는 것이다. 그러나 쇠렌 키르케고르Søren Kierkegaard가 분명히 알고 있었듯이, 이 진술의 참은 늘 그 부정이다. 즉 **인간**은 늘 틀린다는 것. 이 외부적 요소는 객관적 지식을 나타내는 것이 아니다. 즉 그 외부성은 엄격하게 내부적이다. 당의 필요는 노동계급이 결코 '완전히 자기 자신'일 수 없다는 사실에서 나온다. 따라서 이 외부성에 대한 레닌의 고집의 궁극적 의미는 '적합한' 계급의식은 '자연발생적으로' 나타나지 않으며, 이것은 노동계급의 '자연발생적 경향'과 일치하지 않는다는 것이다. 외려 '자연발생적인' 것은 자신의 사회적 위치를 오인하는 것이며, 따라서 '적합한' 계급의식은 힘든 노력을 통해 쟁취해야 한다. 여기서 다시 상황은 정신분석의 상황과 일치한다. 라캉이 되풀이해서 강조하듯이 원초적인 '지식 충동Wissenstrieb'은 없다. 인간의 자연발생적인 태도는 그것에 대해 전혀 알고 싶지 않다je n'en veux rien savior는 것이다.[21] 정신분석

---

21 '그것에 대해 전혀 알고 싶지 않다'는 이런 태도는 어쩌면 첩보 또는 범죄 영화의 고전적인 장면이 가장 좋은 예가 될 수도 있다. 죽어가는 범죄자 또는 첩자는 우연히 그곳에 있는, 좋지 않은 시간에 좋지 않은 장소에 있게 된 평범한 사람에게 금지된 정보(말로 하는 고백, 테이프 사진……)

치료는 우리의 가장 깊은 내적 경향을 실현하는 것이기는커녕 '결을 거슬러서' 진행되어야 한다.

해석interpretation과 **형식화**formulization의 대립과 관련해서도 같은 이야기를 할 수 있다.[22] 외부의 대리자(당, 신, 분석가)는 '우리보다 우리 자신을 더 잘 이해하는' 존재가 아니라, 우리의 행동과 진술의 의미에 진정한 해석을 제공할 수 있는 존재다. 오히려 그것은 우리 행동의 **'형식'**을 대변한다. 그렇다면 이 형식은 무엇인가? 나치즘과 (소비에트) 공산주의 사이의 관계에 대한 에른스트 놀테Ernst Nolte[*]의 '수정주의적' 주장을 예로 들어보자. 나치즘은 비난받아 마땅하기는 하지만 공산주의 이후에 나타났을 뿐 아니라 그 내용으로 보자면 공산주의의 위협에 대한 과도한 **'반작용'**이기도 했다. 나아가서 나치즘이 저지른 모든 잔학 행위는 소비에트 공산주의가 이미 저지른 잔학 행위의 복제일 뿐이다. 비밀경찰, 강제수용소, 대량 학살 테러 등이 다 그렇다……. 이것이 우리가 말하는 '형식'일까? 공산주의와 나치즘은 똑같은 전체주의적 '형식'을 공유하며, 둘 사이의 차이는 오직 똑같은 구조적 자리를 채우는 경험의 대리자들일 뿐일까('계급의 적' 대신 '유대인'이라든가)? 놀테에 대한 일반적인 자유주의적 반응은 도

를 준다. 무고한 구경꾼은 이 지식이 위험하고, 전염성이 있고, 잠재적으로 치명적임을 잘 알고 있다. 그래서 그것을 소유한다는 생각에 겁을 먹는다. 어떤 상황에서는 적이 우리에게 할 수 있는 가장 끔찍한 일이 우리에게 그런 금지된 지식을 넘겨주는 것이다.

22 이 구별은 알랭 바디우에게 빚지고 있다(개인적 대화).

* 독일의 우익 역사학자. 나치 범죄는 러시아 공산주의에 대한 두려움에서 비롯되었다는 주장을 해 '역사가 논쟁'을 촉발하였다.

덕주의적 항변이다. 놀테는 나치즘을 상대화하며, 나치즘을 '공산주의라는 악'의 부차적인 모방으로 축소한다. 그러나 어떻게 해방을 향한 좌절된 시도인 공산주의와 나치즘이라는 근본적인 악을 비교라도 할 수 있단 말인가?

우리는 이런 식으로 놀테의 주장을 내칠 것이 아니라 그 주장의 핵심을 전폭적으로 인정해야 한다. 그렇다, 나치즘은 실제로 공산주의의 위협에 대한 반작용이었다. 그것은 계급투쟁을 아리아인과 유대인 사이의 투쟁으로 바꾸어놓았을 뿐이다. 그러나 문제는 이 '뿐'에 있다. 이것은 보기와는 달리 결코 액면 그대로가 아니다. 우리는 지금 프로이트적인 의미의 전치Verschiebung를 다루고 있다. 나치즘은 계급투쟁의 자리에 인종 투쟁을 전치하며, 그럼으로써 그 진정한 자리를 어지럽혀버린다. 공산주의에서 나치즘으로 옮겨 갈 때 바뀌는 것은 '형식'이며, 바로 이런 '형식' 변화 속에 나치의 이데올로기적인 신비화가 자리 잡고 있다. 정치투쟁은 인종 갈등으로 이식되며, 사회 구성체에 내재하는 (계급) 적대는 아리아인 공동체의 조화를 방해하는 이질체(유대인)의 침입으로 환원된다. 따라서 나치즘을 (소비에트) 공산주의의 위협에 대한 반작용으로만, 공산주의의 이데올로기적 세계의 전치된 반복으로만 이해할 수 있다는 점을 전폭적으로 인정한다 해도, 나치즘의 구체적 기능을 규정하는 '형식'은 공산주의와 나치즘 양자를 두 가지 특수한 사례로 포괄하는 '전체주의'라는 추상적 개념이 아니라, 나치즘이 공산주의적 좌표를 전치하는 방식 자체에서 찾아야 한다. 이런 '형식' 개념은 진정 변증법적인 것이다. '형식'은 특별한 내용물을 담는 중립적 형태가 아니라, 구체화의 원리 바로 그것이며, 총체성의 모든 요소를 왜곡하고, 치우치게 하고, 거기에 특정한 색깔을 입히는 '이상한 끌개'다.

말을 바꾸면 형식화는 적대 관계의 '실재'에 초점을 맞추는 것과 엄격한 상관관계가 있다. 마르크스주의의 관점에서 '계급투쟁'은 의미의 마지막 지평, 모든 사회적 현상의 마지막 기의가 아니라, 이해의 다양한 이데올로기적 지평을 생성해주는 형식적 모태matrix다. 즉 이 '형식'이라는 본래 변증법적인 개념을 다양한 '서사'의 중립적 틀이라는 자유주의적-다문화적 '형식' 개념과 혼동하지 말아야 한다는 것이다. 후자의 '형식' 개념에서는 문학만이 아니라 정치, 종교, 과학이 모두 우리가 우리 자신에 관하여 우리 자신에게 들려주는 서사, 이야기이며, 윤리의 궁극적 목적은 다양한 서사가 평화롭게 공존하는 중립적 공간, 인종적 소수에서부터 성적 소수에 이르기까지 모두가 서사의 권리와 기회를 갖춘 중립적 공간을 보장하는 것이다. 페르난도 페소아는 이것을 간결하게 정리했다. "'전체', 진정한 것, 진리인 것은 우리 생각의 병이다." 제대로 된 변증법적 '형식' 개념은 이런 자유주의적인 '형식' 개념의 바로 이런 **불가능성**을 알려준다. '형식'은 '형식주의'와 아무런 관계가 없다. 우연적인 특수한 내용으로부터 독립적인 중립적 '형식'이라는 관념과 아무런 관계가 없는 것이다. '형식'은 오히려 '실재'의 외상적인 핵, 해당 분야 전체를 '채색'하는 적대 관계를 나타낸다. 바로 이런 의미에서 계급투쟁은 '사회적인 것'의 '형식'이다. 모든 사회 현상은 계급투쟁에 의해 중층 결정되며overdeterminded, 따라서 계급투쟁에 대해서는 중립을 유지할 수 없기 때문이다.

바로 이런 의미에서 마르크스와 프로이트 두 사람은 위대한 두 명의 형식주의자다. 마르크스는 상품 물신주의 분석에서 상품-형식의 신비는 이 형식 자체에 있는 것이지 그 밑에 감추어진 내용에 있는 것이 아니라고 주장한다. 이것은 꿈의 특수성은 그 형식 자체에 있는 것이지 이 형식에 암호로 적혀 있는 내용에 있는 것이 아니라는 프로이트의 말(『꿈의 해석』이라는 오해받기 쉬운 제목이 붙은 걸작에 나온다)에서 되풀이되는 셈이다.[23] 바로 이런 이유 때문에 『자본론』 1장에서 상품-형식의 전개는 '서사', 즉 Vorstellung이 아니라 Darstellung, 즉 상품 세계의 내적 구조의 전개가 되는 것이다. 반면 '원시적 축적' 이야기, 즉 자본주의가 자신의 기원에 관하여 제시하는 신화는 서사다. 같은 맥락에서 헤겔의 『정신현상학』은 리처드 로티가 읽은 것과는 달리 주체성의 탄생과 전개의 거대 서사를 제시하는 것이 아니라 주체성의 **형식**을 제시한다. 헤겔 자신이 '서문'에서 강조했듯이 이것은 "형식적 측면das Formelle"에 초점을 맞춘다. 이것이 우리가 오늘날 모든 것을 포괄하는 거대 서사의 부재에 접근하는 방법이어야 한다. 또 이것은 서구 신좌파와 동구 반대파(반정부파) 사이의 대화의 교착, 그들 사이 공통된 언어의 부재에 대한 프레드릭 제임슨Fredric Jameson의 섬세한 묘사이기도 하다.

---

23   마르크스가 『프랑스 내전』에서 파리코뮌을 "마침내 발견된, 계급투쟁을 그 끝까지 추구할 수 있는 형식"이라고 칭찬했을 때(Karl Marx, *Selected Writings*, David McLellan 편, Oxford: Oxford University Press 1977, p. 599), 이 "형식"이라는 표현에도 모든 헤겔의 변증법적 무게가 부여되어야 한다.

간단히 말해서 동구는 권력과 억압의 맥락에서 이야기하고 싶어한다. 서구는 문화와 상품화의 맥락에서 이야기하고 싶어한다. 담론의 규칙을 정하기 위한 이 첫 투쟁에 진정한 공통분모는 없다. 결국 불가피하게 각자가 자신이 좋아하는 언어로 서로 아무런 관련 없는 대꾸를 하는 희극이 나올 수밖에 없다.[24]

그러면서도 제임슨은 마르크스주의가 여전히 다른 모든 부분적인 서사화/해석의 상황과 관계를 설정해주는 보편적 메타-언어를 제공한다고 주장한다. 그가 일관성이 없는 것일까? 두 명의 제임슨이 있는 것일까? 하나는 포스트모던적인, 서사의 환원 불가능한 다양성을 주장하는 이론가, 또 하나는 마르크스주의의 보편적 해석학을 지지하는 더 전통적인 당파적 인물. 제임슨을 이런 곤경으로부터 구원하는 유일한 길은 여기서 마르크스주의는 모든 것을 포괄하는 해석적 지평이 아니라, 서사 그리고/또는 해석의 다양성을 설명할(창조할) 수 있게 해주는 모태matrix라고 주장하는 것이다. 또 여기에서 운동을 시작한 인물과 이 운동을 형식화한 훗날의 인물 사이의 중요한 변증법적 구별을 도입해야 한다. 레닌은 단지 마르크스주의 이론을 적절하게 정치적 실천으로 번역한 것이 아니었다. 오히려 레닌은

---

24   Susan Buck-Morss, *Dreamworld and Catastrophe*, Cambridge, MA: MIT Press 2000, p. 237에서 인용. 다른 수준에서 보자면 오늘날 팔레스타인에는 두 가지 대립되는 서사가 있는데(유대인의 서사와 팔레스타인인의 서사), 이 두 서사에는 전혀 공통된 지평이 없으며, 더 폭넓은 메타-서사에서 '종합'이 이루어지지도 않는다. 따라서 그 해법은 모든 것을 포괄하는 서사에서는 찾을 수가 없다.

당을 역사적 개입의 정치적 형식으로 규정함으로써 마르크스를 '형식화' 했다. 사도 바울이 그리스도를 '형식화'하고, 라캉이 프로이트를 '형식화'한 것과 마찬가지다.[25]

---

25 해석과 형식화 사이의 이런 차이는 또 홀로코스트에 대한 최근의 논쟁에 어떤 (이론적) 질서를 도입하고자 할 경우 핵심적이다. 홀로코스트는 적절하게 해석되거나 서사화될 수 없다는 말은 사실이지만, 간단히 말해서 의미 있게 표현될 수 없고, 그렇게 하려는 모든 시도는 실패하기 때문에 결국 침묵으로 끝날 수밖에 없다는 것은 사실이지만, 그럼에도 '형식화'될 수 있고 또 되어야 한다. 가능성의 구조적 조건들 속에 자리를 잡아야 한다는 것이다.

파국과 혁명 사이에서

3

스탈린주의의 내적 위대성

레닌의 죽음 뒤 마르크스주의가 공식 소비에트 마르크스주의와 이른바 서구 마르크스주의로 분열했을 때 이 둘은 모두 당의 이런 외부성을 중립적이고 객관적인 지식이라는 위치를 가리키는 것으로 오독했다. 카우츠키의 예를 따라 소비에트 마르크스주의는 단순하게 이런 입장을 채택했으며, 서구 마르크스주의자들은 이것을 '전체주의적' 당 지배의 이론적 정당화라고 거부했다. 레닌을 복구하고자 했던 — 적어도 부분적으로는 — 소수의 자유의지론적 마르크스주의자들은 외부로부터 노동계급을 계몽하는 직업적인 지식 엘리트로서의 당에 의존하는, 『무엇을 할 것인가』의 자코뱅-엘리트주의자인 '나쁜' 레닌과 '국가'를 철폐하고 광범위한 대중이 공공 행정을 직접 자기 손으로 책임진다는 전망을 제시하는 『국가와 혁명』의 '좋은' 레닌을 대립시키는 경향이 있었다. 그러나 이런 대립에는 한계가 있다. 『국가와 혁명』의 핵심 전제는 '국가'가 결코 완전히 '민주화'될 수 없다는 것, 국가는 '그 자체로' 개념상 한 계급의 다른 계급에 대한 독재라는 것이다. 이런 전제에서 나오는 논리적 결론은 **우리가 계속 국가의 영역 안에 사는 한**, 우리는 전면적인 폭력적 테러를 행사할 정당한 자격이 있다는 것이다. 이 영역 내에서 모든 민주주의는 가짜이기 때문이다. 따라서 국가는 억압의 도구이기 때문에 그 기관들, 법적 질서의 보호, 선거, 개인적 자유를 보장하는 법률 등을 개선하려고 노력할 가치가 없다…… — 이 모든 것이 다 의미 없는 일이 된다.[1]

이런 비판에 진리의 요소가 있다면, 그것은 1917년 10월에 혁명적인 장악을 가능케 했던 그 독특한 배치 상황을 훗날의 '스탈린주의적' 전환과 분리할 수 없다는 것이다. 즉 혁명을 가능하게 했던 바로 그 배치 상황(농민의 불만, 잘 조직된 혁명적 엘리트 등)이 그 여파로 '스탈린주의적' 전환을 낳았다. 이것이 진정한 레닌주의의 **비극**이다. 로자 룩셈부르크의 유명한 양자택일 '사회주의냐, 야만이냐'는 결국 두 대립항의 사변적 동일성을 단언하는 궁극적 무한 판단으로 끝나고 말았다. '실제로 존재하는 사회주의'**야말로** 야만이었기 때문이다.[2]

---

1   20세기의 유토피아적 잠재력을 회복하려는 필사적인 전략 가운데 하나는 20세기가 전례 없는 악들(홀로코스트와 굴라크)을 만들어내기는 했지만, 그럼으로써 똑같이 과도한 일이 정반대 방향으로도 일어날 수 있다는, 즉 근본적인 선 또한 실현 가능하다는 소극적 증거를 제공했다고 주장하는 것이다……. 그러나 이런 선악의 대립이 거짓이라면 어쩔 것인가? 여기서 우리가 보는 것이 더 깊은 동일성이면 어쩔 것인가? 즉 20세기의 근본적 악은 바로 직접적으로 근본적 선을 실현하려는 시도의 결과라면 어쩔 것인가?

2   여기서 가능한 하나의 반박은 비극적인 것의 범주가 스탈린주의 분석에는 어울리지 않는다는 것이다. 즉 문제는 그 의도하지 않은 결과에 의해 전

최근 독일어로 출간된 게오르기 디미트로프Georgi Dimitroff*의 일기[3]에서 우리는 스탈린이 자신을 권좌에 오르게 해준 것이 무엇이었는지 완벽하게 인식하고 있었다는 사실을 엿볼 수 있다. 그는 "인민(간부)이 우리의 가장 큰 재산이다"라는 자신의 잘 알려진 구호를 예기치 않게 뒤튼 것이다. 1937년 11월 어느 만찬 자리에서 디미트로프가 국제 노동자들의 '큰 행운', 즉 그들에게 스탈린 같은 천재적인 지도자가 있다는 사실을 지적하자 스탈린은 이렇게 대꾸한다. **"나는 생각이 다릅니다."** 스탈린은 심지어 마르크스주의적이지 않은 방식으로 표현하기까지 했다……. **"결정적인** 것은 중간 간부입니다"**(1937년 11월 7일). 스탈린은 한 문단 전에 이 점을 훨씬 더 분명하

복되어버린 원래의 마르크스주의 비전이 아니라는 것이다. 문제는 이 비전 자체다. 만일 레닌의 ― 또 심지어 마르크스의 ― 공산주의 기획이 그들의 진정한 핵심에 따라 완전하게 실현되었다면, 상황은 스탈린주의보다 훨씬 더 심각했을 것이다. 우리는 아도르노와 호르크하이머가 '관리되는 사회die verwaltete Welt'라고 부르는 것을 갖게 되었을 것이다. 이것은 물화物化된 '일반적 지성'이 운영하는 완전히 스스로 투명한 사회로서 이곳에서는 인간의 자율성과 자유가 조금도 남김 없이 말살되었을 것이다……. 이런 비판에 대답하는 방법은 마르크스의 자본주의 작동 방식 분석과 공산주의에 대한 긍정적인 비전, 나아가서 이런 비전과 혁명적 혼란의 실제 상황을 구별하는 것이다. 만일 마르크스의 자본주의 작동 방식 분석이 공산주의 사회에 대한 그의 긍정적인 결정들에 의존하지 않는다면 어떨까? 만일 그의 이론적 기대 자체가 실제 혁명 경험에 의해 박살이 난다면 어떨까? (파리코뮌의 새로운 정치적 형식에 마르크스 자신도 놀랐던 것은 분명하다.)

* 불가리아의 공산주의 정치가. 코민테른 서기장을 지냈으며, 불가리아 총리를 지냈다.

3　Georgi Dimitroff, *Tagebücher* 1933~1943, Berlin: Aufbau Verlag 2000.

게 말했다.

> 우리는 어떻게 트로츠키를 포함한 다른 사람들에게 승리를 거두었는가? 레닌 뒤에는 트로츠키가 우리 나라에서 가장 인기가 높았다는 것은 잘 알려진 사실이다……. 그러나 우리에게는 중간 간부들의 지지가 있었다. 그들은 우리가 상황을 이해하는 방식을 대중에게 설명해주었다……. 트로츠키는 이 간부들에게 주의를 기울이지 않았다.

여기에서 스탈린은 자신이 권좌에 오른 비결을 명확하게 설명한다. 그는 무명의 서기장으로서 수만 명의 간부를 임명했고, 그들은 스탈린 덕에 출세를 했다……. 이것이 1922년 초에는 스탈린이 아직 레닌의 죽음을 원치 않았던 이유를 설명해준다. 실제로 스탈린은 뇌졸중으로 쓰러져 무력한 상태에 빠진 레닌이 독으로 생명을 끊어달라고 요구했음에도 거부했다. 1922년 초에 레닌이 죽는다면 후계 문제가 스탈린의 뜻대로 풀려 갈 수 없었다. 서기장 스탈린은 아직 자신이 임명한 간부들을 당 기구에 충분히 침투시키기 못했기 때문이다. 그에게는 1, 2년이 더 필요했다. 결국 레닌이 죽었을 때 스탈린은 자신이 임명한 중간 간부 수천 명의 지지에 의지하여 볼셰비키 '귀족'에 속하는 위대한 옛 인물들을 이길 수 있었다.

따라서 스탈린의 테러를 스탈린주의가 배신한 '진정한' 레닌주의의 유산과 대립시키는 우스꽝스러운 게임은 중단해야 한다. '레닌주의'는 철저하게 **스탈린주의적** 개념이다. 그러므로 스탈린주의의 해방적이고 유토피아적인 잠재력을 이전 시대에 거꾸로 투사하는 행동은 우리 정신이 스탈린주의 기획 자체에 내재한 '절대적 모순', 감당할 수 없는 긴장을 견딜 수 없음을 보여준다.[4] 따라서 '레닌주의'(스탈린주의의 진정한 핵심)를 레닌 시기의 실제 정치적 실천이나 이데올로기와 구분하는 것이 긴요하다. 레닌이 진짜로 위대한 점은 레닌주의라는 스탈린주의의 진정한 신화에서 말하는 것과 똑같지 않기 때문이다. 그렇다면 나치즘을 포함한 모든 이데올로기에 똑같은 말이 적용된다는 반박이 나올 것이 뻔하다. 나치즘 역시 안에서 볼 때는 '내적인 위대함'이 있었으며, 그래서 하이데거 같은 뛰어난 철학자도 유혹을 느꼈던 것 아닌가? 여기에 대해서는 우렁차게 **아니라고** 대답해야 한다. 요는 나치즘에는 진정한 '내적 위대함'이 전혀 포함되어 있지 **않았다**는 것이다.

스탈린주의의 예술을 가장 순수한 형태로 보고 싶다면 한 사람 이름이면 족하다. 브레히트. "스탈린주의를 변증법적 유물론 철학의 지배하에 이 철학과 정치학을 융합한 것이라고 이해한다면 — 이렇게 이해해야 마땅하다. — 브레히트는 스탈린주의자였다. 아니, 브레히트는 스탈린주의적으로 변형된 플라톤주의를 실천에 옮겼다고 말하는 것이 좋겠다."[5] 바디우는 그렇게 주장했는데, 이 주장은 옳다.

---

4   실라 피츠패트릭(Sheila Fitzpatrick)은 이런 고통스러운 긴장과 직면할 각오가 되었던 소수의 역사가 가운데 하나다. 그녀는 1928년은 압도적인 전환점, 진정한 제2의 혁명이라고 지적했다. '테르미도르'류의 변화가 아니라 10월혁명의 필연적인 급진화라는 것이다. *Stalinism: New Directions*, Sheila Fitzpatrick 편, London: Routledge 2001.

5   Alain Badiou, *Petit manuel d'inesthétique*, Paris: Édition du Seuil 1998, p. 16.

그것이 바로 브레히트의 '비아리스토텔레스주의적인' 극장이 궁극적으로 이르렀던 지점이기 때문이다. 즉 그것은 미학적 매력의 **외부**에 있는 철학–정치적 '진리'를 전달하기 위하여 미학적 매력을 통제하는 **플라톤주의적** 극장이었다. 브레히트적인 낯설게 하기extraneation는 "미학적 재현물은 자신과 거리를 두어야 하며, 그러면 이 간극에서 '참된 것'의 외적 객관성을 **보여줄 수 있다**"[6]는 뜻이다. 따라서 바디우가 "낯설게 하기는 철학적 감시의 프로토콜"[7]이라고 말할 때 우리는 안면 몰수하고 이 용어에 그 모든 비밀경찰적인 함의를 부여해야 한다. 따라서 일종의 '반대파' 브레히트를 스탈린주의적 공산주의에 대립시키는 우스꽝스러운 게임은 그만두자. 브레히트는 궁극적인 '스탈린주의적' 예술가였다. 그는 자신의 스탈린주의에도 불구하고 위대했던 것이 아니라 그것 때문에 위대했다. 정말로 증거가 필요한가?

1930년대 말 브레히트는 뉴욕의 한 파티에서 모스크바 전시 재판의 피고들을 두고 다음과 같이 주장하여 참석한 손님들에게 충격을 주었다. "무고할수록 총살을 당해 마땅하다."[8] 이 말은 심술궂고 건방진 발언이 아니라 매우 진지한 발언으로 받아들여야 한다. 이 발언에 깔린 전제는 구체적인 역사적 투쟁에서 '무고한' 태도(나는 투쟁에 말려들어 내 손을 더럽히기 싫다, 나는 소박하고 정직한 삶을 살고 싶다)는 궁극적 죄를 표현한다는 것이다. 우리 세계에서 **아무것도 안 하는 것**

---

6   같은 곳.

7   같은 곳.

8   Sydney Hook, *Out of Step*, New York: Dell 1987, p. 493에서 인용.

은 텅 빈 것이 아니라 이미 그 자체로 의미를 지닌다. 즉 현존하는 지배 관계에 "예"라고 말한다는 의미다. 그래서 브레히트는 모스크바의 재판을 두고 기소 방법이 별로 부드럽지 않다는 것은 인정하면서도 이런 식으로 자문한다. 스탈린의 급속한 산업화 정책에 의심을 품은 정직하고 진지한 공산주의자가 결국 외국 비밀경찰의 지원을 요청하여 스탈린주의 지도 체제에 대항하는 테러 음모를 꾸미는 것이 가능할까? 그의 대답은 '가능하다'이다. 그러면서 그들의 추론을 세밀하게 재구성한다.

따라서 브레히트가 1953년 7월 집에서 극장으로 가는 길에 노동자의 폭동을 진압하러 **스탈린 대로로** 향하는 소비에트 탱크들의 대오 옆을 지나다가 그들을 향해 손을 흔들고, 그날 일기에 한 번도 당원이 된 적이 없던 자신이 평생 처음으로 공산당에 가입하고 싶은 유혹을 느꼈다고 쓴 것도 놀랄 일이 아니다.[9] — 이것은 알랭 바디우가 20세기를 규정하는 '실재적인 것을 향한 열정la passion du réel'이라고 부른 것의 훌륭한 사례가 아닐까? 브레히트는 번영하는 미래에 대한 희망으로 투쟁의 잔혹함을 용납한 것이 아니다. 폭력의 가혹함 자체를 진정성의 표시로 인식하고 승인한 것이다. 브레히트에게 동베를린 노동자들을 제압하려는 소비에트의 군사 개입은 노동자가 아니라 노동자의 불만을 악용하는 '조직된 파시스트 분자'를 향한 것이었다. 이런 이유 때문에 브레히트는 소비에트의 개입이 새로운 세계

9　Carola Stern, *Männer lieben anders. Helene Weigel und Bertolt Brecht*, Reinbek bei Hamburg: Rowohlt 2001, p. 179 참조.

대전을 막았다고 주장했다.[10]

개인적인 차원에서도 브레히트는 "스탈린을 진짜로 좋아했으며",[11] 일인 독재의 혁명적 필연성을 정당화하는 논리를 개발하기도 했다.[12] 그는 1956년 20차 소비에트 공산당 대회의 '스탈린 격하 운동'에 대해서는 이런 반응을 보였다. "변증법을 알지 못하면 [진보의] 원동력이던 스탈린이 진보의 브레이크 역할을 하는 스탈린으로 넘어가는 과정을 이해할 수 없다."[13] 간단히 말해서 브레히트는 스탈린을 포기하는 대신 "전에, 즉 1930년대와 1940년대에는 진보적이었던 것이 지금(1950년대)은 장애물로 변했다"는 사이비 변증법 놀이를 했다……. 브레히트가 죽음을 맞은 순간(1956년 가을, 20차 당대회 직후이자 헝가리 봉기 직전이었다)이 시의 적절했다고 판단하고 싶은 유혹을 느낄 정도다. 죽음의 자비로운 해방 덕분에 그는 '스탈린 격하 운동'의 고통을 고스란히 맛보지 않을 수 있었던 것이다.

브레히트의 최고의 모습을 보고 싶다면 독일의 위대한 스탈린주의 뮤지컬 3인조에게 초점을 맞추어야 한다. 브레히트(가사), 한스 아이슬러Hanns Eisler(음악), 에른스트 부슈Ernst Busch(연기).[14] 스탈린

10 Bertolt Brecht, *Gesammelte Werke*, vol.20, Frankfurt: Suhrkamp Verlag 1967, p. 327.

11 *The Cambridge Companion to Brecht*, Peter Thomson 편, Cambridge: Cambridge University Press 1994, p. 162.

12 Bertolt Brecht, 'Über die Diktaturen eizelner Menschen', *Schriften*, vol.2, Frankfurt: Suhrkamp Verlag 1973, pp. 300~301.

13 Brecht, *Gesammelte Werke*, vol.20, p. 326.

14 아이슬러는 브레히트의 세 작곡가 쿠르트 바일(Kurt Weill), 아이슬러, 파울 데사우(Paul Dessau) 가운데 특권적 지위를 누린다. 그들 각각은 브레

주의 기획의 진정한 위대함을 확신할 필요가 있다면, 20세기 최고의 레코드 가운데 하나인 한스 아이슬러의 「역사적 레코드Historic Recordings」을 들어보면 된다. 가사는 주로 브레히트가 썼고, 노래는 주로 부슈가 불렀다. 「어머니Die Mutter」에 나오는 "감옥에서 노래한 Im Gefängnis zu singen" — 논란의 여지는 있지만 그들의 최고의 성취로 꼽을 수 있는 노래 — 에서 감옥에 간힌 노동자 파벨이 권력을 가진 자들을 향해 다음과 같이 말할 때는 적의 상징적 붕괴와 현실적 승리 사이의 간극이 직접적으로 암시되는 듯하다.

> 너희에게는 법전과 판결이 있지
> 너희에게는 감옥과 요새가 있지……
> 너희에게는 교도관과 판사가 있지

히트 작품의 구체적 단계에 조응한다. 바일은 브레히트가 마르크스주의 이전에 부르주아 세계를 카니발적이고 풍자적으로 거부하던 시기의 작곡가로서 그들의 최고작은 「거지 오페라(The Beggar's Opera)」다. 아이슬러는 가장 '스탈린주의적인' 브레히트, "교훈극"과 「어머니(The Mother)」를 쓴 브레히트의 작곡가다. 데사우는 브레히트의 '성숙한' 서사극의 작곡가다. 역설적이지만 이 가운데 가장 아방가르드적인 사람은 아이슬러였다. 그는 1961년에 죽을 때까지 자신이 아르놀트 쇤베르크(Arnold Schonberg)의 영향을 많이 받았다고 인정했다(쇤베르크 역시 죽을 때까지 아이슬러를 안톤 베베른[Anton von Webern], 알반 베르크[Alban Berg]와 더불어 자신의 진정한 세 후계자 가운데 하나로 인정했다). 아이슬러의 유토피아에는 뭔가 비극적인 것이 있으며, 그는 씁쓸한 종말에 이를 때까지 그 유토피아를 놓지 않았다. 아이슬러는 '진지한' 음악(주로 실내악과 뛰어난 가곡이며, 가곡 일부는 프리드리히 횔덜린[Friedrich Hölderlin]의 시에 곡을 붙인 것이다)과 「투쟁가(Kampflieder)」 사이의 분열을 극복하고, 12음 음악이면서도 대중적인(노동자 대중이 받아들일 수 있는) 작품을 작곡하려 했던 것이다.

돈도 많이 받고 무슨 일이든 하려 드는 자들 말이야.

무엇을 위해?……

너희는 사라지기 직전에 ― 이제 곧 사라지겠지만 ―

이 모든 것이 너희에게 아무 소용이 없었다는 것을 알게 될 거야.

너희에게는 신문과 인쇄소가 있지

우리와 싸우고 우리 입을 다물게 하려고……

너희에게는 사제와 교수가 있지

돈도 많이 받고 무슨 일이든 하려 하는 자들 말이야.

무엇을 위해?

정말 그렇게 진실을 두려워할 필요가 있나?

너희에게는 탱크와 총이 있지

기관총과 수류탄도 있지……

너희에게는 경찰과 군인이 있지

돈도 많이 받고 무슨 일이든 하려 하는 자들 말이야.

무엇을 위해?

정말로 그렇게 강한 적들이 있는 것인가?……

언젠가 ― 그날이 이제 곧 오겠지만 ―

이 모든 것이 너희에게 아무 소용이 없다는 것을 알게 될 거야.[15]

---

15   Eisler의 Historic Recordings, Berlin Classics, LC 6203; Bertolt
Brecht, *Die Mutter*, Frankfurt: Suhrkamp 1980, pp. 47~48(Slavoj
Žižek 옮김).

따라서 적의 진짜 패배에 앞서 상징적 붕괴가 일어난다. 투쟁이 의미가 없고, 투쟁에서 쓸 수 있는 모든 무기와 도구가 **아무런 소용이 없다**는 갑작스러운 통찰이 오는 것이다. 이것이 민주적 투쟁의 궁극적 전제다. 어떤 우발적인 계산 착오 때문이 아니라 선험적이고 구조적인 이유 때문에 적은 세계적 상황의 좌표를 잘못 인식하며, 엉뚱한 곳에 엉뚱한 힘을 모은다. 최근의 예를 두 가지 들어보자. 1979년 호메이니의 민중 운동에 직면했을 때 샤*의 억압 기구가 무슨 소용이 있었던가? 그냥 무너져버렸다. 1989년 점증하는 대중 저항에 직면했을 때 동독 공산주의자 노멘클라투라에게 비밀경찰Stasi 요원과 밀고자들의 비대한 네트워크가 무슨 소용이 있었던가? 거대한 억압 체제는 결코 정면 대결로 무너지지 않는다. 어느 시점에 가서 '늙은 두더지'가 내부의 이데올로기적 해체라는 지하 작업을 완수할 때, 그냥 무너져버리는 것이다.

숭고한 걸작 "공산주의 찬양In Praise of Communism"("가장 단순한 것, 그것이 가장 성취하기 어렵다")을 빼면 「어머니」에서 세 번째 주요한 노래는 "헝겊과 가운의 노래The Song of the Patch and the Gown"다. 이 노래는 가난한 사람들을 도와야 할 다급한 필요성을 인식하는 인도주의자들을 비꼬아 묘사하면서 시작한다.

우리 가운이 누더기가 되었을 때
당신들은 늘 달려와서 말하지. 이대로는 더는 못 입겠구나.

---

* 왕 또는 지배자를 의미하는 페르시아어.

물건은 고쳐 써야 하는 거야, 무슨 수를 써서라도!

그래서 너는 열심히 주인님들에게 달려가고

우리는 추위에 떨며 기다리지.

당신들은 의기양양하게 돌아와서

무엇을 가져왔는지 우리에게 보여주지.

작은 헝겊 조각.

그래, 이건 헝겊 조각이로군.

그런데 어디로 갔지

가운은?[16]

이 신랄한 수사의문문은 빵과 관련해서도 되풀이된다("그래, 이건 빵 부스러기로군, 그런데 어디로 갔지, 빵 덩어리는?"[17]). 이 노래는 광범한 요구의 폭발로 끝난다("……우리는 공장 전체를 위해, 석탄과 원광과 국가 권력을 위해") ― 권좌에 있는 자들과의 거래라는 대용품은 무너지고, 혁명가들이 어떤 '공정한' 일부가 아니라 모든 것을 원한다고 가차 없이 주장하는 진짜 혁명적 순간이 찾아오는 것이다.

여기서 브레히트는 죄르지 루카치György Lukács와 스펙트럼의 정반대편에 있다. '유약한' 유럽 휴머니스트 루카치는 '탁상 반대파'

---

16   같은 책, pp. 21~2(Slavoj Žižek 옮김).

17   평소와 마찬가지로 브레히트는 여기서 그 이전에 부슈가 부른 "자선 노래(Ballad on Charity)"에서 일부를 빌려왔다. 그 노래는 아이슬러가 1930년에 작곡하고 쿠르트 투홀스키(Kurt Tucholsky)가 가사를 쓴 것이다. 이 노래의 후렴구는 이렇다. "그래, 이것은 페니히로군, 그런데 마르크는 어디 있지?(Gut, das ist der Pfennig, und wo ist die Mark)?"(1마르크는 100페니히)

역할을 하고, 스탈린주의에 대항하여 '게릴라 전쟁'을 하고 심지어 1956년 임레 나지Imre Nagy* 정부에 참여하고, 그럼으로써 자신의 신체적 존재마저 위험에 빠뜨렸다는 바로 그 점에서 **궁극적 스탈린주의자**였다. 루카치와는 대조적으로 브레히트는 그 자신의 '과잉 정통성' 때문에 스탈린주의적인 문화 체제가 감당할 수 없는 존재였다. 스탈린주의적인 문화계에는 『조치』가 들어설 자리가 없다.[18] 『역사와

---

*   헝가리의 개혁적 공산주의자. 1956년 총리가 되어 자유화 정책을 펼쳤다.

18   독일민주공화국에서 문학은 여섯 범주로 나뉜다.

1. 논란의 여지 없는 사회주의 고전. 즉 직접 자신이 공산주의자임을 인정하고 당의 지도적 역할을 받아들이는 작가들의 작품이다.

2. '문제적' 저자들. 헌신적인 마르크스주의자이기는 하지만, 당이 완전히 통제할 수 없고, 따라서 늘 의심하고 단단히 통제해야 할 작가들이다 (예를 들어 브레히트).

3. '인류 유산'에 속하는 저자들. 과거 고전의 위대한 작가이거나 '진보적인' 현대 문학 작가들. 요한 볼프강 폰 괴테(Johann Wolfgang von Goethe)와 요한 폰 실러(Johann von Schiller), 토마스 만(Thomas Mann)에 이르는 작가들을 가리킨다.

4. 제한된 판본이기는 하지만 여전히 출간이 되고 있는 '용납 가능한' 저자들.

5. 부르주아 퇴폐주의자나 반동으로 거부되어 출간이 되지 않는 저자들(프란츠 카프카[Franz Kafka], 제임스 조이스[James Joyce], 프리드리히 니체[Friedrich Nietzsche]).

6. 완전히 무시되며, 문학사나 백과사전에서도 언급되지 않는 노골적인 반공 작가들.

'자유화'의 힘을 가장 잘 보여주는 지표는 한 작가가 한 범주에서 다른 범주로 이동하는 것이었다. 예를 들어 1980년대 중반에 카프카, 조이스, 프로이트는 5에서 4로 이동하여, 제한된 판본이기는 하지만 그들의 저작 선집이 간행되었다. 하인리히 폰 클라이스트(Heinrich von Kleist)는 4에서 3으로 이동했다. 즉 '위대한 인류 유산'에 속하는 지위를 다시 얻게된 것이다. 그러나 이런 범주화의 가장 흥미로운 특징은 여기에 두 수준, 즉 드러난 수준과 암묵적인 수준이 있다는 것이다. 2와 6은 필요하지만,

계급의식』을 쓴 젊은 루카치가 레닌의 역사적 순간의 철학자였다면, 1930년 이후의 루카치는 이상적인 스탈린주의적 철학자로 변했으며, 바로 그 이유 때문에 브레히트와는 반대로 스탈린주의의 진정한 위대성을 놓치고 말았다.

공식적으로는 인정할 수 없어 공개되는 범주들에서는 빠졌으며, 그 결과 서로 아주 가까워지게 되었다.

2와 6 범주는 공개적 담론에는 존재하지 않았다. 오직 나머지 네 범주만 공개적으로 사용되었다. 다시 말해서 공산주의 고전, 위대한 진보적 인류 유산, 용납되는 저자들, 금지되는 작가들만 있었다는 것이다. 노골적인 반공 작품들을(예를 들어 아르투어 쾨슬러[Arthur Koestler]의 「한낮의 어둠」)은 단지 금지만 된 것이 아니라 말 그대로 **입에 올릴 수 없는** 것이었다. 그런 작품들의 금지 자체가 금지되었다. 그 이야기를 할 수 없었다는 것이다. 범주 6이 묘하게 역전된 것으로 볼 수 있는 범주 2의 경우 상황이 훨씬 더 미묘했다. 이 작가들은 출판도 되고 (어느 정도) 공개적으로 기념되기도 했지만, 그들의 작품을 둘러싸고 묘한 불편함이 있었다. 그러나 이런 불편을 공개적으로 말하는 것은 엄격하게 통제되고, 심지어 금지되기도 했다. 노멘클라투라는 그것을 어떻게 해야 할지 알지 못했다. 그들은 '우리 편'이고, 헌신적인 공산주의자들이었지만, 그럼에도 곧바로 범주 6으로 빠져들 위험이 있는 방식으로 헌신적이었다. 이것이 브레히트의 위치였다. 예를 들어 브레히트가 관용의 문턱을 넘어 '반대파'가 되었다면, 그는 바로 6으로, 즉 입에 올릴 수 없는 저자들의 범주로 들어갔을 것이다. 그에게 다른 자리는 없었을 것이다.

파국과 혁명 사이에서

4

슈베르트를 듣는 레닌

레닌과 스탈린주의 사이의 연속성을 주장하는 반공 비평가들은 레닌이 보편적인 인간 영역에 무감각했다는 주장을 자주 그 근거로 들추었다. 우선 레닌이 모든 사회적 사건을 계급투쟁이라는 좁은 렌즈, 즉 '우리 대 그들'이라는 좁은 렌즈를 통해 보았다는 것이다. 그뿐 아니라 레닌이 한 인간으로서 현실 속 개인의 인간적 고통에 무감각했다는 것이다. 이런 비판에 응답하기 위해 1917년과 그 후 몇 년 동안 레닌과 볼셰비키의 일상생활의 세세한 내용 몇 가지를 기억해보자. 그러면 그 일상성 자체가 그들과 스탈린주의적인 노멘클라투라 사이의 머나먼 거리를 드러내줄 것이다.

　1917년 10월 24일 저녁 레닌은 아파트를 나와 혁명적 권력 인수 작업을 조율하러 스몰니 학원으로 향했다. 전차에 올라탄 레닌은 여자 차장에게 그날 도심에서 전투가 있었냐고 물었다. 10월혁명 뒤 몇 년 동안 레닌은 주로 충실한 운전기사와 길메이라는 이름의 경호

원만 데리고 차를 타고 돌아다녔다. 두어 번 총격을 받기도 했고, 경찰에 저지당해 체포된 적도 있었다(경찰관들이 레닌을 알아보지 못했기 때문이다). 한번은 교외에서 학교를 방문한 뒤에 심지어 경찰로 가장한 도적들에게 차와 총을 빼앗겨 근처 경찰서까지 걸어가기도 했다. 레닌은 1918년 8월 30일에 피격을 당했는데, 그때 레닌은 방금 찾아갔던 공장 앞에서 불만을 털어놓는 여자 두 명과 이야기를 하던 중이었다. 경호원 길은 피를 흘리는 레닌을 차에 태워 크렘린으로 갔으나 그곳에는 의사가 없었다. 그러자 부인 나데즈다 크루프스카야 Nadezhda Krupskaya는 누군가에게 근처 식료품점에 가서 레몬을 사오라고 했다……. 1918년 크렘린 식당의 표준 식사는 메밀죽과 묽은 야채 수프였다. 이에 비하면 노멘클라투라의 특권이란!

레닌을 비방하는 사람들은 루트비히 판 베토벤Ludwig van Beethoven의 「열정 소나타」를 듣다가 편집증적인 반응을 보인 유명한 사건(레닌은 처음에는 울다가, 그 곡을 들으면 너무 약해져서 적과 무자비하게 투쟁하는 대신 머리를 쓰다듬어주고 싶어진다고 하면서 혁명가는 그런 정서에 젖을 여유가 없다고 주장했다)을 그의 냉정한 자기 통제와 잔혹성의 증거로 들곤 한다. 그러나 이 일화를 곧이곧대로 받아들인다 해도, 이것이 정말로 레닌에게 **불리한** 주장이 될까? 오히려 그가 정치투쟁을 계속하려면 억제할 필요가 있는, 대단히 민감한 음악적 감수성을 지니고 있었다는 증거가 아닐까? 오늘날의 냉소적인 정치가들 가운데 감수성의 흔적이라도 보여줄 수 있는 사람이 몇이나 될까? 이 경우 레닌은 그런 감수성을 정치적 결정을 내리는 과정의 극단적 잔혹성과 아무런 어려움 없이 결합시켰던 고위 나치들(힘든 하루 일과가 끝나면 늘 시간을 내서 동지들과 베토벤의 현악사중주를 들었다고 하는 홀로코스트의 설계자 라인하르트 하이드리히Reinhard Heidrich를 떠올리면 될 것이다)과 정반대 위치에 있는 것이 아닐까? 높은 교양과 정치적 야만을 아무런 문제없이 결합해버리는 이런 최고의 야만과는 대조적으로 예술과 정치투쟁 사이의 해소 불가능한 **대립**에 여전히 매우 민감했다는 점이야 말로 레닌의 인간성의 증거가 아닐까?

나아가서 나는 그런 높은 교양을 갖춘 야만을 대상으로 레닌주의적 이론을 전개하고 싶은 유혹을 느낀다. 한스 호터Hans Hotter[*]가 1942년에 녹음한 뛰어난 프란츠 슈베르트Franz Schubert의 「겨울 여행Winterreise」은 의도적인 시대착오적 독법을 요구하는 것 같다. 1942~1943년의 추운 겨울에 독일의 장교와 사병들이 스탈린그라드의 참호에서 이 녹음에 귀를 기울였다고 쉽게 상상할 수 있기 때문이다. 「겨울 여행」의 주제는 이 역사적 순간과 독특하게 공명하지 않는가? 스탈린그라드 원정 전체가 거대한 '겨울 여행' 아니었을까? 이 여행에서 모든 독일 병사는 자신이 이 노래들의 맨 첫 부분에 나오는 가사 그대로라고 생각했을 것이다. "나는 이곳에 나그네로 왔다가/나그네로 떠나네." 그다음에 나오는 가사들은 그들의 기본적 경험을 표현하지 않는가. "이제 세상은 컴컴하고/길은 눈에 덮여 있네./여행을 떠날 시간을/뜻대로 선택할 수 없으니/이 어둠 속에서/스스로 길을 찾아야겠네."

끝도 없이 계속되는 의미 없는 행군의 노래도 들린다. "얼음과 눈

---

[*] 독일의 성악가. 편엔 국립오페라극장의 전속 가수였다.

위를 걷지만/내 두 발바닥은 타는 듯한 느낌이네./그래도 작은 탑들이 시야에서 사라지기 전에는/숨을 돌리고 싶지 않다네." 봄에 고향으로 돌아가는 꿈. "색색의 꽃들을 꿈꾸었네/오월에 피어나는 꽃들./녹색 초원을 꿈꾸었네/즐거운 새들의 노래를 꿈꾸었네." 우편물이 오기를 기다리며 안달하는 마음. "큰길에서 우편마차 경적이 들려오네./너는 왜 그리도 두근거리는 것이냐, 나의 심장아?" 아침에 포탄 공격을 당한 충격. "피곤한 싸움 속에서/구름은 넝마가 되어 흩어지네./거칠고 붉은 불길이/그 사이에서 뛰놀고 있네." 완전히 지친 병사들은 죽음의 위로조차 거부한다. "나는 쓰러질 정도로 지쳤고, 치명적인 상처를 입었네./오, 무자비한 여인숙이여, 너마저 나를 내쫓는가?/그래, 그럼 계속, 더 멀리 가자꾸나, 나의 충실한 지팡이야!"

이런 절망적인 상황에서 영웅적인 고집을 부려 심장의 불평에 귀를 닫고 신에게서 버림받은 세상에서 운명의 무거운 짐을 지는 것 외에 달리 무엇을 할 수 있겠는가?

얼굴에 눈발이 날리면
다시 털어낸다.
가슴 속의 내 심장이 이야기를 하면
나는 크고 활기차게 노래를 한다.
무슨 말을 하는지 들을 수 없으니
내게 들을 귀가 없음이런가.
심장이 탄식해도 느끼지 못하니
불평은 바보들이 하는 짓.

바람이나 궂은 날과 맞서며
이제껏 행복하게 세상을 헤쳐 왔다!
세상에 신이 없다면
우리 자신이 신이어라!

이 모두가 피상적인 대비일 뿐이라는 반박이 뻔히 눈에 보인다. 분위기와 감정의 공명이 있다 해도, 각각이 완전히 다른 맥락에 자리 잡고 있다는 이야기다. 슈베르트의 경우 화자가 연인에게 버림을 받았기 때문에 겨울에 방황하는 반면, 독일 병사들은 히틀러의 작전 때문에 스탈린그라드로 가는 길이었다는 식이다. 그러나 바로 이런 전치에서 기본적인 이데올로기가 작동한다. 독일 병사가 자신의 상황을 감당할 수 있는 방법은 구체적인 사회적 상황 — 이런 상황은 사유(도대체 우리가 러시아에서 무슨 짓을 하는 것일까? 우리가 이 나라를 얼마나 파괴했는가? 유대인을 죽이는 것은 어떤가?)를 통해 눈에 드러날 것이다. — 과 관련을 맺지 않는 것이다. 대신 마치 크나큰 역사적 재앙이 단지 버림받은 연인이 입은 정신적 외상을 구체화한 것에 불과하다는 듯이 자신의 비참한 운명에 대한 낭만적인 한탄에 빠져드는 것이다. 이것은 감정적 추상화, 다시 말해 '감정은 추상적'이라는 헤겔의 개념을 보여주는 최고의 증거가 아닐까? 오직 생각을 통해서만 접근할 수 있는 구체적인 사회 정치적 네트워크로부터 탈출하는 방식을 보여주는 것이 아닐까?

여기서 나는 레닌주의적으로 한 걸음 더 내딛고 싶은 유혹을 느낀다. 우리는 「겨울 여행」을 읽으면서 슈베르트를 훗날의 우연한 역사적 참사와 연결시키기만 한 것이 아니다. 우리는 단지 이 연가곡이 스탈린그라드에 진을 친 독일 병사들의 마음에 어떤 공명을 일으켰을지 상상하기만 한 것이 아니다. 이런 식으로 참사와 연결시키는 것을 통해 우리가 슈베르트의 낭만적 입장 자체의 잘못을 읽어낼수 있다면 어떨까? 자신의 고통과 절망에만 자기도취적으로 초점을 맞추어 그것을 왜곡된 쾌락의 원천으로 끌어올리는 낭만적인 비극적 영웅이 이미 그 자체로 가짜이며, 폭넓은 역사적 현실이 가한 진정한 정신적 외상을 가리는 이데올로기적 막이라면 어떨까? 따라서 우리는 **진정한 원본과 우연한 상황에 의해 채색된 훗날의 독해 사이의 분열을 진정한 원본 자체에 투사하는** 올바른 헤겔적 행위를 해내야 한다. 처음에는 부차적 왜곡으로 보이고, 우연한 외적 환경에 의해 비틀린 독법으로 보이던 것이 사실은 진정한 원본 자체가 억누르고 생략하는 것에 관하여 말해줄 뿐 아니라, 나아가서 원본이 그렇게 **억압하는 기능을 가졌다**는 사실에 관해서도 말해준다.

이것이 『그룬트리세Grundrisse(정치경제학 비판 요강)』 원고 머리말에 나오는 유명한 구절에 대한 레닌주의의 답변이다. 여기에서 마르크스는 이렇게 지적한다. "그리스 예술과 서사시가 어떤 사회적 발전 형태와 결부되어 있다는 사실을 이해하기가 어려운 것이 아니다. 어려운 것은 그런 예술과 서사시가 여전히 우리에게 예술적 기쁨을 주고, 어떤 점에서는 규범이자 도달할 수 없는 모범 역할을 한다는 것이다."[1] 이런 보편적 호소력은 '보편적'(즉 감정적) 내용으로 도피하여

---

1   Karl Marx, *Grundrisse*, Harmondsworth: Penguin 1972, p. 112.

구체적인 이데올로기적-정치적 배치 상황을 추상하게 해주는 그 이데올로기적 기능에 뿌리를 두고 있다. 따라서 호메로스의 보편적 매력은 이데올로기를 초월한 어떤 인간 유산을 가리키기는커녕 이데올로기의 보편화 작용에 의존한다.

그렇다면 인간성과 정서적으로 보편적 관련을 맺는 것은 모두 그 정의상 이데올로기적인가? 제1차 세계대전 기간 동안 애국적 열광에 반대하던 레닌의 호소는 어떨까? 이것이 이른바 '휴머니즘'과는 전혀 관계가 없는, 바디우가 말하는 '인간성'의 보편적 기능[2]을 실천하는 모범적 사례가 아닐까? 이 '인간성'은 개념적 추상도 아니고, 모든 것을 포괄하는 형제애에 대한 정서적인 가공의 주장도 아니다. 이것은 대립하는 참호 출신이지만 형제로서 사귀기 시작하는 군인들의 경험 같은 독특하고 환희에 찬 경험으로 현실화되는 보편적 기능이다.

야로슬라프 하셰크Jaroslav Hašek*의 전설적인 희극 소설 『용감한 병사 슈베이크The Good Soldier Schweik』는 평범한 체코 병사의 모험담인데, 이 병사는 명령을 문자 그대로 따르는 것만으로 지휘부 사람들을 무너뜨린다. 슈베이크는 오스트리아군과 러시아군이 맞서고 있는 갈리치아의 최전선 참호에 들어가 있다. 오스트리아 병사들이 사격을 시작하자, 절망에 빠진 슈베이크는 자신의 참호 앞 무인지대로 달려가 필사적으로 손을 흔들며 소리친다. "쏘지 마! 반대편에 사람이 있다!" 이것이 1917년 여름 레닌이 지친 농민을 비롯한 근로대

---

2   Alain Badiou, *Conditions*, Paris: Édition du Seuil 1992.
•   체코의 소설가. 제1차 세계대전에 종군기자로 참여했으며, 전후에 부르주아 계급을 풍자하는 작품을 집필했다.

중에게 전쟁에 나가지 말라고 호소했을 때 목표로 삼은 것이었다. 그러나 대중의 지지를 얻고, 설사 자신의 조국이 군사적으로 패배하더라도 권력을 잡겠다는 무자비한 전략의 일환으로 치부되고 말았다(1917년 봄 레닌이 독일의 허가를 받고 스위스에서 독일을 통과하여 스웨덴, 핀란드를 거쳐 러시아로 봉인열차를 타고 갔을 때 레닌이 사실상 독일 요원 역할을 했다는 일반적인 주장을 기억해보라). 여기서 레닌이 무너뜨린 장벽이 무엇이었는지는 1942년 11월 7일 저녁에 벌어진 괴상한 사건의 예가 가장 잘 보여준다. 이날 튀링겐을 통과하는 특별열차의 식당칸에서 히틀러는 몇몇 보좌관과 그날의 주요 뉴스를 놓고 토론하고 있었다. 연합군 공습 때문에 철로가 손상을 입어 기차는 자주 속도를 늦추어야 했다.

예쁜 도자기에 담긴 저녁 식사가 나왔을 때 기차는 다시 보조 선로에 멈추었다. 몇 걸음 떨어진 곳에서는 병원열차가 꾸물거리고 있었다. 열차 안에 층층이 놓인 간이침대에서 부상당한 병사들이 식당칸의 환한 불빛 속을 살펴보았다. 그 안에서 히틀러는 대화에 몰두해 있었다. 갑자기 히틀러가 고개를 들더니 자신을 바라보는 경외감에 찬 얼굴들을 보았다. 히틀러는 화가 치밀어 커튼을 닫으라고 명령했다. 그와 더불어 부상당한 전사들은 그들 자신의 황량하고 어두운 세계로 돌아가야 했다.[3]

---

3   William Craig, *Enemy at the Gates*, Harmondsworth: Penguin 2000, p. 153. 크레이그의 스탈린그라드에 관한 책에 대체로 기초를 두고 있는 장-자크 아노의 동명의 영화가 히틀러와 부상당한 병사들의 이

이 장면의 기적은 이중적이다. 양쪽 기차에 타고 있던 사람들은 창문 너머로 보인 광경을 유령 같은 허깨비라고 생각했다. 히틀러에게 그 광경은 자신의 군사적 모험의 결과를 보여주는 악몽 같은 광경이었다. 병사들에게 그 광경은 예기치 못한 지도자와의 만남이었다. 여기서 만일 창문을 통해 손을 뻗었다면 그것은 진짜 기적이었을 것이다. 예를 들어 히틀러가 부상당한 병사에게 손을 뻗었다면 말이다. 물론 히틀러가 두려워한 것은 바로 그런 만남, 바로 그런 식으로 자신의 현실 속으로 밀고 들어가는 것이었다. 그래서 히틀러는 손을 뻗는 대신 공황에 빠져 커튼을 닫으라고 했다⋯⋯. 그렇다면 우리는 어떻게 해야 이런 장벽을 뚫고 '실재의 타자'에게 손을 뻗을 수 있을까?

───────

대면 장면(크레이그가 전하는)을 바꾸어놓은 방식은 매우 징후적이다. 영화는 히틀러를 영화에서 유일하게 흥미있는 인물이자, 동시에 묘하게도 완전한 가공의 인물로 바꾸어 놓았다. 즉 러시아의 최고 저격수 바실리 자이체프(Vasily Zaytsev)를 죽일 목적으로 파견된 독일 저격수 에르빈 쾨니히(Erwin König) 대위다.

쾨니히(에드 해리스가 뛰어나게 연기했다)에게서 아주 매혹적인 점은 세련된 교양(그가 「겨울 여행」을 듣는 장면을 쉽게 상상할 수 있다), 근본적인 '악'(자이체프가 통제할 수 없는 분노에 사로잡혀 자기 모습을 드러내게 하기 위하여 쾨니히와 자이체프 사이에서 일종의 비밀 전령 역할을 하던 어린 소년을 전선 사이의 무인지대에 데려다놓는다), 우울한 체념을 결합했다는 것이다. 쾨니히는 이런 사람이기 때문에 러시아의 바실리와 타니아 쌍 ― 누가 더 돼지처럼 코를 곯느냐는 그들의 사랑의 대화는 뻔뻔스러울 정도로 인종주의적이다. ― 과 맞서 우리가 (관객들이) 리비도적인 동일시를 할 수 있는 분명한 지점을 형성한다. 쾨니히의 세련된 악은 소년에게 한 행동을 정당화하는 방식에서 드러나며("나는 너에게 해야만 하는 일이 싫어!"), 그의 깊은 체념은 마지막에 죽음을 받아들이는 방식에서 암시된다. 그는 자이체프에게 노출되었다는 것을 깨닫자 보사를 벗고 우울하게 웃음을 지으며 총알이 날아오기를 기다린다.

적 병사와 얼굴을 대면하는 순간을 유일하게 진정한 전쟁 경험으로 높이 받드는 오랜 문학적 전통이 있다(제1차 세계대전 때 참호 공격을 회고하면서 그런 만남을 찬양한 에른스트 윙거Ernst Jünger*의 글을 보라). 병사들은 적 병사와 대면하여 죽이거나, 찌르기 전에 상대의 눈을 보는 공상에 빠지는 일이 많다. 이런 종류의 신비한 피의 교제는 더 이상의 싸움을 막기는커녕 그것을 가짜로 '영적으로' 합법화하는 역할을 한다. 스탈린그라드 전투에서 나타났던 연대의 숭고한 순간은 이러한 반계몽주의적 이데올로기로부터 한 걸음 더 나아간 것이다. 새해 첫날을 하루 앞둔 1942년 12월 31일, 러시아 배우와 음악가들은 군대를 위문하려고 포위당한 도시를 찾아갔다. 바이올린 연주자 미하일 골드스타인은 참호로 가서 병사들을 위해 독주회를 열었다.

그가 빚어낸 선율이 확성기를 통해 독일 참호까지 흘러들자 갑자기 사격이 중단되었다. 기괴한 정적 속에서 골드스타인의 활로부터 음악이 흘러나왔다.

연주가 끝나자 러시아 병사들은 숨을 죽인 채 감동을 삭였다. 그때 독일군 진영의 확성기에서 나온 목소리가 정적을 깼다. 그 목소리는 더듬거리는 러시아어로 이렇게 말했다. "바흐를 더 연주해주십시오. 총은 쏘지 않겠습니다."

골드스타인은 바이올린을 집어들고 활달하게 바흐의 가보트를 연주하기 시작했다.[4]

• 독일의 작가. 영웅주의적 사상과 즉물적인 문체를 창조했으며, 나치 체제를 비판하는 작품들을 발표하였다.

물론 이 바이올린 연주의 문제는 사실 딱 한 번만 숭고하고 짧은 정지의 순간으로서 기능을 했다는 것이다. 그 직후 총격이 계속되었다. 따라서 이 연주는 총격을 막지 않을 뿐 아니라, 오히려 교전하는 양 당사자에게 공통된 배경을 제공함으로써 총격을 지속시키기까지 했다. 이것이 지나치게 고상하고 '심오했기' 때문에 오히려 총격을 막지 못했다는 가설을 세우는 모험을 하고 싶은 유혹을 느낀다. 그런 일을 하려면 뭔가 훨씬 더 피상적인 것이 필요하다. 예를 들어 모든 것을 말해주는 눈길의 단순한 교환만으로도 보편적 인간성, 즉 우리가 말려들어 있는 갈등이 의미 없다는 사실을 훨씬 더 효과적으로 경험할 수 있다.

예전에 남아프리카공화국에서 아파르트헤이트*에 항의하는 시위가 벌어졌을 때 백인 경찰관들이 흑인 시위자들을 해산하고 잡아넣으려 하다가, 한 경찰관이 고무 곤봉을 손에 들고 흑인 여자를 쫓아간 일이 있다. 갑자기 여자의 구두 한 짝이 벗겨졌다. 그러자 경찰관은 자기도 모르게 '예의'를 지켜 구두를 집어들고 여자에게 건네주었다. 그 순간 두 사람은 눈길을 교환했고, 둘 다 그 어이없는 상황을 인식했다. 그런 예의 바른 행동 뒤에, 벗겨진 구두를 건네주고 그것을 신을 때까지 기다린 뒤에, 여자를 계속 쫓아가 곤봉으로 때리는 것은 불가능한 일이었다. 그래서 경찰관은 여자에게 정중하게 고개를 꾸벅 숙이고는 몸을 돌려 걸어가버렸다……. 이 이야기의 교훈

---

4   William Craig, *Enemy at the Gates*, pp. 307~308.

*   인종차별 정책.

은 경찰관이 갑자기 자신의 타고난 선함을 발견했다는 것이 **아니다**. 지금 우리는 인종차별적인 이데올로기 훈련을 압도하는 타고난 선의의 사례를 다루는 것이 **아니다**. 반대로 이 경찰관의 심리적 자세는 다른 여느 인종차별주의자의 자세와 똑같았을 가능성이 높다. 여기서 승리를 거둔 것은 단지 그의 '피상적인' 예절 교육일 뿐이다.

경찰관이 여자에게 구두를 건네기 위해 손을 뻗었을 때 그의 행동은 단순한 신체적 접촉의 순간을 넘어섰다. 백인 경찰관과 흑인 여자는 말 그대로 두 개의 서로 다른 사회적-상징적 우주에 살고 있었으며, 직접적인 소통의 가능성은 전혀 없었다. 그러나 두 사람 각각에게서 두 우주를 나누던 장벽이 짧은 순간 동안 거두어진 것이다. 유령과도 같은 다른 우주로부터 손 하나가 그들의 일상적인 현실 안으로 쑥 들어온 것과 같았다. 그러나 상징적 장벽이 제거되는 이 마법의 순간을 좀 더 실체를 갖춘 성취로 전환시키려면 더 큰 것이 요구된다. 예를 들어 외설적인 농담을 나눈다든가 하는 것이.

옛 유고슬라비아에서는 각 인종 집단에 대한 농담이 유행했다. 어떤 특징을 들어 각 집단에게 낙인을 찍은 것이다. 몬테네그로 사람들은 아주 게으르다. 보스니아 사람들은 멍청하다. 마케도니아 사람들은 도둑이다. 슬로베니아 사람들은 비열하다……. 의미심장한 것은 1980년대 말에 인종 간 긴장이 고조되면서 이런 농담들이 시들해졌다는 것이다. 1990년에 갈등이 폭발했을 때는 전혀 들을 수가 없었다. 이런 농담들, 특히 민족적 구성이 다양한 사람들이 만나는 농담 — "슬로바니아 사람 하나 하고, 세르비아 사람 하나 하고, 알바니아 사람 하나가 장을 보러 갔는데……"와 같은 유형의 농담

— 은 인종차별적인 농담이기는커녕, 요시프 티토Josip Tito 치하 유고슬라비아의 공식적인 '형제애와 통일'이 실제로 존재하는 핵심적 형식 가운데 하나였다. 이 경우 서로 공유하는 추잡한 농담은 '안'에 없는 다른 사람들을 배제하는 수단으로 기능한 것이 아니라 그들을 **포함**시키는 수단, 최소한의 상징적 협약을 확립하는 수단으로 기능했다. 인디언(미국 원주민)들은 속담에 나오는 평화의 파이프 담배를 피우지만, 더 원시적인 발칸 제국 출신인 우리는 외설적인 농담을 교환해야 한다. 실질적 연대를 이루려면 고급문화를 공유하는 경험만으로는 충분하지 않다. 외설적인 즐거움이라는 당혹스러운 특이성을 '타자'와 교환해야 한다.

나는 병역을 치를 때 한 알바니아 병사와 아주 친해졌다. 알바니아 사람들이 가장 가까운 자기 가족(어머니, 누이)과 관련된 성적 모욕에 아주 민감하다는 것은 누구나 아는 사실이었다. 그러나 알바니아 친구는 나를 받아들여 우리는 예의와 존경이라는 피상적인 게임을 떠나 형식화된 욕설로 인사를 하게 되었다. 알바니아 친구가 먼저 시작했다. 어느 날 아침 그 친구는 평소대로 "잘 잤나!" 하는 대신 "네 어미하고 붙어먹어야겠다!" 하고 인사를 했다. 나도 그에 어울리게 대꾸를 해야 한다고 생각하여 이렇게 쏘아붙였다. "그래, 얼마든지. 단 내가 먼저 네 누이와 붙어먹은 다음에!" 이런 대화는 곧 그 노골적인 외설 또는 비꼬는 특색을 잃고 형식화되었다. 불과 두어 주가 지나자 우리는 구태여 문장 전체를 이야기하지도 않게 되었다. 그는 아침에 볼 때마다 고개를 한번 끄덕이고는 "니미!" 하고 말했고, 나도 간난하게 "니 누이!" 하고 대꾸했다.

이 예는 그런 전략의 위험도 드러낸다. 외설적인 유대는 제3자의 희생을 발판으로 나타나는 경우가 너무 흔하다는 것이다. 이 경우에는 여자들을 희생하면서 남성끼리 유대를 맺었다. (그 반대의 경우를 상상할 수 있을까? 젊은 여자가 친구에게 "네 남편하고 붙어먹을게!" 하고 인사를 하면 친구는 "얼마든지. 단 내가 네 아버지하고 붙어먹은 뒤에!" 하고 대꾸를 하는 식 말이다.) 어쩌면 이 점 때문에 자클린 뒤프레Jacqueline du Pré와 힐러리 뒤프레Hilary du Pré의 관계가 그렇게 '수치스러워' 보이는지도 모르겠다. 자클린이 언니의 승인 하에 형부와 바람을 피웠다는 사실은 견딜 수 없게 여겨진다. 이것은 여자들이 남자들 사이의 교환 대상이라는 고전적인 레비-스트로스식 논리의 역전이기 때문이다. 즉 이 경우에는 **남자**가 여자들 사이의 교환 대상 역할을 했던 것이다.

여기에는 다른 문제, 즉 권력과 권위의 문제도 있다. 나와 알바니아 병사의 외설적인 의식은 두 사람 사이에 평등이 전제되어 있었기 때문에 성립할 수 있었다. 우리는 둘 다 평범한 병사였다. 만일 내가 장교였다면 알바니아 병사가 먼저 욕을 하고 나서는 것은 너무 위험한 일이었을 것이다. 사실상 생각도 할 수 없는 일이었다. 그러나 만일 그 알바니아 친구가 장교였다면 상황은 훨씬 더 외설적으로 바뀌었을 것이다. 그가 먼저 욕을 하고 나오는 것은 밑바탕에 깔린 권력관계를 위장하는 허위에 찬 외설적 유대 제안이 되었을 것이고, 권력의 '포스트모던적' 행사의 모범적인 사례가 되었을 것이다. 전통적인 권위적 인물(상사나 아버지)은 적절한 존중심으로 자신을 대할 것을 고집하며, 권위의 형식적 규칙을 따른다. 외설적인 욕이나 조롱하는 말의 교환은 그의 등 뒤에서 이루어져야 한다. 그러나 오늘날의 상사나 아버지는 자신을 친구로 대해줄 것을 요구한다. 어울리지 않게 친근하게 말을 걸기도 하고, 성적으로 빈정거리는 말을 퍼붓기도 하고, 술이나 천한 농담을 나누자고 권하기도 한다. 이 모든 일이 남성적 유대의 고리를 확립하고자 하는 일이며, 권위의 관계(우리가 그에게 복속되는 관계)는 말짱하게 유지될 뿐 아니라 존중하고 발설하지 말아야 할 비밀로 취급되기까지 한다. 종속되는 사람에게 그런 배치 상황은 전통적인 권위보다 훨씬 더 큰 밀실공포증을 일으킨다. 오늘날 우리는 풍자와 조롱을 위한 개인 공간마저 박탈당한다. 주인이 권위를 가진 존재인 동시에 친구로서 양쪽 수준을 다 장악하고 있기 때문이다.

그러나 이 어려운 문제는 보기만큼 까다로운 것이 아니다. 모든 구체적 상황에서 우리는 늘 '자연스럽게' 어느 쪽이 적용되는지 안다. 즉 외설적인 욕설 교환이 '진정한' 친밀감의 표현인지 아니면 종속 관계를 가리는 가짜 친밀감의 표현인지 안다는 것이다. 진짜 문제는 더 근본적인 것이다. 밑에 깔린 상징적 틀 없이 '실재계' 안에서 직접 접촉이 있을 수 있겠는가? '실재의 타자'와의 접촉은 본디 깨어지기 쉽다. 그런 접촉은 모두 극히 위태롭고 깨지기 쉽다. '타자'를 향해 진정으로 팔을 뻗는 것은 언제라도 '타자'의 내밀한 공간에 폭력적으로 침입하는 일이 될 수 있다……. 이런 곤경으로부터 빠져나오는 일은 헨리 제임스Henry James*의 걸작들에 가장 잘 표현된 사회적 상호 작용의 논리가 제공해주는 것 같다. 이 세계에서는 요령이 최고의 자리를 차지하며, 감정의 노골적인 폭발이 대단히 천박한 일로 간주

* 미국 소설가이자 비평가. 대표작으로 『한 여인의 초상』이 있다.

된다. 그러면서도 모든 것을 말하며, 가장 고통스러운 결정을 내리며, 가장 섬세한 메시지들이 전달된다. 그러나 이 모든 일은 형식적 대화라는 외양 안에서 이루어진다. 동업자를 협박할 때도 정중하게 웃음을 짓고 차와 케이크를 권하면서 그렇게 한다……. 그렇다면 야만적인 직접적 접근은 '타자'의 핵심을 건드리지 못하고, 요령 있는 춤만이 그 핵심에 이를 수 있다는 말인가? 아도르노는 『한 줌의 도덕』에서 제임스의 작품에서 분명하게 식별되는 요령이 대단히 모호하다는 점을 지적한다. 타인의 예민함에 대한 정중한 고려, 내밀성을 침해하지 않으려는 배려가 쉽게 타인의 고통에 대한 잔인한 무감각이 될 수 있다는 것이다.[5]

같은 거리에서 경쟁하는 두 점포 주인이 등장하는 오래된 일화가 있다. 한 사람이 "우리 가게 식료품이 이 거리에서 최고다!"라고 적힌 간판을 내걸자, 다른 사람은 "우리 가게 식료품은 동네 전체에서 최고다!"라고 적힌 간판을 내걸었다. 그런 식으로 경쟁이 계속되어 "우리 가게 식료품은 이 도시 전체에서…… 전국에서…… 지구에서…… 전 우주에서 최고"라는 식으로 수위가 높아졌다. 그러다 결국 그냥 원래의 간판, 즉 "우리 가게 식료품은 이 거리에서 최고다!"라는 문구로 돌아간 사람이 승자가 되었다. (성적으로, 인종적으로……) 공격적인 관용어를 좀더 '올바른' 말로 바꾸려는 점진적인 시도, 즉 깜둥이-검둥이-흑인-아프리카계 미국인이나 절름발이-불구자-

---

5   Theodor W. Adorno, *Minima Moralia*, Frankfurt: Suhrkamp Verlag 1997, pp. 38~41 참조.

신체 장애인 같은 대체의 사슬에도 같은 일이 생기는 것이 아닐까? 이런 식의 대체는 스스로 추방하려 하는 바로 그 (인종차별적) 효과를 잠재적으로 늘이고 높여, 때리고 나서 욕까지 하는 꼴이 될 가능성이 있다. "절름발이"에 지울 수 없는 공격성의 흔적이 포함되어 있는 한, 이 흔적은 대체로 그 '올바른' 비유적 대체물로 자동적으로 옮겨가게 된다. 이런 대체는 심지어 기본적인 공격성에 비꼼이나 생색을 내는 정중함까지 양념으로 보탤 가능성까지 열게 된다(장애'라는 말을 정치적으로 올바른 용어에서 사용하게 되면서 이 말을 비꼬는 쪽으로 사용하게 된 일을 기억해보라).

따라서 증오 효과를 효과적으로 폐지하는 유일한 길은 역설적으로 **사슬의 첫 번째 고리로 돌아가** 그 고리를 공격적이지 않은 방법으로 사용할 환경을 조성하는 것이라고 주장해야 한다. 물론 첫 번째 고리로 돌아가는 전략은 위험하다. 그러나 이 전략이 겨냥하는 집단이 그것을 완전하게 받아들이는 순간 그것은 결정적인 효과를 나타내게 된다. 급진적 페미니스트들이 서로를 "년"이라고 부를 때, 이것을 단순히 비꼬는 방식으로 남성 공격자와 동일시하는 태도라고 치부해버리는 것은 잘못이다. 핵심은 이런 태도가 공격적인 자극을 무력하게 만드는 자율적인 행동으로 기능한다는 것이다.[6]

---

6 1950년대 말, 소련에서 탈스탈린화 과정의 일환으로 죄수 수십만 명을 굴라크에서 석방하고 그들이 선고받은 형을 무효화했을 때, 비타협적 스탈린주의자의 궁극적 반론은 수사관, 검사, 애초에 형을 선고한 판사들을 고려하여 그렇게 하면 안 된다는 것이었다. 그들은 혁명에 봉사한다고 믿고 그렇게 했는데, 그 재판이 가짜였다고 받아들여야 한다면 얼마나 큰 충격이겠냐는 것이었다.

5

레닌은 이웃을 사랑했는가

애텀 에고이언Atom Egoyan의 영화 「엑조티카」(1994)*는 공적 공간과 사적 공간을 나누는 경계의 허약한 지위를 공략한다. 우리는 국외자와 공동의 공간을 함께 쓰게 될 때 — 예를 들어 배달부나 수리공이 우리 숙소에 들어올 때 — 정중하게 서로를 무시하며, 서로의 프라이버시를 캐는 일(그들의 욕망이 무엇인지, 그들의 은밀한 꿈이 무엇인지?)을 삼간다. 그러나 「엑조티카」는 계속 이 경계를 침해하며, 어떤

•   성인 전용 스트립 클럽인 '엑조티카'에서 DJ로 일하는 에릭은 클럽 댄서 크리스티나에게 특별한 관심을 갖고 있다. 한편, 세무감사원인 프란시스는 매일 밤 '엑조티카'에서 크리스티나를 보며 과거의 상처와 외로움을 달랜다. 매일 크리스티나와 많은 이야기를 나누는 프란시스에게 심한 질투를 느낀 에릭은 어느 날 프란시스에게 크리스티나의 몸을 만지라고 충동한다. '엑조티카'에선 손님이 댄서에게 손을 대선 안 된다는 규칙이 있다. 실제로 프란시스가 크리스티나를 만지자마자 에릭이 달려와 그를 때리고 내쫓는다. 클럽 출입을 금지당한 프란시스는 에릭에게 복수하려 한다.

공적 의무 때문에 만나게 된 두 사람이 갑자기 친밀한 관계를 확립한다. 라캉의 대타자는 다른 무엇보다도 우선 우리가 적당한 거리를 유지하게 해주고, 상대의 접근이 우리를 압도하지 않도록 보장해주는 ─ 우리는 점원과 이야기할 때 '사적인 관계로 들어서지 않는다' ─ 이러한 '벽'을 부르는 이름들 가운데 하나다. (여기서 역설은 이 '벽'이 꼭 부정적이지만은 않다는 것이다. 이 '벽'은 동시에 그 뒤에는 무엇이 숨어 있을까, 상대의 진정한 욕망은 무엇일까 하는 환상을 만들어내기 때문이다.[1]) 우리의 후기 자본주의 일상생활은 타인의 경험에 대한 전례 없는 부인을 포함한다.

문간에 웅크리고 있는 노숙자를 통과하여 계속 **걸어가려면**, 아이들이 굶주리고 있을 때 저녁 식사를 맛있게 하려면, 고난이 계속되고 있는데 밤에 **편히 쉬려면** ─ **원자**화된 일상적 기능은 우리가 다른 사람들

---

1   「엑조티카」의 이런 주제는 오늘날 사적인 것과 공적인 것 사이의 구분선 변화를 볼 때 매우 중요하다. 2001년 4월 12일에 미합중국의 법무장관이 내린 결정, 즉 오클라호마시티 폭파범 티모시 맥베이의 처형을 폐쇄회로 텔레비전으로 방송하여 테러 생존자와 피해자 유족이 그 과정을 지켜보게 하겠다는 결정을 기억해보라. 이 결정은 푸코가 『감시와 처벌』에서 묘사한 근대의 처벌 논리의 종말을 보여주는 것이 아닐까? 미셸 푸코(Michel Foucault)는 『감시와 처벌』에서 극형은 이제 공적인 구경거리가 되는 것이 아니라 감옥의 닫힌 문 뒤에서 이루어진다고 말했기 때문이다. 그러나 법무장관의 그러한 결정은 단지 처형이 공적인 구경거리라는 전근대적 관념으로 돌아가는 것만이 아니다. 맥베이의 처형이 그것을 볼 자격이 있는(그 범죄의 영향을 받은 사람들이기 때문에) 선택된 소수에게만 방송된다는 사실은 공통의 집단적 프라이버시의 공간을 창조한다.

에 대한 애정과 그들과 맺은 관련을 체계적으로 배제할 것을 요구한다 (지배적인 문화의 언어로 표현하자면 우리의 경제는 서로의 개인성을 존중하는 개인들로 구성된다). 동정심을 과시하는 자유주의자 캐리커처 뒤에는 정치의 진실이 숨어 있다. 당신이 느끼는 방식이 곧 당신이 행동하는 방식이다.[2]

지금 우리는 개인 심리를 다루는 것이 아니다. '객관적' 사회관계라는 바로 그 그물 안에 기입되어 있고 또 그것에 의해 결정되는 추상의 한 형식으로서 자본주의적 주체성을 다루는 것이다.

구체적인 노동에 대한 무관심은 개인이 이런 노동에서 저런 노동으로 쉽게 옮겨갈 수 있는 사회 형태에 대응한다. 이 사회에서 노동의 구체적인 종류는 그들에게 우연일 뿐이며, 따라서 무관심의 대상이 된다. 노동이라는 범주만이 아니라 현실의 노동도 여기서는 일반적인 부를 창조하는 수단이며, 어떤 형태로도 구체적으로 특정 개인과 유기적인 관련을 맺지 않는다. 이런 상황은 부르주아 사회의 가장 근대적인 존재 형식인 미합중국에서 가장 발전된 모습으로 나타난다. 이곳에서는 처음으로 근대 경제학의 출발점, 즉 '노동'이라는 범주의 추상화, '노동 그 자체', 순수하고 단순한 노동이 실제 현실이 된다.[3]

---

2   Anna Kornbluh, "The Family Man".

3   Marx, *Grundrisse*, p. 89. 키르케고르가 근대성의 궁극적 악을 언론(일간신문)이 유지하는 익명의 '공중'이라는 영역에서 찾았을 때, 그의 격렬한 비판의 표적 역시 이와 똑같은 추상화였다.

시대의 냉정하고 반성적인 분위기와 결합된 언론의 추상화(신문, 정

따라서 마르크스가 시장경제 내에서 추상화가 개인적 경험 자체에 기입되는 방식을 묘사했듯이(노동자는 자신의 특정 직업을 자기 인격의 유기적 구성 요소가 아니라 자신의 추상적 노동 능력의 우연한 실현으로 직접 경험하며, '소외된' 연인은 자신의 성적 파트너를 자신의 성적 그리고/또는 감정적 만족의 요구를 충족시키는 우연적 대리자로 경험한다 등등), 추상화는 또한 우리가 가장 직접적인 수준에서 다른 사람들과 관계를 맺는 방식에도 기입된다. 우리는 근본적인 의미에서 그들을 **무시**하며, 추상적인 사회 기능을 수행하는 사람들로 환원해버린다. 물론 여기서 요점은 "권력 체계는 특정한 감정적 구성을 요구한다"[4]는 것이다. 후기 자본주의 주체의 궁극적 '냉정함'은 풍요로운 사적인 감정 생활이라는 유령에 의해 대체된다/감추어진다. 이런 감정생활은 우리가 다른 사람들의 고난이라는 '실재'를 강렬하게 경험하는 것을 막아주는 환상 스크린 역할을 한다. 어떤 부자가 하인한테 "이 가난한 거지를 내쫓아버려라. 나는 너무 민감해서 이런 사람들이 고통을 겪는 모습을 보는 것은 견딜 수 없다!" 하고 말했다는 오래된 농담이 있다. 사

─────

기간행물은 정치적 구체화가 아니라 추상적인 의미에서 한 개인일 뿐이기 때문이다)는 이 추상화의 유령, 즉 공중을 낳는다.(Søren Kierkegaard, *The Present Age*, New York: Harper & Row 1962, p. 64)

즉, 여기에서 '추상화'는 키르케고르에게는 또 '실재'다. 그것은 이론적 실체가 아니라 실제 생활 경험 자체를 가리킨다. 즉 개인들이 외부 관찰자라는 비참여적 지위에서 '문제를 논할' 때 그들이 자신과 관계 맺는 방식을 말하는 것이다. 이 경우 우리는 구체적 상황에서 벗어나 우리 자신을 '추상'화한다.

4   Kornbluh, "The Family Man".

실 이 농담이 오늘날보다 더 잘 어울리는 때도 없다. 이런 추상화의 필연적인 대가는 사생활이라는 영역 자체의 '물화'다. 계산된 만족의 영역으로 바뀐다는 것이다. 한 여피족[•]이 자신의 파트너에게 "양질의 시간을 함께 보내자!" 하고 호소했다는 유명한 이야기가 있는데, 이보다 더 우울하고 반에로틱한 호소가 또 있을까? 따라서 이런 거리두기의 이면에 다른 사람의 내밀한 공간에 대한 야만적이고 모욕적 침해 — 고백적인 토크쇼로부터 변기 밑으로부터 다른 사람들이 변을 보는 것을 관찰할 수 있는 캠 웹사이트에 이르기까지 — 가 있는 것도 당연한 일이다.

잘 알려져 있다시피 사람들은 자신과 가까운 사람보다 처음 보는 낯선 사람에게 가장 내밀한 꿈이나 공포를 털어놓는 것을 훨씬 편하게 여긴다. 사이버 공간의 채팅방이나 정신분석 치료 같은 현상들은 이런 역설에 의지하고 있는 것이 분명하다. 우리가 아는 범위를 완전히 벗어난 곳에 있는 낯선 사람에게 그런 이야기를 하면 우리의 고백이 우리를 묶고 있는 감정들의 얽힌 상태를 더 흔들어놓는 일을 막을 수 있다. 이 낯선 사람은 우리 이웃 가운데 하나가 아니라, 어떤 면에서는 **대타자 자체**, 우리 비밀의 중립적 저장소다. 그러나 오늘날의 '공유된 유아론唯我論'은 다른 수준으로 이동한다. 우리는 낯선 사람들을 이용하여 우리가 가까운 사람들과 맺는 관계의 구조를 이루는 사랑과 증오의 비밀을 털어놓는 데서 그치지 않는다. 일정한 거

•   고학력으로 전문적인 직업에 종사하고, 도시 근교에 살며, 높은 소득을 올리는 젊은 엘리트.

리가 보장되어야만 이런 관계 자체를 맺을 수 있는 것처럼 되어버렸다. 지금까지 예외의 자리를 차지했던 것들(예를 들어 다음 날 아침에는 각자의 길을 가고 두 번 다시 만나지 않는다는 전제하에 처음 보는 사람과 섹스를 하며 뜨거운 밤을 보내는 것)이 점차 새로운 규범으로 밀고 들어온다. (최근의 영화 가운데 이런 문제를 매우 설득력 있게 탐사한 것이 파트리스 셰로Patrice Chéreau의 「정사」(2001)다. 낯선 사람과 섹스를 하며 뜨거운 밤을 보낸 다음 날 아침 곤혹스러울 정도로 가까운 거리에서 상대와 얼굴을 마주했을 때 내밀한 개인적 관계를 형성하는 것이 가능할까?)

이렇게 공적인 것과 사적인 것 사이의 경계가 사라진다는 것은 내밀한 생활의 세세한 부분들이 공적인 페르소나의 일부가 되어, 책이나 웹사이트를 통해 모두가 접근할 수 있는 것이 되어버린다는 뜻이다. 약간 노스탤지어가 섞인 보수적인 방식으로 표현하자면, 이제는 추문이 없다는 바로 그 사실이 추문이다. 이런 일은 모델이나 영화배우에게서 시작되었다. 클라우디아 시퍼Claudia Schiffer가 음경 두 개에 동시에 구강성교를 하는 (가짜) 비디오 클립은 모든 곳에 다 공개되어 있다. 인터넷에서 미미 맥퍼슨Mimi Macpherson(그녀보다 더 유명한 오스트레일리아 모델 엘 맥퍼슨Elle Macpherson의 여동생)에 관한 자료를 찾아보면 그녀의 뛰어난 생태계 보호 활동(고래 관찰 회사를 운영한다), 사업가로서 인터뷰한 내용, 그녀의 '품위 있는' 사진들과 **더불어** 그녀가 자위를 하고 연인과 성교를 하는 것을 찍은 훔친 비디오가 나온다. 카트린 밀레Catherine Millet가 최근에 낸 책[5]은 또 어떤가? 이

---

5   Catherine *Millet, La vie sexuelle de Catherine M.*, Paris: Éditions du

책에서 세계적으로 유명한 이 예술 비평가는 차갑고 냉정한 문체로, 아무런 수치감이나 죄책감 없이 — 그 결과 뭔가를 어겼다는 어떤 뜨거운 느낌도 없이 — 자신의 풍부한 성생활의 자세한 내용을 묘사하면서, 정기적으로 대규모 난교 파티에 참여하여 그때마다 수십 개의 익명의 음경에 관통을 당하거나 그것을 가지고 놀았다고 이야기한다.

여기에 어떤 선험적 경계는 없다. 가까운 장래에 어떤 정치가가 자신의 성적인 장난이 담긴 하드코어 비디오를 공중에 유통되도록 허용함으로써, 유권자들에게 자신의 매력 또는 성적 능력을 납득시키도록 하는 것(처음에는 은밀하게)도 충분히 상상할 수 있는 일이다. 거의 백 년 전인 1912년경 버지니아 울프Virginia Woolf는 인간 본성이 변했다고 썼다. 어쩌면 이것이 주체성의 지위의 근본적인 변화 — 오늘날 공적인 것과 사적인 것의 구분이 사라지는 것이 그 조짐이며, '빅 브러더' 리얼리티 쇼 같은 현상에서도 그런 변화를 파악할 수 있다. — 를 더 적절하게 표현하는 방법일지도 모른다.[6]

<hr>

Seuil 2001.

6   그러나 이런 근본적인 파열에도 불구하고 오늘날의 디지털화는 정통 형이상학적 전통의 절정을 가리킨다. 아도르노는 어딘가에서 모든 위대한 철학은 신의 존재의 존재론적 증명의 변형이라고 말한 적이 있다. 즉 사고로부터 존재로 직접적으로 넘어가려는 시도이며, 이것은 파르메니데스의 사고와 존재의 동일성 주장에서 처음으로 정리가 되었다. (심지어 마르크스도 이런 사고 노선을 따랐다. 죄르지 루카치가 『역사와 계급의식』에서 생생하게 보여주었듯이 마르크스의 '계급의식'이라는 관념은 사회적 존재에 직접 개입하는 사고에 대한 것 아닌가.) 따라서 사이버 공간의 디지털 이데올로기는 "비트에서 '그것(이드)으로'" 넘어가려는, 디지털적인 형식-구조적 질서로부터 존재의 충

따라서 후기 자본주의라는 조건에서 우리의 감정생활은 회복할 수 없이 갈라져 있다. 한편으로는 '사생활'의 영역이 있다. 사생활은 감정적인 진지성과 강렬한 참여로 이루어진 내밀한 섬들의 영역인데, 이것이 외려 장애물이 되어 우리는 더 넓은 형태의 고난을 보지 못한다. 반대편에는 우리가 이 광범한 고난을 지각하는 (비유적이기도 하고 진짜이기도 한) 스크린이 있다. 인종 청소, 강간, 고문, 자연재해를 알리는 텔레비전 뉴스들이 매일 이 스크린을 폭격한다. 우리는 그런 고난에 깊이 공감하기도 하고, 가끔 그로 인해 인도주의적인 활동에 참여하기도 한다. 이런 참여가 '개인적 관계'와 유사한 면을 띨 때조차(우리가 정기적인 기부금으로 지원하는 아프리카의 어떤 아이가 보낸 사진과 편지처럼), 결국 여기서 돈을 내는 것은 정신분석이 분리해낸 근본적인 주체적 기능을 유지하는 역할을 한다. 고통받는 다른 사람들을 적당한 거리에 떼어두려고 돈을 내는 것이다. 그렇게 하면 우리는 그들의 현실로부터 안전하게 분리된 상태에서 위협을 느끼지 않으며 그 현상에 대한 감정적 공감에 몰두할 수 있다. 피해자들의 이런 분열이 피해자 만들기 담론의 진실이다 ─ 나(학대를 당하는 자) 대對 내가 거리를 두고 공감하는 다른 사람들(제3세계에 있는 사람들이나 도시의 노숙자들). 이런 이데올로기적-감정적 발상과는 달리, 진정한 '사랑'의 과업은 안전한 장벽 너머로 우리의 풍요의 한 조각을 던져주어 다른 사람들을 돕는 데 있지 않다. 그것은 오히려 이런 장벽을 해체하는

───────

일성 자체를 만들어내려는 시도라는 점에서 이런 발전의 마지막 단계가 아닐까?

작업, 배제되어 고통 받는 '타자'에게 직접 손을 내미는 것이다.

　이러한 진정한 '사랑'의 과업은 「초대받지 않은 손님」(1967)이 묘사하는 식의 쾌적한 반인종주의와 대립한다. 이 영화에서 백인 중상층 처녀의 흑인 약혼자는 좋은 교육을 받은 부자다. 그의 유일한 결함은 피부색이다. 처녀의 부모가 장벽을 극복하고 이런 '이웃'을 사랑하는 것은 쉽다. 그러나 스파이크 리Spike Lee의 「똑바로 살아라」에 나오는 유명한 아프리카계 미국인, 붐박스(대형 카세트 플레이어)를 크게 틀어놓고 걸어 다니며 백인들을 짜증 나게 하는 자는 어떨까? 우리가 관용을 가져야 하는 것은 바로 이런 지나치고 침입적인 향락이다. 이 사람이야말로 '문화적 괴롭힘'의 이상적 주체가 아닌가?[7] '성적 괴롭힘'에 대한 강박관념 역시 다른 사람이 즐기는 일에 대한 불관용 ― 또는 공권력이 즐기는 인기 있는 오웰식 용어로 하자면 '절대 불관용' ― 의 한 형태 아닐까? 이런 즐김은 그 정의상 지나칠 수밖에 없다. 그 '적절한 정도'를 규정하려는 시도는 실패할 수밖에 없다. 성적인 유혹과 제안은 그 자체로 침입이고 방해이기 때문이다. 따라서 '괴롭힘'에 맞서는 투쟁의 궁극적 주제는 각 개인이 **이웃들의 관여를 피할** 권리, 그들의 침입적인 향락으로부터 보호를 받을 권리라는 생각 아닐까?

7　폴란드의 1990년대 상황은 이런 이웃 사랑의 독특한 예를 보여준다. 야루젤스키(Jaruzelski) 장군과 그를 반대하던 아담 미흐니크(Adam Michnik) 사이에 예기치 않은 우정이 싹튼 것이다. 이들 진정한 두 이웃은 서로 근본적으로 낯선 자들이고, 서로 다른 (이데올로기적) 우주에서 왔음에도, 관계를 맺을 수 있었다.

왜 함부르크에는 장거리 기차역이 세 군데 있을까? 중앙역인 함부르크—하우프트반호프 외에 함부르크 담토르와 함부르크 알토아가 있는데, 노선은 모두 같다. 첫 두 역의 공존, 즉 중앙역에서 걸어서 금방 갈 수 있는 거리에 또 담토르 역이 있다는 걸으로 보기에 '비합리적인' 사실은 쉽게 설명이 된다. 지배계급은 하층 계급 군중의 방해를 받지 않고 열차를 탈 수 있는 역을 원했던 것이다. 진짜 수수께끼는 세 번째 역 알토나다. 알토나라는 말은 어디서 나왔는지 분명치 않다. 어떤 자료에 따르면 덴마크인 정착지가 함부르크 자체에 "너무 가깝다"("all to nah")고 생각했기 때문이라고 하지만, "개울가"("all ten au")에서 나왔다는 설명이 더 그럴 듯하다. 어쨌든 16세기 초 이래 함부르크 시민들은 도심의 북서쪽에 있는, 원래 덴마크인들이 살던 작은 정착촌을 두고 계속 불평을 해온 것이 사실이다. 역 이름이 "너무 가깝다"에서 왔다는 이론에 대해서는 오래된 이탈리아 속담을 반복해야겠다. 설사 진실이 아니더라도[사실이라는 차원에서 볼 때], 진실처럼 들린다se non è vero, è ben' trovato! 이것이 프로이트가 보기에 증상이 조직되는 방식이다. 히스테리 환자의 비난이 사실 차원에서는 분명히 진실이 아니지만, 거기에서 무의식적 욕망이 울려 퍼지는 한 '진실처럼 들린다'는 것이다. 마찬가지로 세 번째 역 알토나의 상징적 기능, 늘 '너무 가까운' 침입자들을 적당한 거리에 유지하는 기능 역시 기본적인 사회적 적대(계급투쟁)를 '우리'(모든 계급이 똑같은 사회 조직으로 통일되어 있는 우리 나라)와 '그들'(외국의 침입자들) 사이의 가짜 적대로 대치/신비화하는 역할을 한다.

이 두 대립 사이의 관련은 에르네스토 라클라우가 '헤게모니'를 위한 투쟁으로 개념화한 것을 바라볼 최소한의 좌표를 제공한다. 헤게모니 개념의 핵심적 특징은 비'사회'(혼돈, 완전한 퇴폐, 모든 사회적 고리들의 해체)로부터 '사회' 자체를 분리하는 한계선과 사회 내부적 차이들(사회적 공간 내부의 요소들) 사이의 우연적 관련이다. 그러나 '사회적'인 것과 그 외부성인 비'사회적'인 것 사이의 한계선은 오직 사회적 공간의 요소들 사이의 차이라는 외양을 띠고(차이에 사상寫像되어) 모습을 드러낸다. 사회 조직 내의 투쟁(중앙역과 담토르 사이, 피억압 계급과 지배계급 사이의 투쟁)은 구조적 필연성에 의해 늘 사회 조직 '자체'('노동자와 지배자들을 포함한 우리 모두')와 외부에 있는 자들('그들', '너무 가까운' 외국인들, 알토나에 있는 자들) 사이의 투쟁에 반영된다.[8] 즉 계급투쟁은 궁극적으로 사회 '그 자체'를 대리하는 존재로 내세우고, 그럼으로써 상대를 비'사회적'인 것(사회의 파괴, 또는 사회에 대한 위협)을 대리하는 존재로 떨어뜨릴 것이냐를 둘러싼 투쟁이라는 것이다.

간단히 말해보자. 문명이란 늘 위계적 사회질서 속에서만 번창할

---

8   여기서 우리는 '그 자체'라는 개념의 변증법적 성격에 주의를 기울일 필요가 있다. 치통이 사라졌다는 사실을 갑자기 완전하게 의식하며 안도의 한숨을 내쉴 때 이것은 곧 통증이 다시 돌아온다는 신호라는 이상한 사실을 우리 모두 알고 있을 것이다. 비슷한 일은 많다. 예를 들어, 한밤중에 잠이 깨 오줌을 누고 싶지 않다는 사실에 만족한다. 그러나 이것은 사실 곧 요의가 찾아올 것이라는 뜻이다. 이 밑에 깔린 논리는 아주 분명하다. 불쾌한 느낌이 없다는 사실에 대한 아주 분명한 의식은 잠재의식이 지각한 사실, 즉 불쾌한 느낌이 이미 형성되고 있다는 사실에 대한 반응이라는 것이다. 이런 극히 사소하고 내밀한 일에서도 헤겔의 말은 사실이다. 미네르바의 올빼미는 황혼녘에 날아간다. 즉 어떤 것이 사라지고 있을 때에야 그것을 완전하게 의식하게 된다…….

수 있으므로 대중의 해방 투쟁은 문명 자체에 위협이 되는 것일까? 아니면 지배계급은 사회를 자멸로 질질 끌고 갈 위험이 있는 기생충이기 때문에 사회주의가 아니면 유일하게 남은 길은 야만인 것일까? 물론 이것은 우리가 '그들'과 관계를 맺는 방식이 부차적이라거나, 우리가 간단히 초점을 '우리의' 사회를 내부로부터 가르는 적대 관계로 다시 이동하면 된다는 뜻은 결코 아니다. 오히려 우리가 '그들' 곧 제3의 요소와 관계를 맺는 방식은 내재한 적대 관계에 관한 우리의 진실한 입장을 보여주는 핵심적 지표다. 바로 노동계급의 질문을 인종주의적 질문과 결합하는 것(세계주의적 다국적 회사들을 우리의 정직한 노동자들의 진정한 적으로')이 오늘날 신파시스트 대중영합주의의 기본적인 작전 아닌가? 극단적인 예를 들자면, 이것이 오늘날 이스라엘의 유대인에게 "네 이웃을 사랑하라!"가 "팔레스타인 사람들을 사랑하라!"를 의미하든가, **아니면 아무런 의미도 없어지고 마는** 이유다.[9]

———————

9   우리는 이스라엘의 요르단 강 서안 지구 점령을 무조건 거부하는 것은 물론 서유럽에서 '수출된 인티파다', 즉 억압받는 팔레스타인 사람들과 연대하는 행동으로 스스로 정당화하는 서유럽의 반유대주의적 감정 폭발(독일에서 벌어진 회당 습격에서부터 2000년 가을 프랑스에서 벌어진 수백 건의 반유대주의적 사건들)에도 동시에 똑같이 무조건적으로 반대해야 한다. 우리는 여기에 아무런 '이해'도 보이지 말아야 한다. '하지만 프랑스에서 유대인 공격은 이스라엘 군대의 잔혹행위에 대한 반작용임을 이해해야 한다'는 논리가 들어설 여지를 없애야 한다. '하지만 이스라엘 군대의 반작용을 이해할 수 있다. ─ 홀로코스트와 2000년간의 반유대주의를 겪은 뒤인데 누군들 두렵지 않겠는가!' 하는 논리가 들어설 여지가 없어야 하는 것과 마찬가지다. 여기서 또 우리는 이중의 협박에 반대해야 한다. 친팔레스타인이면 곧 반유대주의이고, 반유대주의에 반대하면 곧 친이스라엘이라는 협박 말이다. 그 해법은 타협이 아니다. 두 극단 사이의 '정확

대부분의 서구 사회 법정은 '제한 명령' 조치를 시행하곤 한다. 어떤 사람이 자신을 괴롭힌다고(스토킹을 한다든가, 부당한 성적 접근을 한다든가) 고발하면, 괴롭히는 사람이 피해자에게 백 미터 이내로 다가가는 것을 법적으로 금지할 수 있다는 것이다. 이런 조치는 괴롭힘이라는 분명한 현실 때문에 필요한 일이기도 하지만, 동시에 그 안에는 '타자'의 욕망이라는 '실재'에 대항하는 방어 같은 것이 담겨 있다. 다른 인간에 대한 뜨거운 감정을 그 인간에게 직접 공개적으로 드러내는 것에는 뭔가 무시무시하게 폭력적인 면이 있다는 점은 분명하지 않을까? 뜨거운 감정은 그 정의상 대상을 **다치게** 한다. 설사 그 대상자가 기꺼이 그 자리를 차지하겠다고 동의한다 해도, 한순간 경외와 놀라움을 겪지 않을 수 없다. "악은 주위 모든 곳에서 악을 보는 바로 그 눈길 안에 살고 있다"는 헤겔의 경구를 다시 변형해서 말하자면, '타자'를 향한 불관용은 주위 모든 곳에서 관용 없이 침입하는 '타자'들을 지각하는 바로 그 눈길 안에 살고 있다.

특히 여성의 성적 학대에 대한 강박관념이 남자의 목소리로 표현될 때는 의심을 해봐야 한다. '친페미니스트'라는 '정치적으로 올바른' 껍질을 조금만 긁어내면 금방 유서 깊은 남성 쇼비니즘의 신화와 마주치게 되기 때문이다. 여자들은 무력한 피조물이기 때문에 침입하는 남자들로부터 보호해야 할 뿐 아니라, 결국 **그들 자신**으로부터도 보호해주어야 한다는 것이다. 문제는 여자들이 자신을 보호할 수

<hr>

한 양'이 아니라는 것이다. 오히려 우리는 양쪽 방향의 끝까지 가야 한다. 팔레스타인 사람들의 권리를 옹호할 뿐 아니라 반유대주의와도 싸워야 한다.

없다는 것이 아니라, 여자들이 성적 괴롭힘을 즐기기 시작할 수도 있다는 것이다. 남성의 침입이 여자들에게서 지나친 성적 향유라는 자멸적 폭발을 초래할 수도 있다는 것이다……. 간단히 말해서 우리가 초점을 맞추어야 하는 것은 **다양한 괴롭힘 양식에 대한 강박관념에 어떤 종류의 주체성의 관념이 관련되어 있느냐** 하는 것이다. 그것은 다른 사람들이 하는 모든 일(나에게 말을 걸고, 나를 바라보고 등등)이 잠재적으로 위협이 되는 '자기 도취적' 주체성이 아닐까? 그래서 장 폴 사르트르Jean-Paul Sartre가 오래 전에 이야기한 대로 되는 것이 아닐까 — 지옥, 그것은 곧 타인들이다l'enfer, c'est les autres?

여자를 평정을 어지럽히는 대상으로 생각할 경우, 여자가 가려져 있을수록 우리의 (남성의) 관심은 여자에게, 그 베일 밑에 놓인 것에 초점을 맞추게 된다. 탈레반은 여자들이 사람들 앞에 나올 때는 몸을 완전히 가리는 베일을 쓰게 했을 뿐 아니라, 너무 단단한(쇠붙이나 나무로 된) 굽이 달린 신발을 신지 못하게 했다. 또 너무 시끄럽게 딸각거리는 소리를 내지 말고 걸으라고 명령했다. 그렇게 걸으면 남자의 관심을 끌어, 남자를 산만하게 하고, 남자의 내적인 평화와 헌신을 방해한다는 이야기였다. 이것은 가장 순수한 형태에 이른 잉여-향유surplus-enjoyment의 역설이다. 대상이 베일에 덮여 있으면 덮여 있을수록, 그 나머지 부분의 최소한의 흔적만으로도 더 강하게 평정을 어지럽히는 것이다.

흡연을 점점 심하게 금지하는 것도 그런 경우가 아닐까? 처음에는 모든 사무실을 '연기에서 해방된' 곳으로 선포하더니, 그다음에는 비행기, 그다음에는 식당, 그다음에는 공항, 그다음에는 술집, 그

다음에는 비공개 클럽도 그렇게 되어버렸다. 그 다음에는 일부 대학 캠퍼스의 건물 입구에서 반경 50미터까지도 금연 구역이 되었다. 그 다음에는 스탈린 시대 노멘클라투라의 유명한 사진 조작 관행을 떠올리게 하는 독특한 교육적 검열 사례가 나타났다. 미합중국 체신부가 블루스 기타리스트 로버트 존슨Robert Johnson과 추상화가 잭슨 폴록Jackson Pollock의 사진이 들어간 우표에서 담배를 지워버린 것이다. 최근에는 보도나 공원에서 담배를 피우는 것을 금지하려는 시도도 이루어지고 있다. 크리스토퍼 히첸스Christopher Hichens가 올바르게 지적했듯이, '간접 흡연'의 위협을 증명하는 의학적 증거는 잘 봐주어도 매우 빈약할 뿐 아니라, '우리 자신의 이익'에 도움이 된다고 하는 이런 금지 자체가 "근본적으로 비논리적이며, 관리를 당하여 고통 없이, 안전하게, 또 지루하게 살아가는 세계를 예감하게 한다."[10]

---

10 Christopher Hitchens, "We Know Best", *Vanity Fair*, 2001년 5월, p. 34. 사형제 반대에서도 똑같은 '전체주의적' 관점이 종종 드러나는 것 아닐까? 푸코 식으로 표현을 해보자. 사형제, 폐지는 범죄가 사회적, 심리적, 이데올로기적 상황의 결과라고 생각하는 일종의 '생물 정치학'과 관련된 것 아닐까? 도덕적, 법률적으로 책임을 지는 주체는 이데올로기적 허구이며, 이것이 권력관계의 망을 위장하는 기능을 한다고 생각하는 것이다. 개인은 자신이 저지른 범죄에 책임을 질 수 없으며, 따라서 처벌해서도 안 된다는 것이다.

그러나 이러한 명제를 뒤집으면 상황을 통제하는 사람들이 사람들도 통제한다는 것이 되지 않을까? 이런 점에서는 사형제와 관련하여 계급투쟁을 분리선으로 분명하게 도입한 레닌의 입장이 훨씬 더 솔직하다. 사형 반대가 옳은 경우는 사형이 착취를 유지할 목적으로 착취자들이 근로인민 대중에게 적용할 때뿐이다…… 혁명 정부라면 착취자들(즉 지주와 자본가들)에게 사형을 적용하지 않고 버티는 것이 가능할 것 같지 않다. (『혁명의 기술에 관하여』 p. 148 참조.)

금지의 대상 또한 '무책임하게' 담배에 불을 붙인 다음 부끄러운 줄 모르고 쾌락을 느끼며 깊이 빨아들이는 행위 — 불은 붙이지만 빨아들이지는 않는(또는 실제 삽입은 하지 않고 섹스를 하는, 또는 지방 없는 음식을 먹는) 클린턴 같은 여피의 행위와는 대조를 이루는 — 로 표현되는 '타자'의 지나치고 위험한 향락 아닐까? 그리고 무엇보다도 '간접 흡연'이 위험하다는 관념은 에이즈 이후 생겨난 공포, 즉 다른 사람들과 직접 신체를 접촉하는 것만이 아니라 더 무형적인 접촉 형식(체액, 박테리아, 바이러스 등의 '보이지 않는' 교환)에도 느끼는 공포의 일부임이 분명하다. 흡연이 그렇게 이상적인 희생양이 되는 이유는 여기서 흔히 말하는 '연기가 피어오르는 총*'을 쉽게 발견할 수 있기 때문이다. 즉 '정치적으로 올바른' '음모자'가 제공되기 때문이다. 바로 커다란 담배 회사들이다. 따라서 '타자'의 향유에 대한 역겨운 질투는 받아들이기 쉬운 반기업적 공격으로 위장된다. 궁극적 아이러니는 그런 담배 회사들의 이윤은 금연 캠페인이나 입법에 아무런 영향을 받지 않았을 뿐 아니라, 그들이 지급하겠다고 하는 수십억 달러의 대부분이 의약 산업 복합체로 흘러간다는 점이다. 의약 산업 복합체는 미합중국에서 가장 강력한 단일 산업 복합체이며, 악명 높은 군산 복합체보다 두 배나 힘이 세다.

프레드 월튼Fred Walton의 영화 「낯선 사람에게서 전화가 올 때」가 그렇게 재미있는 이유는 처음 20분 뒤에 예기치 않은 전개가 이루어지기 때문이다. 처음 20분 동안 영화는 익명의 살인자가 혼자

---

* 범죄의 명백한 증거라는 뜻.

두 아이를 데리고 있는 보모를 전화로 계속 괴롭힌다는 뻔한 이야기를 한다. 그러나 살인자가 체포된 뒤(우리는 그가 내내 집 안에 있었으며, 다른 전화로 통화를 했고, 이미 두 아이를 죽였다는 사실을 알게 된다), 우리는 살인자의 주관적 관점으로 들어가게 된다. 이런 서사 관점의 역전은 분명한 계급적 의미를 드러낸다. 영화의 처음과 마지막은 중상층의 환경을 배경으로 삼는다(범죄는 부모가 파티에 참석하러 가서 보모가 와 있는 동안 벌어지는데, 살인자의 질문인 "아이들은 확인했느냐?"는 사실 부모를 향한 것이다). 병적인 학대자/살인자는 하층계급에 속할 뿐 아니라, 궁극적으로 성가신 이웃으로 제시된다. 그러나 그의 우정 제안이나 간절한 소통 호소는 모두 차갑게 거부당한다(그는 쓸쓸한 하층계급 술집에서 두들겨 맞으며, 거리에서 지나가는 사람들에게 무시를 당한다). 이런 거부 역시 그의 공격 동기의 실마리가 된다. 영화의 두 번째 부분(그의 서사 시점이 지배하는 부분)의 마지막에 가서 우리는 그가 쓰레기통들 사이에 숨어 그의 주문呪文을 되풀이하는 것을 본다. "아무도 나를 보지 않아! 아무도 내 이야기를 듣지 않아! 나는 존재하지 않아!" 바로 이런 **주관적 비존재**라는 입장에서 그는 그 행위를 하고, 무시무시한 범죄를 저지른다.

크쥐시토프 키에슬로프스키Krzysztov Kieslowski의 「제8계명 Decalogue 8」 시작 부분에는 특별한 장면이 있다. 대학의 윤리학 강의 시간에 수척해 보이는 젊은 남자(술 취한 노숙자일까?)가 커다란 강의실에 들어와 어리둥절한 표정으로 두리번거린다. 참석자들은 모두 어쩔 줄을 몰라 당황하고 짜증을 낸다. 마침내 정장을 한 흑인(아프리카에서 온 학생일까?)이 엉어로 말한다. "나가!" 그러자 침입자는 상의실을 나간다.[11] 이 장면의 아이러니는 이중적이다. 우선 이웃 사랑을 열심히 토론하던 참석자들은 뻔뻔스럽게도 곤궁한 진짜 이웃을 무시할 뿐 아니라 내쫓기까지 한다. 둘째로 곤궁한 이웃에게 나가라고 명령하여 막다른 골목에서 돌파구를 마련한 사람은 흑인이다. 흑인 학생은 '현실 사회주의' 국가들의 인종적 불관용의 전형적인 피해자였다. 이런 국가들에서 아프리카 학생은 해당 국가 학생들에게 경멸을 당했다. 아프리카 학생은 경제적으로나 정치적으로나 특권이 있지만, 지적으로는 어리석고, 백인 여자들을 유혹하여 성적으로 위협이 된다고 보았다.

케르케고르는 『사랑의 작품Works of Love』의 멋진 200장("**너는 네이웃을 사랑하라**")에서 우리가 사랑해야 할 이상적인 이웃은 죽은 이웃이라는 주장을 펼친다. 좋은 이웃은 죽은 이웃밖에 없다는 것이다. 그의 추론 과정은 놀라울 정도로 단순하며 또 일관성이 있다. 시인과 연인들의 사랑의 대상은 선호에 의해서, 특정한 뛰어난 특질에 의해서 다른 사람들과 구별된다. 반면 "이웃을 사랑하는 것은 평등을 의미한다." "이웃을 사랑할 수 있도록 모든 구별을 버리라는 것이다."[12] 그러나 모든 구별이 사라지는 것은 죽었을 때이다. "죽음은 모든 구별을 지워버리지만, 선호는 늘 구별과 관계가 있다."[13] 이런 추론을 더 밀고 나가면 두 완전성 사이의 핵심적인 구별이 나타난다. 사랑의 대상의 완전성과 사랑 자체의 완전성이다. 연인의, 시인의, 친

---

11 내가 이 장면에 관심을 가지게 한 사람은 켄 라인하드(UCLA)였다.

12 Søren Kierkegaard, *Works of Love*, New York: Harper 1994, p. 75.

13 같은 책, p. 74.

구의 사랑은 그 대상의 완전성과 관련되는데, 바로 이런 이유 때문에 사랑으로서는 불완전하다. 이 사랑과 대조를 이루는 사랑을 보자.

이웃은 연인, 친구, 교양인, 존경을 받는 사람, 드물고 특별한 사람에게 많이 있는 그 탁월한 면을 전혀 가지고 있지 않다. 바로 그러한 이유 때문에 이웃을 사랑하는 것에는 모든 완전성이 있다……. 에로틱한 사랑은 대상에 의해 결정된다. 우정은 대상에 의해 결정된다. 오직 이웃사랑만이 사랑에 의해 결정된다. 이웃은 모든 사람, 무조건적으로 모든 사람이기 때문에 사실상 대상에서 모든 구별이 사라진다. 따라서 진정한 사랑은 다음과 같은 것으로만, 즉 그 대상이 차이를 드러낼 만한 분명한 특질을 전혀 가지지 않는다는 사실로만 확인할 수 있다. 즉 이러한 사랑은 오직 사랑으로만 확인된다는 것이다. 이것이야말로 최고의 완전성이 아닐까?[14]

칸트의 용어로 표현해보자. 여기서 케르케고르는 병적이지 않은 사랑, 그 (우연한) 대상으로부터 독립된 사랑, (다시 칸트의 도덕적 의무에 대한 정의를 풀어서 말하자면) 한정된 대상이 아니라 사랑이라는 단순한 형식에서 비롯된 사랑의 윤곽을 그리려고 한다. 나는 사랑의 대상을 구별해주는 특질 때문이 아니라 사랑 자체 때문에 사랑한다는 것이다. 그러나 이런 태도에 내포된 의미는 병적이라고까지는 할 수 없어도 별스럽다. 완전한 사랑은 **사랑하는 대상에 철저하게 무관심해야**

---

14   같은 책, pp. 77~78.

하기 때문이다.

케르케고르가 돈 후안이라는 인물에 그렇게 강박되었던 것도 놀랄 일은 아니다. 케르케고르의 이런 기독교적인 이웃 사랑과 돈 후안의 일련의 유혹은 대상에 대한 이런 핵심적인 무관심을 공유하지 않았는가? 돈 후안에게도 유혹하는 대상의 특질은 중요하지 않았다. 그의 하인인 레포렐로가 이 대상들을 특징(나이, 국적, 신체적 특징)에 따라 분류해놓은, 정복한 여자들의 긴 명단에서 궁극적인 점은 이런 특징들이 아무런 의미가 없다는 것이다. 유일하게 중요한 것은 이 명단에 새로운 이름을 추가한다는 사실, 순수하게 숫자와 관련된 사실이다. 바로 이런 의미에서 돈 후안은 완전히 **기독교적인** 유혹자가 아닐까? 그의 정복은 '순수하고', 칸트적인 의미에서 병적이지 않고, 대상의 특별하고 우연적인 속성이 아니라 정복 자체를 위해 정복하기 때문이다. 시인이 선호하는 사랑의 대상 역시 죽은 사람(주로 시인이 사랑하는 여자)이다. 시인이 시에서 애도하는 마음을 표현하려면 이 여자는 죽을 필요가 있다(또는 궁정 연애시의 경우처럼 살아 있는 여자는 기괴한 '사물'의 지위로 올라간다). 그러나 시인이 죽은 여자 하나에만 고착되는 것과는 반대로, 기독교인은 아직 살아 있는 이웃을 이미 죽은 것으로 대하여 이웃의 독특한 특질들을 지워버린다. 죽은 이웃은 그를 견딜 수 없게 만드는 짜증스런 **향락** 과잉이 사라진 이웃이라는 뜻이다. 따라서 케르케고르가 어디서 속임수를 쓰는지 분명해진다. 그가 우리에게 진정으로 어려운 사랑의 행위라고 납득시키려 하는 것은, 사실 진정한 사랑의 노력으로부터 벗어나는 것이다. 이 사랑은 그 대상에 관심 없이 그 자체의 완전성 안에서 자족하기 때문이다. **타자**

의 불완전함이라는 바로 그 이유 때문에 타자에게 '관용'을 보일 뿐
아니라 타자를 사랑하는 것은 어떨까?

이런 죽은 이웃 사랑이 정말로 케르케고르의 신학적 특이성일
뿐일까? 최근 샌프란시스코에 있는 친구의 집에서 블루스 시디를
듣다가 나는 해서는 안 될 이야기를 입 밖에 내고 말았다. "음색으
로 판단하건대 이 여자 가수는 틀림없이 흑인이야. 그런데 독일어처
럼 들리는 이름을 갖고 있으니 희한하네. 이름이 니나잖아." 물론 나
는 그 즉시 이 '정치적으로 올바르지 않은 태도' 때문에 질책을 받았
다. 어떤 사람의 인종적 정체성을 신체적 특징이나 이름과 결부시키
지 말아야 한다는 것이다. 그럴 경우 그런 모든 것이 인종적으로 상
투적인 표현이나 편견을 강화할 뿐이기 때문이라는 이야기였다. 그
말을 듣고 내가 그러면 인종적인 소속을 어떻게 확인하느냐고 묻자,
명쾌하고 근본적인 답이 돌아왔다. 불가능하다, 어떤 특정한 특징으
로도 확인할 수 없다는 것이었다. 그런 확인은 모두 어떤 사람을 그
특정한 정체성에 구속하여 잠재적으로 억압하는 기능을 할 수 있다
는 것이었다……. 이것이 케르케고르가 염두에 두었던 것의 완벽한
현대적인 예가 아닐까? 이웃(이 경우에는 아프리카계 미국인)을 사랑해야
하지만, 그것은 암묵적으로 그 이웃의 모든 특수한 특징들이 사라
졌을 때의 이야기다. 간단히 말해서 이미 죽은 것으로 취급할 수 있
는 한에서만 사랑한다는 것이다. 그들 목소리의 특유의 날카롭고 우
울한 특질 **때문에**, 그들의 이름의 놀라운 리비도적 결합 **때문에**(20년
전 프랑스의 인종차별 반대 운동의 지도자 이름은 **할렘 데지르**Harlem Désir*였다!),
즉 그들의 향락을 즐기는 방식의 특이성 **때문에** 그들을 사랑하는 것

은 어떨까?

이런 '불완전성', 내가 누군가를 사랑하게 만드는 장애를 라캉은 "오브제 프티 a(objet petit a)"라고 불렀다. 상대를 독특하게 만드는 '병리적' 경련인 셈이다. 진짜 사랑에서 나는 상대가 단지 살아 있기 때문에 사랑하는 것이 아니라, 상대 내부의 매우 곤혹스러운 삶의 과잉 때문에 사랑한다. 어떻게 된 일인지 일반적인 통념에도 이런 사실이 반영되어 있다. 흔히 말하듯이 완벽한 아름다움에는 뭔가 차가운 것이 있다. 우리는 그런 아름다움에 감탄하지만, 사랑에 빠지는 것은 **불완전한** 아름다움이다. 바로 이런 불완전함 때문에 사랑에 빠지는 것이다. 적어도 미국인들에게 클라우디아 시퍼의 완전함은 왠지 너무 차갑다. 신디 크로퍼드Cindy Crawford와 사랑에 빠지는 것이 어쩐 일인지 더 쉽다. 그녀의 아주 작은 불완전함(입술 옆의 유명한 작은 점 — 그녀의 '오브제 프티 a') 때문이다.[15] 여기서 나는 시퍼와 크로퍼드

- Désir는 욕망이라는 뜻.

15 우리는 정확히 어떤 방식으로 사랑에 빠지는가? 최근에 나의 프랑스인 친구 하나는 독문학 수업을 하다가 자기보다 나이가 더 많고 성깔이 있는 동료 하나가 아주 힘을 주어 셀랑의 시를 암송하는 것에 매혹된 적이 있다. 나중에 이 여자 동료는 남자인 내 친구에게 다가왔다가 그의 이름이 프랑수아(그녀의 어머니 이름은 프랑수아즈였다)인 것을 알고 놀랐다. 이 신비한 우연의 일치는 그녀가 완전한 사랑의 관계로 들어서는 모험을 하도록 밀어붙이는 세목으로 기능했다.

이것은 '상상계'와 '상징계'의 구별을 보여주는 전형적인 예 아닐까? 처음에는 단순한 상상의 매혹이 있다. 이것이 만개한 사랑으로 발전하려면 상징적인 동일시의 지원을 받아야 한다. 여기에는 꿈에서 표현된 생각과 꿈의 무의식적 욕망 사이의 차이에 대한 프로이트의 통찰과 분명하게 유사한 점이 있다. 일상적인 사고는 '더 깊은' 무의식적 욕망이 거

라는 짝에 독일연방공화국(서독)과 소멸한 독일민주주의공화국(동독)
이라는 짝을 덧붙이고 싶은 유혹을 느낀다. 지금도 **그 불완전한 면들
을 포함하여 또 그 불완전함 때문에** 독일민주주의공화국을 사랑하
는 사람들이 있지만 — 그들은 중공업 오염으로 인해 공기에서 나던
쓸쓸한 황의 맛의 기억을 사랑한다. — 독일연방공화국을 사랑하는
사람은 거의 없다.[16]

<hr>

기에 달라붙을 경우에만 꿈 작업으로 들어간다(꿈 안에 암호로 적힌다)는
것이다. 마찬가지로 이 경우에 어머니와 동일시하는 태도와 단순한 매
혹 사이에 길을 뚫은 것도 아주 하찮은 것, 즉 이름의 우연한 일치였
다. 내 친구는 그녀의 어머니에게 큰 빚을 졌다고 느꼈다. 그녀의 어머니
는 그녀를 낳는 바람에 일을 그만두고 불만 많은 가정주부가 된 것 같
았다. 이런 이유 때문에 그녀는 사랑을 할 때도 나이가 많고 별로 매력
적이지 않은 남자를 더 좋아했다. 성적인 즐거움을 주는 대신 그녀의 도
움을 원하는 남자들을 더 좋아한 것이다. 이것이 그녀의 기본적인 환상
의 틀이었으며, 남자가 이 기준에 맞으면 잠재적인 파트너가 될 수 있었
다. 따라서 그녀의 아버지가 아니라 어머니가 그녀가 욕망을 통과시키는
'제3자', 그녀의 욕망의 대상-원인, 그녀가 파트너와 고통스럽고 좌절에
찬 관계를 받아들일 때 누리던 증상이었다. 그렇기 때문에 이름의 우연
의 일치가 없었다 해도 에로틱한 매력이라는 기본적인 힘 때문에 그녀
가 동료에게서 어떤 다른 사랑의 기초를 발견했을 것이라는 말은 사실
이 아니다. 오히려 예기치 않은 이름의 일치가 없었다면 사랑은 없고 단
지 스쳐 가는 매력만 있었을 것이다.

물론 이런 통찰에는 뭔가 매우 우울한 것이 있다. 이것이 다일까? '진
정한' 사랑은 없는가? 그냥 우리의 증상들과 더불어 사는 것을 배우고,
우리 삶을 지배하는 어처구니없는 우연을 받아들이는 것이 우리가 할
수 있는 전부일까? 라캉의 궁극적인 도박은 그렇지 않다는 것이다. 증상
적인 동일시를 넘어선 사랑, 타자의 존재의 '실재계'를 직접 건드리는 사
랑이 있다는 것이다.

16 오해를 피하려면 물론 독일민주주의공화국 당국이 반대파에 사용했던
결코 받아들일 수 없는 테러 조치를 잊지 말아야 한다는 말을 덧붙여

케르케고르의 이런 실패는 '미학적인 것', '윤리적인 것', '종교적인 것'이라는 키르케고르의 세 가지 개념을 성관계의 영역에 적용할 때 나타나는 문제를 설명해준다. 에로틱한 것의 미학적인 양식이 유혹이고, 윤리적인 양식이 결혼이라면, 종교적인 양식은 무엇인가? 키르케고르적인 의미에서 에로틱한 것들의 종교적인 양식에 관하여 말하는 것이 과연 의미가 있는 일일까? 라캉이 말하는 것은 바로 이것이야말로 **궁정풍 사랑**의 역할이라는 것이다. **궁정풍 사랑**에 빠진 귀부인은 윤리적 수준의 보편적인 상징적 의무들을 중단하고 우리에게 전적으로 자의적인 시련들을 퍼붓는데, 이것은 어떤 면에서는 종교적인 것이 윤리적인 것을 중지시키는 사태에 상응한다. 이런 시련들은 하느님이 아브라함에게 아들 이삭을 도살하라고 명령하는 것과 동등한 것이다. 겉으로 드러나는 모습과는 반대로 여기에서 이 희생은 정점에 이른다. 오직 이곳에서만 우리는 마침내 단순한 쾌락pleasure을 넘어서는 향유enjoyment 과잉에 실체를 부여하는 '사물로서의 타자'와 직면한다.

키르케고르의 죽은 이웃 사랑과 마찬가지로, 궁정풍 사랑의 이 비극적 비전은 그릇되었을 뿐 아니라 궁극적으로 비기독교적이기도 하다. 알프레드 히치콕Alfred Hitchcock의 「현기증」에서 하층계급 출신의 주디 — 스코티의 압력과 스코티를 사랑하기 때문에 생긴 압

─────────

야 한다. 최근에 드러난 사실만 봐도 그렇다. 그들이 주요한 반대파 인물들을 심문할 때, 심문을 당하는 사람이 앉은 곳의 얇은 벽 너머에는 강한 방사능이 나오는 물질이 있었다. 물론 암을 일으키려는 목적이었고, 실제로 많은 수가 암으로 죽었다.

력 때문에 상류계급 출신이며 영묘하고 치명적인 매들린처럼 보이려고 또 행동하려고 노력한다. — 는 결국 매들린이 **된다**. 그들은 동일 인물이다. 스코티가 만난 '진짜' 매들린은 사실 가짜였기 때문이다. 그러나 주디와 주디-매들린의 이런 일치는 주디와 관련하여 매들린의 절대적 타자성을 더 분명하게 드러낸다. 이 매들린은 어디에도 존재하지 않으며, 주디-매들린을 둘러싼 영묘한 '아우라'로만 존재하기 때문이다.

기독교는 이와 똑같은 방식으로 보이는 것 너머에는 아무것도 존재하지 않는다고 주장한다. 보통 사람 그리스도를 신으로 바꾸는 인식 불가능한 X 외에는 아무것도 없다는 것이다. 인간과 신의 **절대적** 동일성 속에서 '신성한 것'은 다른 차원의 순수한 가상Schein이며, 이 다른 차원은 그리스도라는 이 비참한 피조물을 통해 빛난다. 바로 여기에서 우상 파괴는 진정으로 그 결말에 이른다. 실제로 '이미지 너머'에 있는 것은 인간 그리스도를 신으로 만드는 X이기 때문이다. 바로 이런 의미에서 기독교는 유대교의 숭고화를 근본적인 탈숭고화로 뒤집는다. 단순히 신을 인간으로 돌려버린다는 의미가 아니라, 숭고한 '저 너머'를 일상 수준으로 하강시킨다는 의미에서 탈숭고화다. 그리스도는 '기성품 신'(보리스 그로이스Boris Groys의 표현)이다. 그는 완전한 인간이며, 본질적으로 다른 인간과 구별이 되지 않는다. 이런 점에서 「현기증」에서 주디가 매들린과 다르지 않은 것과 똑같다. 그리스도를 신으로 만드는 것은 인식할 수 없는 '어떤 것', 결코 실체를 가진 속성에 근거를 둘 수 없는 순수한 가상이다.

이것이 매들린을 향한 스코티의 상박석 사랑이 가짜인 이유다.

만일 그의 사랑이 진짜라면 그는 (평범하고 천한) 주디와 (숭고한) 매들
린의 완전한 동일성을 받아들여야만 했을 것이다.[17] 우리는 바로 이
런 어울리지 않는 대립물들의 동일성에서 사랑의 희극을 발견한다.
페르난도 페소아는 이것을 이런 식으로 표현한다. "모든 연애편지는/
희극적이다./희극적이지/않다면 사랑에 관한 편지가 아닐 것이다."

그럼에도 진실한 사랑과 관련이 있는 무차별성이 있다. 대상에 대
한 무관심이 아니라, 사랑하는 대상의 실재하는 특질에 대한 무차
별성이다. 사랑의 이런 무차별성은 라캉의 '텅 빈 기표'의 무차별성과
밀접한 관련이 있다. 물론 이 기표는 결코 진짜로 '텅 빈' 것이 아니
다. 예를 들어 왕은 늘 그의 특징을 보여주는 일련의 개인적이고 특
이한 특징들과 동일시된다. 그러나 그의 백성인 우리는 언제나 이런
특징들이 철저하게 무차별적이며 대체 가능하다는 것을 알고 있다.
이런 특징들이 그를 왕으로 만드는 것이 아님을 안다는 것이다. '텅
빈' 기표와 '꽉 찬' 기표의 차이는 그것이 지시하는 대상의 실재하는
특징들이 부재하느냐 존재하느냐에 있는 것이 아니라, 그런 특징들
의 서로 다른 **상징적 지위**에 있다. 첫 번째 '텅 빈' 기표의 경우 이런
특징들은 양陽, positive의 크기(주체의 특질들)다. 두 번째 '꽉 찬' 기표
의 경우에는 음negative의 크기로 기능한다. 즉 그들의 '꽉 찬 존재'가
(상징적 명령인) '왕'이라는 기표의 '텅 빈 상태'를 대신해 그 자리를 차
지하는 것이다. 따라서 '꽉 찬 상태'와 '텅 빈 상태'는 직접적으로 대
립하지 않는다. 텅 빈 기호의 '텅 빈 상태'는 특정한 '음陰, negative의'

---

17   사랑의 이런 역설에 관한 더 자세한 논의는 Žižek, *On Belief,* 2장 참조.

꽉 찬 상태에 의해 유지된다. 사랑도 마찬가지다. "[예쁜 코, 매력적인 다리]…… 때문에 너를 사랑한다"고 말하는 것은 선험적으로 오류다. 사랑은 종교적 믿음과 똑같다. 내가 너를 사랑하는 것은 너의 실재하는 특징들이 매력적이기 때문이 아니다. 거꾸로 내가 너를 사랑하기 때문에 너의 실재하는 특징들이 매력적인 것이며, 따라서 너를 사랑하는 눈길로 보는 것이다. 결국 내가 연인을 보고 찬탄하는 긍정적 특징들의 '가득 찬 상태'란 모두 내가 진정으로 사랑하는 '텅 빈 상태'의 대체물이다. 설사 그것이 다 지워지더라도 나는 여전히 너를 사랑할 것이다.

이 모든 것이 섹스와 어떻게 연결되는 것일까? 섹스가 '성스러운 변화'를 일으켜 사랑의 행위가 될 때 진정한 기적이 일어난다. 사랑과 성적 향유의 이런 불가능한/실재적인 결합을 부인하는 데는 네 가지 방법이 있다.

1. 사랑하는 사람을 향한 성적인 욕망이 사랑의 비진정성을 보여주기라도 하는 것처럼 성적이지 않은 '순수한' 사랑을 찬양하는 것.
2. 정반대로 강렬한 섹스를 '유일하게 현실적인 것'이라고 주장하여, 사랑을 단순한 가공의 매혹으로 축소하는 것.
3. 이 두 측면을 나누어 두 종류의 사람들에게 할당하는 것. 즉 품위 있는 아내(또는 접근할 수 없는 이상화된 귀부인)는 사랑하고, '천한' 정부와 섹스를 하는 것.
4. 이 둘을 그릇되게 직접적으로 합치는 것. 여기서는 강렬한 섹스가 자신의 파트너를 '진실로 사랑한다'는 것을 보여주게 된

다. 우리의 사랑이 진실한 사랑임을 증명하려면 모든 성행위가 이른바 '세기의 섹스'가 되어야 한다.

이 네 가지 태도는 모두 틀렸다. 사랑과 섹스의 불가능한/실재적인 결합을 가정하지 못하고 도피하는 것이다. 진실한 사랑은 그 자체로 충분하다. 그것은 섹스를 관련 없는 것으로 만든다. 그러나 '근본적으로 중요하지 않다'는 바로 그 이유 때문에 우리는 어떤 초자아의 압박 없이 성을 완전하게 향유할 수 있다⋯⋯. 그리고 역설적으로, 이것을 통해 우리는 레닌에게로 다시 돌아간다. 1916년 레닌의 연인(그 시점에서는 과거의 연인) 이네사 아르망Inessa Armand이 그에게 보낸 편지에서 쏜살같이 지나가는 덧없는 열정조차도 남자와 여자 사이의 사랑 없는 입맞춤보다 더 시적이고 더 명료하다고 썼을 때 레닌은 이렇게 답장을 보냈다.

천박한 배우자들 사이의 사랑 없는 입맞춤은 **더럽소**. 나도 동의하오. 그러나 이것은 대비를 시킬 필요가 있소⋯⋯. 무엇과? ⋯⋯ 일단 사랑이 **있는** 입맞춤이 적당해 보이오. 하지만 당신은 "덧없는(왜 덧없는 것일까) 열정(왜 사랑이 아닐까?)"과 대비를 시키고 있소. 이것은 논리적으로 사랑 없는(덧없는) 입맞춤과 사랑 없는 부부의 입맞춤을 대비시키는 것과 같소⋯⋯. 이상한 거지요.[18]

---

18   Robert Service, *Lenin*, London: Macmillan 2000, p. 232에서 인용.

레닌의 답장은 보통 그의 프티부르주아적인 성적 억제의 증거로 치부되며, 이 점은 그가 과거의 연애를 씁쓸하게 기억한다는 사실이 뒷받침해준다고 본다. 그러나 거기에서 끝나는 것이 아니다. 여기에는 부부간의 '사랑 없는 입맞춤'과 혼외의 '덧없는 연애'가 동전의 양면이라는 것, 그 둘 다, 무조건적인 애착이라는 '실재'를 상징적 선언이라는 형식과 결합하지 못하고 뒤로 움츠린 것이라는 통찰이 들어있기 때문이다. 이 점에서 레닌은 심오하게 옳다. 그러나 불법적인 난교보다 사랑을 위한 '정상적' 결혼이 더 좋다는 고전적이고 점잔 빼는 의미에서가 아니다. 이 밑에 깔려 있는 통찰은 모든 외양에도 불구하고 사랑과 섹스는 구별될 뿐 아니라 궁극적으로 **양립할 수 없다**는 것이다. 즉 이 둘은 아가페agape와 에로스eros처럼 완전히 다른 수준에서 작동한다는 것이다. 사랑은 자비롭고, 자기를 지워 나가고, 자기 자신을 부끄러워한다. 반면 섹스는 강렬하고, 자기를 주장하고, 소유하려 하고, 본질적으로 **폭력적**이다(또는 정반대로 소유욕 강한 사랑 대 가리지 않고 성적 쾌락에 탐닉하는 태도를 대립시킬 수도 있다).[19] 그러나 이 두 가지가 순간적으로 **일치를 이룰** 때('흔히'가 아니라 예외적으로) 진정한

---

19 카트린 브레야(Catherine Breillat)의 『로망스(Romance)』에는 사랑과 섹스 사이의 이런 근본적인 분열을 완벽하게 그려낸 환상 장면이 나온다. 여주인공은 자신이 벌거벗은 채 작고 낮은 탁자에 엎드려 있다고 상상한다. 이 탁자는 칸막이에 의해 둘로 나뉘어 있기 때문에 그녀의 몸도 둘로 나뉜다. 그녀의 상체는 멋지고 부드러운 남자를 만나 부드러운 사랑의 말과 입맞춤을 교환한다. 반면 그녀의 하체는 한 명 이상의 섹스 기계 호색한에게 노출되어 있으며, 그들은 되풀이하여 거칠게 그녀를 뚫고 들어온다.

기적이 일어난다. 이것은 정확히 라캉적인 의미에서 실재적인/불가능한 성취이며, 그렇기 때문에 본질적 **희귀성**이라는 특징을 지닌다.

오늘날 전통적인 성의 특징을 이루는 세 가지 수준(생식, 성적 쾌락, 사랑)의 연계는 점차 해체되고 있다. 생식은 생명공학적 과정에 맡겨져 성교는 잉여가 된다. 섹스 자체는 여흥의 재미로 변한다. 반면 사랑은 '감정적 충족'이라는 영역으로 축소된다.[20] 이러한 상황이기 때문에 이 세 영역 가운데 둘이 겹칠 수 있는 그 드물고 기적적인 순간을 기억하는 것은 더욱더 귀중하다. "은행을 세우는 것과 비교하면 은행을 터는 것이 뭐가 그리 대수인가?"라는 브레히트의 말에 빗대어 이야기를 해보고 싶은 유혹이 느껴질 정도다. 여기서는 이렇게 말할 수 있다. 결혼이라는 형식으로 공개적으로 밝히는 정사와 비교하면 혼외정사가 뭐가 그리 대수인가?

1968년 5월의 '과잉'에, 나아가서 더 일반적으로 1960년대의 '성해방'에 반대하는 최근의 글에서 「인디펜던트The Independent」는 우리에게 1968년의 급진주의자들이 아동의 섹스에 관하여 어떻게 생각했는지 일깨워주었다. 4반세기 전 다니엘 콘-벤디트Daniel Cohn-Bendit[*]는 자신의 유치원 때 경험에 관하여 이렇게 썼다.

---

20 이런 연계 개념은 Rüdiger Safranski, "Theorie über die Liebe oder Theorie aus Liebe?", 콜로키엄 Über die Liebe, Schloss Elmau(Germany), 2001년 8월 15일의 발표에서 빌린 것이다. 그런데 우리는 여기서도 RIS 삼계를 만나는 것 아닌가? 생물공학적 생식이라는 '실재계', 강렬한 쾌락 경험이라는 '상상계', 주체 간 관계라는 '상징계' 말이다(이 셋의 머릿글자가 R, I, S다: 옮긴이).

• 68혁명의 주역이자 환경 운동가.

모든 아이들과 계속 하던 장난은 곧 에로틱한 성격을 띠게 되었다. 여자아이들이 다섯 살 때부터 벌써 나에게 지분거린다는 것을 나는 정말로 느낄 수 있었다……. 아이들 몇 명은 몇 번 내 바지 지퍼를 내리고 나를 쓰다듬기도 했다……. 아이들이 강하게 원할 때는 나도 쓰다듬어 주었다.

슐라미스 파이어스톤Shulamith Firestone은 훨씬 더 나아가, "근친상간 금기가 없는" 세상에서는 "아이들과 맺는 관계가 아이들에게 가능한 만큼의 생식기 섹스를 포함하게 될 것이며, 아마 이것은 우리가 지금 생각하는 것보다 상당히 큰 비중을 차지할 것"이라는 희망을 피력하기도 했다.[21] 이런 말들을 제시하며 질문을 하자 콘-벤디트는 가볍게 넘어가려고 했다. "그런 일이 진짜로 일어나지는 않았다. 나는 그저 사람들을 자극하고 싶었을 뿐이다. 오늘날 그것을 읽어보면 도저히 받아들일 수 없다."[22] 그러나 문제는 여전히 남는다. 당시에는 미취학 아동들과 성적인 놀이를 하는 것을 뭔가 매력적인 일로 제시하여 사람들을 자극하는 것이 가능했는데, 왜 오늘날에는 똑같은 '자극'이 즉시 도덕적 혐오감의 분출을 일으키는 것일까? 사실 아동 성 학대는 오늘날에는 '악'의 고정된 관념들 가운데 하나다. 우리는 이 논쟁에서 직접적으로 편을 들 필요 없이, 이것을 1960년대와 1970년대 초의 유토피아적 에너지로부터 현재의 김빠진 '정치

---

21 두 인용문 모두 Maureen Freely, 'Polymorphous Sexuality in the Sixties', *The Independent*, 2001년 1월 29일, The Monday Review, p. 4.

22 Konkret, vol. 3(2001년 3월), p. 9에서 인용.

적 올바름'으로 옮겨오면서 우리의 도덕관도 바뀌었다는 표시로 읽어야 한다. 이 '정치적 올바름'에서는 다른 인간과의 모든 진정한 만남이 희생자를 만드는 경험으로 비난을 받는다. 물론 그렇다고 해서 우리가 단순하게 '성 해방'의 편을 들어야 한다는 뜻은 아니다. 문제는 콘-벤디트 방식의 '성 해방'과 쾌락주의적인 '정치적으로 올바른' 금욕주의가 본질적으로 연결되어 있다는 것이다. 두 번째 태도는 첫 번째 태도의 '진실', 즉 결과적 실현이다. 다시 말해서 제약 없는 쾌락주의는 결국 어떤 새로워진 금욕주의라는 형태로 다시 등장할 **수밖에 없다**는 것이다.

1937년의 한심한 독일 뮤지컬 「가스파로네Gasparone」에서 젊은 마리카 뢰크는 부와 권력을 자랑하는 약혼자에게 쌀쌀맞은 태도를 보였다고 아버지한테 야단을 맞자 즉시 대꾸한다. "나는 그이를 사랑해요. 따라서 내 마음대로 그이를 대할 권리가 있어요!" 이 진술에는 어느 정도의 진실이 있다. 사랑은 '존경'과 '사려' — 모두 차가운 거리감의 신호다. — 를 보여주도록 강요하기는커녕, 외려 그런 형식적 태도를 버릴 수 있게 해준다는 것이다. 그렇다면 사랑은 일종의 백지수표를 주어 모든 야수적인 태도를 정당화해준다는 뜻일까? 아니다. 그리고 그렇지 않다는 것이야말로 사랑의 기적이다. **사랑은 자체의 기준을 설정한다.** 따라서 사랑의 관계 안에서는 이것이 사랑인지 아닌지가 금방 분명해진다('정치적으로 올바르지 않은' 표현들이 내가 어떤 사람의 진짜 친구라는 증거로 사용되는 경우와 마찬가지로).

파국과 혁명 사이에서

6

'행동으로의 이행'에서
행동 자체로

이것은 진정한 이웃 사랑이 동정과 관계가 없는 이유이기도 하다. 정신분석의 주요한 교훈 가운데 하나는 동정의 위선과 관련이 있다. 즉 타자의 어려운 곤경에 공감하면서 은근히 고소해하는 마음 Schadenfreude과 관련이 있다. 이 점을 라스 폰 트리에Lars von Trier의 영화만큼 분명하게 드러내는 경우도 없다. 프레드릭 제임슨은 2001년 4월 UCLA에서 열린 크쥐시토프 키에슬로프스키Krzysztof Kieslowski 회의에서 주목할 만한 발표를 통해 어린 소년이 예기치 않게 물에 빠져 죽는 키에슬로프스키의 영화 내용에 격렬하게 항의했다. 익사라는 이 외상적 사건은 키에슬로프스키의 「제1계명Decalogue 1」의 중심을 이룬다. 제임슨은 키에슬로프스키가 그 아이를 죽인 것을 결코 용서해서는 안 되며, 그 아이의 죽음에 책임을 져야 한다고 힘주어 주장했다. 마치 중세 말기의 법에 따라 작가가 이야기에서 인기 있는 등상인물을 죽이면 작가를 고소해도 되는 것처럼……. 이 발상은 기발하지만 놓인 장소가 잘못된 것 같다. 사실 주인공을 다루는 방식 때문에 결코 용서해서는 안 되는 작가는 「브레이킹 더 웨이브」(1996)와 「어둠 속의 댄서」(2000)을 연출한 라스 폰 트리에이기 때문이다.

「어둠 속의 댄서」는 시작부터 이야기가 어디에서 끝날지 분명하게 알 수 있는 고통스러운 영화에 속한다. 즉 완전한 파국으로 끝이 난다. 우리는 영화를 보면서 이런 감당할 수 없는 결말을 막아줄 어떤 일이 일어나기를 은근히 바란다. 심지어 그렇게 될 것이라고 믿기까지 한다. 그래서 역설적으로 놀랄 일이 없다는 데서 마지막 충격을 받는다. 영화가 내내 지시하는 무시무시한 결말이 **진짜로** 현실이 되는 것이다.

이 이야기의 배경은 1960년대의 미합중국이다. 체코 이민자인 셀마(비요크)는 섬유 공장에서 일을 하는데 타고난 병 때문에 눈이 멀어 간다. 셀마는 아들이 자신과 같은 곤경에 빠지는 것을 막을 수술비를 벌기 위해 잔업을 한다. 그러나 셀마가 속을 털어놓는 친한 이웃이 그녀의 돈을 훔친다. 셀마는 그를 죽인 뒤, 사형선고를 받고 처형당한다……. 셀마는 어떻게 그런 시련을 견디며 살 수 있을까? 그녀가 가장 좋아하는 것은 노래와 뮤지컬이다. 셀마는 퇴근을 한 뒤에 「사운드 오브 뮤직」 공연을 연습하는 아마추어 그룹에 참여한다. 그녀는 자기 자신에게 노래를 불러준다고 상상하며, 이 때문에 그녀의 삶의 우중충한 현실은 계속 정지한다. 그러나 셀마의 작업 환경의 율동적인 소리로부터 유기적으로 자라 나온 이 노래들(음악이 집단 노동의 율동에서 탄생했다는 그리운 마르크스주의 이론들을 생각나게 한다)은 점점 빈약해지고 오케스트라의 반주도 줄어든다. 마침내 셀마가 처형장으로 갈 때는 선율을 놓치지 않으려고 애를 쓰는 듯한 그녀의 머뭇거리는 목소리만 들린다. 여기에는 근본적인 모호함이 있다. 「어둠 속의 댄서」는 우리가 참혹한 현실에서 죽지 않게 해주는 음악(과 뮤지컬)의 마법적인 힘에 찬사를 보내는 것인가? 아니면 음악이 사회적 현실을 수동적으로 견디게 하는 도피적 환상이라고 비난하는 것인가?

셀마는 어떻게 그런 근본적인 주체적 입장을 유지할 수 있는가? 물신숭배fetishism적 입장을 채택했기 때문이다. 물신이란 무엇인가? 패트리샤 하이스미스Patricia Highsmith의 단편 「단추」는 아내와 다운증후군에 걸린 자식과 함께 비참한 삶을 살아가는 뉴욕의 중년 남자 이야기다. 남자는 어느 늦은 밤 아들이 의미 없이 더듬거리는 말을 견딜 수가 없어 텅 빈 거리에 나가 걷다가 노숙을 하는 술 취한 거지를 만난다. 거지가 아무런 간섭을 하지 않았음에도 주인공은 자신의 분노와 좌절감을 그에게 모조리 쏟아붓는다. 남자는 제정신이 아닌 상태에서 그를 때려죽인 뒤 그의 더러운 외투 단추를 하나 떼어내 집으로 달려간다. 그날 밤 이후로 그는 언제나 그 단추를 가지고 다니며, 그것이 마치 미신적인 소도구나 되는 것처럼 집착을 보인다. 어떤 비참한 상황에 처하더라도 그 단추를 보면 자신이 적어도 한 번은 정말로 맞서서 싸웠다는 사실이 떠오르는 것이다. 그 덕분에 남자는 새로운 희망을 품고 삶과 직면할 힘을 얻게 된다. 심지어 장애아 아들에게 사람 좋은 미소를 짓기까지 한다……. 이것이 가장 순수한 형태의 물신이다. 주체가 비참한 현실을 견디게 해주는 중개자인 것이다. 어쩌면 「어둠 속의 댄서」의 진짜 비밀은 그것이 여성적 물신주의의 한 사례를 이야기한다는 것일지도 모른다. 이 영화는 여성의 히스테리와 남성의 (물신주의적) 도착을 대립시키는 고전적인 정신분석적 통념을 뒤집어놓고 있다. 셀마가 모든 것, 심지어 가장 고통스러운 상황까지 견딜 수 있었던 것은 그녀에게 언제나 집착을 할 수 있는 물신 — 노래하기 — 이 있기 때문이 아닐까? 이 모든 것의 밑바닥에는 노래하기란 과연 무엇인가란 질문이 깔려 있다. 왜 우리는 노래를 하는가? 알렉산드르 푸시킨Aleksandr Pushkin은 『예브게니 오네긴』에서 처음부터 여자들이 들판에서 딸기를 따며 노래하는 장면을 제시한다. 그러면서 이러한 행동은 그들이 딸기를 따면서 그것을 집어먹지 못하도록 여주인이 내린 명령 때문이라는 신랄한 설명을 덧붙인다.

그렇다면 이런 물신주의적 태도의 **사회적** 차원은 무엇인가? 음악과 노동계급을 다루는 또 다른 영화를 예로 들어보자. 마크 허먼Mark Herman의 「브래스드 오프」(1996)의 주제는 '현실적인' 정치적 투쟁(과학기술 진보라는 맥락에서 정당화된 탄광 폐쇄 위협에 대항하는 광부들의 투쟁)과 광부 공동체의 이상화된 상징적 표현, 즉 브라스밴드에서 연주를 하는 것 사이의 관계다. 처음에는 두 측면이 대립하는 것처럼 보인다. 경제적 생존을 위한 투쟁에 사로잡힌 광부들에게 폐암으로 죽어가는 늙은 밴드 지도자의 '오직 음악만이 중요하다!'는 태도는 사회적 내용을 박탈당한 텅 빈 상징적 형식에 대한 물신화된 허황한 고집으로 비친다. 그러나 광부들이 정치투쟁에서 실패하자 '음악이 중요하다'는 태도, 계속 연주를 하고 전국 대회에 참여할 것을 고집하는 태도는 도전적이고 상징적인 행동이 된다. 정치투쟁에 충실할 것을 주장하는 적절한 행동이 되는 것이다. 그들 가운데 한 사람이 말하듯이, 희망이 없을 때는 따라야 할 원칙들만 있을 뿐이다……. 간단히 말해서 두 수준의 이런 교차점, 아니 단락短絡에 이르렀을 때 상징적 행동이 일어나며, 따라서 텅 빈 형식 자체를 고집하는 것(무슨 일이 있어도 우리의 브라스밴드에서 계속 연주를 하겠다)이 내용(탄광 폐쇄에 맞서 싸우고, 광부의 생활 방식을 유지해 나가는 것)에 충실하다는 표시가 된다.

음악의 이런 역할은 1953년 보르쿠타 굴라크 수용소 미네 29에서 일어난 전설적인 사건에서 가장 높은 수준에 이르렀다. 스탈린이 죽고 나서 몇 달 뒤 시베리아 전역의 노동수용소에서 파업이 벌어졌다. 파업자들의 요구는 온건하고 또 '합리적'이었다. 노인과 어린이에게 노동을 면제하고, 망루 경비병들의 무차별 사격을 금지하라는 것 등이었다. 그러나 수용소들은 하나씩 모스크바의 협박이나 거짓 약속에 굴복했다. 오직 보르쿠타의 29호 탄광만이 탱크를 끌고 온 소련 비밀경찰 2개 사단에 둘러싸인 채 완강하게 버텼다. 마침내 군대가 정문으로 진입했을 때 노동자들은 서로 팔을 끼고 단단하게 열을 지어 정문을 막아선 채로 노래를 불렀다. 군대는 잠시 망설이는 듯했지만 곧 기관총을 발사했다. 그럼에도 광부들은 함께 뭉쳐 곧게 선 채로 계속 노래를 불렀다. 죽은 광부들은 산 광부들이 떠받쳤다. 1분쯤 지나자 현실이 승리했다. 주검들이 땅바닥에 나뒹굴기 시작한 것이다. 그러나 파업자들의 도전이 자연법칙 자체를 중단시켜, 그들의 지친 몸을 노래하는 불멸의 집단적인 '몸'의 모습으로 성스럽게 변화시킨 것처럼 보였던 이 짧은 순간은 '숭고함'이 가장 순수한 형태로 나타난 순간이었다. 어떤 면에서는 시간이 정지해버린 기나긴 순간이었다.

그렇다면 「어둠 속의 댄서」를 이 계열에 넣는 모험을 하여, 셀마의 노래를 도피적 행동이 아니라 영웅적인 도전의 행동으로 보면 어떨까? 나아가서 목소리와 현실 사이의 관계를 둘러싼 사색에 빠져들기 전에 전 국민 의료보험이 이루어지는 사회에서는 셀마의 곤경(스스로 장님이 되어 가면서도 아들의 눈 수술을 위해 고된 노동을 하는 것)이 애초에 생기지도 않았을 것이라는 사실에 주목해보면 어떨까?

더 나아가서 이 영화의 최고의 성취는 사건들의 흐름이 멜로드라마적 효과를 요구하는 것처럼 보이는 대목에서도 그런 효과를 피했다는 것이다. 핵심적인 장면은 자신이 무일푼임을 알게 되면 아내가 떠날 것이라는 절망감에 빠져 돈을 훔친 이웃과 셀마 사이의 대화다. 셀마가 그에게 그의 범죄를 들이댔을 때(애처롭게 질책하는 태도가 아니라 차분하고 위엄 있는 방식으로), 친한 이웃은 차분하고 합리적인 방식으로 대답을 한다. 그는 모든 것을 인정하면서 셀마에게 선택을 하라고 한다. 만일 그 돈을 잃게 되면 아내는 떠날 것이고, 자기는 그 사실을 견딜 수가 없으니 자신의 유일한 대안은 자살이 될 것이라는 이야기다. 셀마는 선택을 해야 한다. 자신이 힘들여 번 돈을 그에게 주느냐, 아니면 그를 죽이느냐(그는 심지어 총까지 준다)이다. 셀마는 죽이는 쪽을 선택한다. 이 장면은 그 근본적인 긴장 때문에 독특하다. 전개되는 상황(피해자가 자신의 삶을 망친 범죄자와 대면하고 있다)의 잔인함이 두 진정한 친구, 두 환경의 피해자 사이에 이루어지는 진지하고, 개방적이고, 자비로운 대화의 형식으로 표현된다는 것이다. 그래서 셀마가 도둑을 죽일 때 이것은 걷잡을 수 없는 분노의 행동이 아니라 친구를 돕는 자비로운 행동이 된다. 브레히트의 『조치』의 마지막 장면이 떠오르는 순간이다. 이 작품에서는 혁명가 세 명이 일을 제대로 하지 못한 젊은 동료를 죽음으로 내몬다. 정치적 숙청이 '피에타'의 행동으로 표현된 셈이다.

그러나 이런 뛰어난 점들도 이 영화에는 뭔가 끔찍하게 잘못된 점이 있다는 근본적인 사실을 바꾸어놓지는 못한다. 「어둠 속의 댄서」는 폰 트리에의 3부작 가운데 마지막 작품인데, 이 3부작에는 「브레이킹 더 웨이브」와 「백치들」이 포함된다. 세 영화 모두 여성적 주체성을 가진 똑같은 인물에 초점을 맞추고 있다. 혼자 숲속을 거니는 소녀라는 동화 속 인물이다. 소녀는 자신을 둘러싼 어둠 때문에 위험에 처했다는 느낌을 받고 달아나려고 한다. 주위의 어둠에 자신이 가진 것을 찔끔찔끔 제공하는 것이다. 이 영화들은 지나치게 착한 여주인공에게 동정심을 고백하지만, 그녀가 겪어나가는 고통과 피할 수 없는 자멸을 묘사하는 방식 때문에 우리는 어쩔 수 없이 그가 공식적으로 단죄하는 것을 은밀히 즐기는 사디스트 관찰자의 자리에 앉게 된다. 이런 사디스트적인 쾌락은 동정의 이면, 감추어진 진실이다. 이 점 때문에 폰 트리에는 절대 용서할 수 없다. 이 살인적인 동정의 유일한 해독제는 겉으로는 그 반대물로 보이는 것, 즉 사랑이 가득한 공격성이다.

2001년 6월 텍사스 주 휴스턴 출신의 안드레아 예이츠Andrea Yates는 자신의 자녀 다섯 명을 모두(6개월 된 메리부터 7살 된 노어까지) 욕소에 빠뜨려 죽였다. 그녀는 아침 9시 남편이 출근하고 난 뒤 욕조에 물을 채우고 아이들을 죽이기 시작했다. 안드레아가 메리를 안아 욕조에 넣었을 때 노어는 그것을 보고 달아나려 했다. 그녀는 노어를 쫓아가 강제로 욕조에 밀어넣었다. 안드레아는 꼼꼼하게 일을 처리했다. 아이들을 하나씩 물 밑에 누르고 있다가(상상할 수 있겠지만 물속에서 아이의 눈이 그녀를 마주보고 있었다) 죽은 뒤에 시트에 싸서 침대에 뉘였다. 그런 다음 차분하게 경찰과 남편에게 전화를 걸어 자신의 행동을 알렸다. 그녀는 자신의 행동에 대한 책임을 모두 떠안았다. 경찰이 "자신이 무슨 짓을 했는지 알고 있느냐?"고 묻자 그녀는 "그렇다, 안다. 내 아이들을 죽였다"고 대답했다.

이 사건 때문에 'PPD(산후 우울증)'에 관한 모든 이야기의 빈곤이 드러났다. 그런 이야기는 주체의 막다른 골목 — 그런 폭력적인 '행동으로의 이행passage à l'acte'으로 해소할 수밖에 없는 운명이었다. — 만이 아니라, 이 메데이아*적인 행동, 아이들의 이름(메리, 루크, 폴, 존, 노어)**이 말해주듯이 독실한 기독교 집안에서 일어난 이 행동의 이데올로기적 좌표마저도 흐려버린다. (1994년 사우스캐롤라이나의 한 호수에 두 아들을 빠뜨려 죽인 수전 스미스의 경우에는 종교적 믿음이 핵심적인 역할을 했다. 그녀는 아이들을 죽이는 것이 그들을 천국으로 보내 지상의 비참한 삶을 면하게 해주는 것이라고 생각했다.)

예이츠 집안은 이상적인 기독교 집안이었다. 안드레아는 러스티와 결혼한 뒤에 일(암 병동의 간호사였다)을 그만두고 집에서 아이들에

---

* 그리스 신화에서 이아손을 도와 황금 양털을 손에 넣게 한 인물로 나중에 자식들을 죽인다.
** 성경의 발음으로 하자면 마리아, 누가, 바울, 요한, 노아다.

게 헌신하기로 결정했다. 그녀는 실제로 완전하게 헌신했다. 안드레 아는 아이들을 먹이고, 목욕시키고, 훈련하고, 독서와 수학을 가르 치는 외에도 알츠하이머병으로 고생하던 자신의 아버지도 돌보았다. 따라서 그녀의 정신적 경향은 정신 이상이 아니라 여성적인 강박 신 경증이었다. 그녀의 욕망의 대상은 '타자의 요구'였다. 그녀는 다른 사람들을 섬기는 데 자신의 삶을 바쳤다. 그녀는 너무 많이 배려했 으며, 너무 좋은 어머니가 되려고 노력했다. 늘 다른 사람들 생각을 했으며, 자신은 결코 생각하지 않았다. 이런 식으로 타자의 요구를 추종하는 데 사로잡혀 있었기 때문에, 그녀는 정의상 그 일을 완수 할 수 없었다. 초자아의 냉혹한 논리에 따라, 이웃들을 섬기는 요구 를 따르려고 노력할수록 그녀는 점점 더 자신이 무능하다고 느끼게 되었고, 그런 곤경의 결과 우울증과 감정적 거리감이 엄습하게 되었 다. 그녀는 자식들을 물에 빠뜨려 죽인 뒤 경찰에 자신이 평소에 나 쁜 어머니였으며, 자식들이 대책 없을 정도로 피해를 보았다고 말했 다. 이렇게 되자 그녀에게는 두 가지 탈출구밖에 없었다. 자신을 죽 이거나 아니면 자식들을 죽여야 했다. 우선 그녀는 1999년 6월 아 버지가 죽은 뒤 돌볼 아버지가 없는 상황을 지탱할 수가 없어 약물 과용으로 자살하려고 했다. 그리고 마지막에는 다른 길을 택했다.

안드레아의 남편은 기자회견에서 그녀를 대하던 자신의 태도를 묘사했다.

내 아내, 나는 아내 편입니다. 하지만…… 나는 여기 있는 여자가 내 자식들을 죽인 여자가 아니라는 것을 압니다. 힘편으로는 이 여자가…… 그런 짓을 했기 때문에 탓하기도 합니다. 하지만 내 마음 다른 한편에서는 이렇게 말합니다. "글쎄, 이 여자가 그런 게 아니야. 그건 아내가 아니었어. 제정신이 아니었던 거야."[1]

이것이야말로 너무 쉽게 빠져나가는 길이다. 여기서 우리는 만일 헤겔이라면 이 두 측면의 사변적 동일성이라고 불렀을 만한 것을 주장해야 한다. 그렇다면 우리는 안드레아의 심리의 이런 두 측면(사랑하고 자신을 지우며 남을 돌보는 태도와 살인적 폭력의 분출)의 결합을 어떻게 읽을 것인가? 사실 설명할 방법은 너무 많다. 설명은 순식간에 확산되어 나간다. 페미니스트들은 안드레아의 행동이 전통적인 어머니 역할에 대한 필사적이고 거친 항거였다고 주장할지도 모른다. '위험 사회' 이론가들은 전통적인 가족 가치로는 개인이 현대 사회생활의 역동성을 감당할 수 없기 때문에 생긴 결과라고 해석할지도 모른다. 보수주의자들은 현대 생활이 가족에게 주는 감당할 수 없는 스트레스에 초점을 맞출지도 모른다.

안드레아가 오늘날의 자기도취적인 권고 — '자신을 실현하라' — 를 따르지 않은 데는 '전근대적'인 면이 있는 것도 사실이다. 그녀는 남들을 섬기는 구식의 자기 말살적인 태도에서 만족을 찾았다. 그녀가 짐을 감당할 수 없었던 것은 아이들을 돌보는 일이 상대적으로 집단화되어 있던(할아버지, 형제와 자매, 다른 친척들이 각기 자기 몫을 한다) 전근대 시대와는 달리 현대의 핵가족은 그 일을 모두 어머니에

---

1   "Motherhood and Murder", *Newsweek*, 2001년 7월 2일, p. 24에서 인용.

게만 맡기는 경향이 있기 때문이다. 안드레아는 자신의 일을 버리고 자식들에게 헌신하면서, 이런 곤경을 최고의 행복으로 경험하라는 이데올로기적인 권고에 복종한다. '소외된' 직업 생활과 대립되는 사생활과 친밀함의 순수한 축복을 누리겠다는 것이다. 그러나 두 살에서 다섯 살 사이의 아이들이야말로 진짜 괴물들이라는 분명한 사실은 어쩔 것인가? 이 아이들은 인간이 "근본적 '악'"에 가장 가까이 다가간 모습이다. 아이들의 경직되고 고집스럽고 끝도 없는 요구는 정의상 결코 충족될 수 없다. 1646년 매사추세츠 베이 주의회가 "고집 센 아이에 관한 법"을 만들어, 반항적인 아들을 재판에 넘겨 사형에 처하도록 길을 터준 것도 놀랄 일은 아니다. 칸트는 어린 아이들이 동물의 왕국에서는 유례를 찾을 수 없는 일종의 '야만적 자유'를 누린다는 것을 알았다. 어쩌면 '실재계'의 실체적인 차원이 나타나는 자유인지도 모른다.

이런 모든 독법이 다 그럴 듯하지만, 우리는 그 밑바닥에 깔린 더 근본적인 면에 초점을 맞추어야 한다. 이데올로기적으로 막다른 골목에서 벗어나는 유일한 길로서 폭력적 행동으로의 이행이라는 면이다. 지금 우리는 불가능한 이데올로기적 명령injunction과 이에 대한 주체적 저항 사이의 단순한 긴장 이야기를 하는 것이 아니다. 이런 명령 자체에 내재한 이중 구속 이야기를 하는 것이다. 이 명령의 '명시적' 메시지는 바로 그 정반대를 말하는 암시적인 외설적 메시지에 의해 강화된다(보완되고, 유지된다). 따라서 이 어머니의 경우에 이 명령의 '전체적' 메시지는 이런 것이다. 네 가정이라는 지옥, 자식들이 불가능한 요구도 폭격을 해내고, 모든 희망이 저지되는 지옥에서 행복을 찾고 의무를 완수하라! 관용을 가지라는 다문화적이고 자유주의적인 명령에서도 이와 비슷한 이중 구속이 작동하지 않을까? 여기서도 진짜 메시지는 이런 것이다. 지나친 향락의 과시로 너를 역겹게 하는 혐오스러운 '타자'를 사랑하라! 이런 명령에도 반전이 덧붙어 있는데, 이것은 왜 자유주의적 주체가 이런 명령을 기꺼이 따르려 하는지 설명해준다. "그러나 학대는 종류를 막론하고 절대 불관용이다!" 즉 **'타자' 자신이 관용을 보이는 한에서** 그에게 관용을 보여야 한다는 뜻이다. 따라서 '타자'에게 보여주는 관용은 눈치채지 못하는 사이에 관용이라는 우리의 관념에 맞지 않는 모든 (근본주의적인) '타자'들 — 간단히 말해서 모든 **실제** '타자'들 — 을 향한 파괴적 분노로 넘어간다. 똑같은 논리가 가족의 안식처에도 적용된다. 자식들에 대한 무한한 헌신은 어머니의 희생에 감사할 줄 모르는 현실적인 자식들에 대한 파괴적 분노로 바뀔 수 있다는 것이다.

이런 이중 구속을 향해 (자기) 파멸적인 '행동으로의 이행passage à l'acte'이 폭발한다. 이런 '행동으로의 이행'을 진정한 정치적 행동과 직접 대립시키는 것은 아주 간단하다. 이데올로기적인 이중 구속에 대한 첫 번째 반응은 '맹목적'이고 폭력적인 '행동으로의 이행'일 수밖에 없다. 이것은 나중에만, 뒤에 이어지는 움직임 속에서만, 제대로 정치화될 수 있다. 우리는 그냥 맹목적인 폭력적 분출 뒤에 제대로 된 정치화가 뒤따를 것이라고 기대하는 **모험을 하기만 하면** 된다. 여기에 지름길은 없다. 성공적인 결과가 나온다는 보장도 없다. 끔찍하게 들릴지 모르지만, 따라서 우리는 안드레아가 저지른 그런 행동을 그냥 비난해서는 **안 된다.** 그 안에서 감추어진 해방적 잠재력을 분별해야 한다. '행동으로의 이행', 즉 윌리엄 셰익스피어William Shakespeare의 『줄리어스 시저』에서 카스카가 "손아 나 대신 말하라!" 하고 표현한 이 순간은 무엇일까?

어쩌면 그 궁극적인 영화적 표현은 폴 슈레이더Paul Schrader와 마틴 스코세지Martin Scorsese의 「택시 드라이버」(1976)에서 찾아볼 수 있을지 모른다. 트래비스(로버트 드 니로)는 구원하고 싶은 어린 소녀(조디 포스터)를 통제하는 포주들에 대항하여 마지막에 폭발한다. 이 행동으로의 이행에 내재하는 자살의 차원은 매우 중요하다. 트래비스는 공격을 준비하면서 거울 앞에서 총을 뽑는 연습을 한다. 이 영화의 가장 유명한 장면에서 트래비스는 거울에 비친 자신의 이미지를 향해 호전적이면서도 생색을 내는 태도로 "지금 나한테 말하는 거야?" 하고 이야기한다. 라캉의 '거울 단계' 개념을 보여주는 교과서 삽화 같은 이 장면에서 공격성은 자신을, 자신의 거울 이미지를 겨냥하는 것이 분명하다. 이런 자살의 차원은 학살 장면의 끝에 다시 나타난다. 트래비스는 심하게 부상을 입고 벽에 기대 총을 들이대듯이 오른손 검지로 자신의 피 묻은 이마를 겨냥하여 방아쇠를 당긴다. 마치 "나의 폭발의 진짜 목표는 나 자신이었다"고 말하는 것 같다. 트래비스의 역설은 그가 **자기 자신**을 자신이 없애고 싶어하는 도시 생활의 타락한 먼지의 일부로 본다는 것이다. 따라서 브레히트가 『조치』에서 혁명적 폭력에 관하여 말하는 것과 비슷하게, 트래비스는 자신이 없어지면 방이 깨끗해질 마지막 먼지가 되고 싶은 것이다.[2]

---

2   「택시 드라이버」가 나오고 나서 20년 뒤, 앤드루 데이비스(Andrew Davis)

이런 막다른 골목의 실생활 사례를 보자. 1999년 미합중국 육군 포트 캠블 기지의 이등병 배리 윈첼Barry Winchell은 동성애적 성향이 있다는 이유로 자신을 계속 괴롭혀온 동료 사병을 때려 숨지게 했다. 보통 이 사건은 군대에서 동성애자에 관해서는 '묻지도 않고, 말하지도 않는다'는 정책이 실패한 증거로 예시되었다. 그러나 더 중요한 것은 이런 실패가 명백한 상징적 규칙들과 그 보완물, 즉 하나의 공동체를 현실적으로 유지하는 외설적인 암묵적 규칙들 사이의 긴장과 관련이 있다는 점을 살펴보는 것일지도 모른다. 윈첼은 자신의 부대에서 계속 반동성애적인 조롱이나 모욕과 마주쳤다. 동료 사병들만이 아니라 직속 상관인 클리프건 하사도 조롱에 참여했다. 클리프건은 왜 직접 개입하여 소대원들의 윈첼 학대를 중단하라고 명

의 「도망자」는 미끼 역할, 이데올로기적인 전치의 매개 역할을 하는 폭력적 '행동으로의 이행'의 조금 더 분명한 판본을 제시했다. 영화가 끝날 무렵 고발당한 죄 없는 의사(해리슨 포드)는 커다란 의학 대회에서 동료(제롬 크라브)와 맞서서, 그가 거대 제약회사를 위해 의학 자료를 날조했다고 비난한다. 초점이 진짜 범인인 회사로, 법인 자본으로 이동할 것이라고 예상되는 바로 이 순간 크라브는 포드의 말을 자르고 그에게 잠깐 보자고 한 뒤, 대회장 바깥으로 나가 서로 얼굴이 피투성이가 될 정도로 난투극을 벌인다. 이 장면은 그 우스꽝스러운 성격이 노골적으로 드러난다. 마치 반자본주의와 어울려 논다는 이데올로기적 궁지에서 벗어나려면, 내러티브의 균열을 직접 드러내는 방향으로 나아가야 한다고 말하는 것 같다. 여기서 또 하나의 측면은 악당(크라브)이 사악하고, 냉소적이고, 병적인 인물로 변하는 것이다. 마치 심리적 타락(싸움의 눈부신 스펙터클에 수반된다)이 자본의 익명의 비심리적인 추동력을 대신해야 한다고 말하는 것 같다. 차라리 부패한 동료를 병원의 재정난 때문에 제약회사의 미끼를 물고 마는, 심리적으로 진지하고 개인적으로 정직한 의사로 제시하는 것이 훨씬 더 잘 어울렸을 것이다.

령하지 않았느냐는 질문을 받자 이런 전형적인 대답을 내놓았다. "모두 즐겁게 놀고 있었다." 간단히 말해서 윈첼을 괴롭히는 것이 공동체 의식을 다지는 은밀하고 외설적인 남성 결속 의식으로 기능했다는 것이다. (군대 은어에서 "즐겁게 논다"는 막 부투 이시오르 성립된 긴인히고 모욕적인 절차를 가리킨다. 유고슬라비아 인민군에서 내가 겪은 경험을 예로 들어 보자. 그곳에서 '즐겁게 노는' 최고의 예는 침대에서 잠이 든 병사를 하나 골라 다리를 구부린 상태에서 고환을 끈으로 발가락 하나와 묶어 놓고, 발가락들 사이에 종이를 끼운 다음 불을 붙이는 것이었다. 이 불쌍한 병사는 불 때문에 잠을 깨는데, 물론 그는 반사적으로 계속 다리를 펴면서 고통의 원인이 되는 불타는 종이를 빼려고 한다. 이것을 군대 은어로는 "자전거를 태운다"고 불렀다. 그 결과는 수백 미터 떨어진 곳에서도 들을 수 있었다……)

여기에서도 '묻지 않고, 말하지 않는다'는 정책은 윈첼을 견딜 수 없는 이중 구속 상태로 밀어넣었다. 그는 상관들에게 괴롭힘을 신고할 경우 이 정책의 두 번째 부분('말하지 않는다')을 깨야 한다는 것이 두려웠다. 다시 말해서 고충을 토로하면 자신의 동성애 경향을 공개적으로 드러내야 하고, 이로 인해 결국 그는 추방당하게 될 터였다. 윈첼은 이런 이중 구속의 막다른 골목을 돌파하려고 자신을 가장 집요하게 괴롭히는 병사를 신체적으로 공격하는 방법을 택했다. 야구 방망이로 때려 죽인 것이다. 그렇다면 윈첼은 어떻게 했어야 하는가? 추상적인 어법으로 말하자면, 윈첼은 행동에 나서서 자신을 괴롭히는 타자를 때려죽이는 대신, 먼저 **자기 자신을 때렸어야 한다**. 즉 그를 모욕하는 의식에 대한 **그 자신의** 리비도의 투자libidinal investment를, **그 자신의** 은밀한 의식 참여를 먼저 없앴어야 한다. 더 구체적으로 말하자면, 명백한 규칙들과 그 외설적 보완물 사이의 분열을 이용하여 체제가 그 자신과 대립하게 만드는 전략을 짜냈어야 한다는 것이다. 예를 들어 용기를 내어 그릇된 집단 연대 정신('문제가 무엇이든 우리끼리 해결한다. 진짜 사나이는 밖에 나가 남들에게 불평하지 않는다')을 부수고, 분명한 태도로 **자신을 괴롭히는 사람들을 성적 학대를 이유로 상급자들에게 고발**해버렸어야 한다. 만일 상급자들이 그에게 "그런데 너 동성애자냐?" 하고 물으면 '묻지 않고, 말하지 않는다'는 규칙을 어긴 죄로 **그들을** 고발했어야 한다.

2년 전 한 레즈비언 페미니스트는 오늘날 동성애자들은 특권을 누리는 피해자들이기 때문에 동성애자들이 권리를 제대로 누리지 못하는 방식을 분석해보면 다른 모든(종교적, 인종적, 계급적……) 배제, 억압, 폭력을 이해하는 열쇠를 얻을 수 있다고 주장했다. 이 이론의 문제는 바로 그 암시적(이 경우에는 명시적이기도 하지만)인 보편적 주장이다. 대표적인 피해자가 **아닌** 사람들을 대표적인 피해자로 만들고 있기 때문이다. 즉 종교적 또는 인종적 '타자들'(사회적으로 — '계급적으로' — 배제된 '타자들'은 말할 것도 없고)보다 훨씬 쉽게 공적 공간에 완전히 통합되어 충분한 권리를 향유할 수 있는 사람들을 '대표적인 피해자'로 만들고 있다. 여기에서 우리는 동성애 투쟁과 계급투쟁 사이의 모호한 관련을 탐사해보아야 한다. 좌파의 동성애 박해에는 긴 전통이 있다. 이런 흔적은 멀리 거슬러 올라가 아도르노에게서도 발견된다. 여기에서는 막심 고리키Maxim Gorky의 "프롤레타리아 휴머니즘"(원문 그대로!-1934년)에 나오는 악명 높은 발언만 언급하겠다. "동성애자들을 근절하라[원문 그대로!], 그러면 파시즘이 사라질 것이다."[3]

이 모든 것을 노동계급의 전통적인 가부장적 성도덕의 표현이라거나, 10월혁명 이후 첫 몇 년간의 해방적인 측면에 대항한 스탈린주의적 반동에 기회주의적으로 영합한 것이라는 식으로 축소해 이야기할 수는 없다. 우리는 고리키의 도발적 발언만이 아니라 아도르노의 동성애에 대한 유보적 태도("전체주의와 동성애는 한통속"이라는 말은 『한줌의 도덕』에 나오는 경구 가운데 하나다[4]) 역시 동일한 역사적 경험에 근거하고 있다는 사실을 잊지 말아야 한다. 그것은 거리의 깡패들을 모은 나치의 '혁명적' 준군사조직 SASturmabtielung(돌격대)의 경험이다. 여기에서는 동성애가 최상부에 이르기까지 흔하게 이루어졌다(에른스트 룀[Ernst Röhm]). 여기서 가장 먼저 주목할 점은 SA를 숙청한 사람이 히틀러 자신이었다는 점이다. 그는 외설적이고 폭력적으로 과도한 부분을 씻어내어 나치 체제를 공중이 받아들일 만한 것으로 만들려고 했다. 히틀러는 또 '성적 부패'를 근거로 SA 지도부의 학살을 정당화했다.

동성애가 '전체주의적' 공동체의 버팀목 기능을 하려면, '안에 있는' 사람들끼리만 공유하는, 공적으로는 부정되는 '더러운 비밀'로 남아 있어야 한다. 그렇다면 동성애자들은 박해를 당할 때도 오직 조건부 지지만 받을 자격이 있다는 뜻일까? "그래, 우리도 너희를 지

---

3   Siegfried Tornow, "Männliche Homosexualität und Politik in Sowjet-Russland", in *Homoseualität und Wissenschaft II*, Berlin: Verlag Rosa Winkel 1992, p. 281에서 인용.

4   Adorno, *Minima Moralia*, p. 52.

지해야 한다는 것은 알지만, 그래도……(너희도 나치의 폭력에 어느 정도 책임이 있는 것 아니냐?)" 하는 식으로 말이다. 우리가 주장해야 하는 것은 단지 동성애의 정치적 중층 결정은 결코 단순하지 않고, 동성애의 리비도 경제는 다양한 정치적 지향에 의해 멋대로 사용될 수 있으며, 바로 **이 점에서** 우파의 '군국주의적' 동성애를 '진정한' 전복적 동성애의 2차적 왜곡으로 치부해버리는 '본질주의적' 실수를 피해야 한다는 것이다.[5]

피에르 파올로 파솔리니Pier Paolo Pasolini의 「살로, 소돔의 120일」(1975)*이 위대한 것은 동성애의 이런 철저하게 양가적인 지위를

---

5 '문화 연구'의 '정치적으로 올바른' 태도의 유해한 임상적 결과들 가운데 하나는 레즈비언 주체성과 관련된 구조적 불만/불편을 표현하는 것의 (암묵적인, 그래서 더욱더 효과적인) 금지다. 대부분의 레즈비언 관계가 으스스한 냉랭함, 감정적 거리감, 사랑의 불가능성, 근본적인 자기도취만이 아니라 자신의 자리에 대한 불안을 특징으로 한다는 임상적 사실의 개념화를 금지하는 것이다. (이런 사실이 내재화된 가부장적 억압의 결과라고 치부해버리지 않고) 그것으로부터 논리적 결론을 끌어내면 고전적인 가부장적 통념을 승인하는 것과 다름없다는 식이다.

마찬가지로 동성애가 동성을 향한 원초적인 '열정적 애착'에 충실한 상태(간단히 말해서 최초의 신화 단계에서 우리는 모두 동성애자들이었으며, 이성애는 욕망의 이러한 원초적 대상을 배신한 데서 생겨난다)라는 주장의 문제는 그것이 쉽게 동성애에 반대하는 주장으로 바뀔 수 있다는 것이다. 문화가 매개 작업, 전치 작업을 의미한다면, 암묵적으로 동성애를 문화적 발전 과정에서 이미 지나온 '원시적' 출발점으로 보게 된다. 이런 이유 때문에 동성애를 일종의 '부자연스러운' 일탈로 보는(또는 그 결과에서 나왔다고 보는), 겉으로 보기에 '보수적인' 동성애 개념이 이론적으로나 정치적으로 훨씬 더 장래가 유망해 보인다. 여기에서는 동성애가 가보지 않은 길을 과감하게 가는 용기 있는 태도라고 주장한다.

* 강도 높은 폭력성으로 유럽을 충격에 빠뜨린 영화이자 파솔리니 감독의

회피하지 않기 때문이다. 이 영화에서 유일하게 영웅적인 반파시스트 저항 행위를 하는 사람은 에조Ezio인데, 그는 피해자 가운데 하나이지만 동료들로부터 주인-방탕자들이 규정한 금지를 어겼다는 이유로 비난을 받는다. 에조는 매일 빌라에서 흑인 하녀와 사랑을 나누었기 때문이다. 방탕자들이 경비병들과 함께 둘이 사랑을 나누는 방으로 침입하여 총을 겨누자, 벌거벗은 엔조는 벌떡 일어서서 주먹을 들어올려 공산주의식 경례를 한다. 이 예기치 않은 영웅적 행동 때문에 방탕자들은 몸이 마비된 듯이 보인다. 그들은 잠시 후에야 정신을 차리고 에조를 쏘아 죽인다.

이 애처로운 장면은 묘하게도 이 영화에 실제적인 성적 삽입이 없다는 사실 — "모든 종류의 성교 금지 또는 성교에 대한 방탕자들의 가혹한 혐오"[6]를 암시하는 특징이다. — 을 배경으로 놓고 읽어내야 하지 않을까? 겉으로 보기에만 놀라운 이 사실은 기실 도착의 근본 구조에 내재한다. '모든 것이 허용되는' 도착된 우주에서는 이런 보편적 허용 밑에 그 자체로 이미 불가능한 것에 대한 근본적 금지가 놓여 있다. 간단히 말해서 도착의 과잉이 성관계의 불가능성을

유작. 사드 후작의 원작 소설을 각색해 만들었다. 줄거리는 다음과 같다. 1944년 어느 날 주교, 장관, 총장, 백작 등 4명의 방탕자들이 강제로 잡아온 젊은 남녀들을 성에 가두고 자신들의 권력을 이용해 비정상적인 욕구를 채운다. 방탕자들은 젊은 남녀를 목줄로 묶고 네 발로 기게 하고 배설물을 먹이고 온갖 학대와 고문을 자행하다가 살해한다. 각각 지옥의 입구, 망상의 주기, 똥의 주기, 피의 주기로 이름 붙여진 단락들이 열릴 때마다 관객들은 인간이 처할 수 있는 최악의 상황을 보게 된다.

6 Gary Indiana, *Salò or The 120 Days of Sodom*, London: BFI Publishing 2000, p. 71.

대신하여 그 자리에 들어앉는 것이다.[7]

따라서 중세 궁정풍 사랑으로부터 최근 할리우드 영화에 이르는 오랜 전통에서 사랑이 '불가능성'으로 떠받들어질 때, 실제 사회생활에서는 완전하게 실현될 수 없는 것으로 기념될 때, 우리는 진정한 불가능성 — **성관계의 불가능성** — 을 가리키는 "미끼 불가능성decoy impossibility"[8]을 보고 있는 것이다. 라캉의 경우에는 이 진정한 불가능성을 보완하려고 사랑 그 자체가 등장하는 반면, 오늘날 성적으로 관대한 우리의 사회에서는 그 관계가 뒤집혀, 불가능성이 사랑에 전치된다. 성관계의 증식이 진정한 사랑의 불가능성을 덮어버리는 것이다. 물론 우리는 이런 역전을 액면대로 받아들이고 싶은 정신적인 유혹에 대항하여, 여기서 '사랑'은 여러 갈래로 뻗어나가는 성관계의 다양성이 은폐하는 성관계의 불가능성을 여전히 가리킨다고 주장해야 한다.[9]

---

7   도착의 풍부함(wealth)만이 아니라 풍부함(부·wealth) 그 자체가 그 자리에 들어앉는다. 부 자체를 위해 부를 축적하는 것이야말로 가장 순수한 형태의 도착이기 때문이다. 나는 그렇게 덧붙이고 싶은 유혹을 느낀다. "맞다, 돈이 전부는 아니다, 하지만 전부에 아주 가깝다!" 하는 상투적 표현에 대하여 진정한 프로이트적 주장은 이런 것이다. "성이 전부는 아니지만, 전부에 아주 가깝다!" 그리고 돈은 바로 그 간극, 거리를 메우는 것이다. 그렇기 때문에 성은 결코 '전부'가 아니다. 바로 이런 의미에서 돈은 '항문적 (부분적) 대상'이다. 우리의 성에 어떤 일관성을 제공하는 데 필요한 도착적 보완물인 것이다.

8   이 용어는 Kornbluh, "The Family Man"에서 빌려왔다.

9   밀란 쿤데라(Milan Kundera)는 진정한 사랑에서는 사랑하는 사람을 늘 시야에 두고 싶다고 말한 적이 있다. 눈을 깜빡이는 것조차 두렵다는 것이다. 그 짧은 순간에 마법이 사라져 사랑하는 사람이 여느 추한 사람

이 두 가지 특징을 함께 읽으면 흔히 도착을 거부하는 성적으로 보수적인 좌파의 태도가 나오지 않을까? 간단히 말해서 고리키의 난폭한 발언을 정교하게 설명하는 이야기가 나오지 않을까? 나아가서 파솔리니 자신도 얽어맸던 것으로 보이는 — 파솔리니는 공개서상에서 도발적으로 자신의 동성애를 과시하곤 했다. — 이 암묵적인 결론의 결과는 무엇일까? 「살로, 소돔의 120일」은 일종의 마조히즘적인 자기 고발, 자기 자신을 역겨워하는 진술로 읽어야 할까? 이런 독법 — 이에 따르면 「살로, 소돔의 120일」은 파시즘의 외설적이고, 성적으로 도착된 지하를 공개한다. — 에 대한 대답은 이 영화의 철저한 모호성을 들이대는 것이다. 이런 모호성은 이 영화가 발언하는 위치를 고려하는 순간 드러난다. 다시 말해서, 그런 혐오를 공식적으로 표현하려면, 즉 「살로, 소돔의 120일」 같은 영화를 만들려면, **당신은 동성애자여야 한다.** 말을 바꾸면, 오직 동성애자의 위치에서만 동성애에 포함될 수 있는 정치적 의미의 철저한 모호성을 드러낼 수 있다는 것이다.

으로 변해 버릴까봐……. 진정한 사랑은 이런 두려움의 정반대다. 나는 사랑하는 사람이 숨을 쉬게 해준다. 내가 그 사람을 볼 수 없어도 우리의 유대가 단단하게 유지될 것이라고 믿기 때문이다.

파국과 혁명 사이에서

7

실재의 사막에 온 것을 환영한다!

캘리포니아의 작은 전원 도시, 소비주의의 낙원에 사는 한 개인이 품는 다음과 같은 환상은 미국의 궁극적인 편집증적 환상이라 할 만하다. 그는 갑자기 자기가 사는 세상이 가짜라고 의심하기 시작한다. 이 세상은 자신이 진짜 세상에 산다고 믿도록 연출된 무대이고, 주위의 모든 사람들은 거대한 쇼에 출연한 배우나 엑스트라들이라는 것이다. 이런 환상의 가장 최근의 예는 피터 위어Peter Weir의 「트루먼 쇼」(1998)다. 이 영화에서 짐 캐리는 자신이 24시간 계속 돌아가는 텔레비전 쇼의 주인공임을 차츰 깨닫게 되는 소도시의 사무원 역을 맡았다. 그의 고향 도시는 거대한 스튜디오 세트에 건설되었으며, 그가 어디를 가나 카메라가 따라다닌다. 이런 영화의 선배들 가운데는 필립 K. 딕Phillip K. Dick의 『뒤엉킨 시간Time out of Joint』(1959)을 언급할 만하다. 이 소설에서 1950년대 말 캘리포니아의 그그민 진원도시에서 평범하게 하루하루 살아가는 주인공은 짐

차 자신의 동네가 그를 만족시켜주기 위해 연출된 가짜임을 알게
된다……. 『뒤엉킨 시간』과 「트루먼 쇼」의 밑바닥에 깔린 경험은 후
기 자본주의적인 소비주의 시대 캘리포니아의 낙원이 그 초사실성
hyperreality이라는 면에서 보자면, 어떤 의미에서는 **비현실적이고**, 실
체가 없고, 물질의 위엄(중력)이 박탈된 상태라는 것이다.

세계무역센터 공격 뒤에 이와 똑같은 공포의 '탈현실화'가 진행되
었다. 피해자의 숫자 6,000이 줄곧 되풀이되지만, 놀랍게도 우리는
실제 학살 현장을 거의 보지 못한다. 절단 난 몸도 없고, 피도 없고,
죽어가는 사람들의 절망적인 얼굴도 없다……. 이것은 제3세계에서
일어난 재난 보도와 분명한 대조를 이룬다. 그런 보도에서 가장 중요
한 것은 섬뜩한 세목이 담긴 기사를 만들어내는 것이다. 굶어 죽는
소말리아인들, 강간당한 보스니아 여자들, 목이 잘린 남자들. 이런
장면이 나올 때는 늘 그에 앞서 '이제 보게 될 영상 가운데 일부는
매우 생생하여 아이들에게 유해할 수 있다'는 경고가 나온다. 그러
나 세계무역센터 붕괴 보도에서는 이런 경고를 **한 번도** 듣지 못했다.
이것이 심지어 이 비극적인 순간에도, '우리'를 '그들'과, 그들의 현실
과 갈라놓는 거리를 유지한다는 또 하나의 증거가 아닐까? 진짜 두
려운 일은 **여기**가 아니라 거기에서 일어난다는 것이다.[1]

1　이데올로기적 검열의 사례를 하나 더 들어보자. CNN에서 소방수 미망
　　인들을 인터뷰할 때 그들은 대부분 예상되는 연기를 했다. 눈물을 흘리
　　고, 기도하고…… 그러나 한 사람은 울지 않고 자신의 남편을 위해 기도
　　하지 않는다고 말했다. 기도해도 남편이 돌아오지 않는다는 사실을 알
　　기 때문이라는 것이다. 그녀에게 복수를 꿈꾼 적이 있냐고 묻자 그녀는
　　차분한 목소리로, 그것이야말로 남편을 진짜로 배신하는 일이 될 것이

따라서 할리우드만 물질 특유의 무게와 실체가 사라진 현실 생활의 겉모습을 연출하는 것이 아니다. 후기 자본주의적 소비주의 사회에서는 '**진짜 사회생활**' **그 자체가 어찌 된 일인지 연출된 가짜의 특징을 지니게 된다.** 우리 이웃들은 '진짜' 생활 속에서 무대의 배우나 엑스트라들처럼 행동한다……. 자본주의적이고 공리주의적이고 탈정신화된 세계의 궁극적 진실은 '진짜 삶' 자체의 탈물질화이고, 유령극으로의 역전이다. 모텔 방으로 예시되는 이런 미국 일상생활의 비현실적 특질을 표현하려고 노력한 사람으로는 크리스토퍼 이셔우드Christopher Isherwood*를 꼽을 수 있다. "미국 모텔들은 비현실적이다! …… 일부러 비현실적으로 설계해놓았다…… 유럽인들은 우리가 현실에서 물러나 광고 속에 들어가 산다고 싫어한다. 명상을 하기 위해 동굴로 들어가는 은자 같다는 것이다." 여기에서는 페터 슬로터다이크Peter Sloterdijk의 "구珠" 개념이 문자 그대로 실현된다. 거대한 금속의 구가 도시 전체를 둘러싸 고립시키기 때문이다.

오래 전 「자도즈Zardoz」(1974)나 「로건의 탈출Logan's Run」(1976) 같은 일련의 SF 영화들은 이런 환상을 공동체 자체로까지 확장하여 오늘날 포스트모던의 곤경을 예언했다. 격리된 지역에서 무균 생활을 하는 고립된 집단이 물질적 부패가 존재하는 진짜 세계의 경험

라고 말했다. 그가 살아 있다면, 복수하고 싶은 충동에 굴복하는 것이야말로 최악이라고 강조했을 것이라는 이야기였……. 이 인터뷰는 딱 한 번만 방영되었으며, 이후 다른 인터뷰들이 계속 되풀이되었을 때도 이것만 빠졌다는 이야기는 덧붙일 필요도 없을 것이다.

* 영국 출신의 미국 작가. 영국 중류 계급의 불안을 그린 『공모자들(All the Conspirators)』을 썼다.

을 갈망한다는 것이다. 비행기가 두 번째 세계무역센터 건물에 다가가 부딪히는 장면의 끝도 없는 되풀이는 히치콕의 「새」(1963)에서 레이먼드 벨루어Raymond Bellour가 뛰어나게 분석했던 유명한 장면, 멜라니가 작은 보트로 만을 건넌 뒤 보디거 만의 부두에 다가가는 장면의 실생활판 아닐까? 멜라니가 부두에 다가가면서 (미래의) 연인에게 손을 흔들 때, 새 한 마리(처음에는 간신히 분간할 수 있는 검은 점으로 보인다)가 오른쪽 위에서 갑자기 프레임으로 들어와 그녀의 머리를 쫀다.[2] 세계무역센터 건물을 때린 비행기는 말 그대로 궁극적인 히치콕의 점, 유명한 전원적인 뉴욕 스카이라인을 탈자연화한 일그러진 오점 아니었을까?

워쇼스키Wachowski 형제의 성공작 「매트릭스」(1999)에서 이런 논리는 절정에 이른다. 우리 모두가 경험하고 주위에서 목격하는 물질적 현실은 우리 모두가 연결되어 있는 거대한 메가컴퓨터가 만들어내고 조정하는 가상현실이다. 주인공(키아누 리브스)은 '진짜 현실' 안에서 깨어나자, 폐허가 늘어선 황량한 풍경을 본다. 지구 전쟁 뒤의 시카고다. 저항군 지도자 모피어스는 아이러니가 담긴 인사말을 건넨다. '실재의 사막에 온 것을 환영하네.' 9월 11일 뉴욕에서도 비슷한 종류의 일이 일어나지 않았을까? 그곳 시민들은 '실재의 사막'을 소개받았다. 할리우드 때문에 타락한 우리는 그 스카이라인과 건물이 무너지는 광경을 보면서 대작 재난 영화에 나오는 가장 숨 막

---

2   Raymond Bellour, *The Analysis of Film*, Bloomington, IN: Indiana University Press 2000, 3장 참조.

힐 듯한 장면들을 떠올릴 수밖에 없었다. 공중 대다수에게 세계무역센터 폭발은 텔레비전 화면에 나오는 사건이었다. 무너지는 건물이 일으킨 거대한 먼지 구름 앞에서 겁에 질린 사람들이 카메라를 향해 달려오는 장면이 반복되는 것을 보았을 때, 그 장면의 구성은 재난 영화의 장관을 이루는 장면들을 떠올리게 하지 않았던가? 그것은 다른 어떤 것들보다 뛰어난 특수효과였다. 제러미 벤담Jeremy Bentham이 알고 있었듯이, 현실은 현실 그 자체의 가장 훌륭한 표현이기 때문이다.

그 공격이 전혀 예상치 못한 충격이었다거나, 상상도 할 수 없는 '불가능한 일'이 일어났다는 이야기를 들으면, 20세기 초에 일어났던 또 하나의 결정적인 재난, 즉 타이타닉호의 재난을 기억해야 한다. 이 재난 역시 충격이었지만, 이 충격을 위한 공간은 이미 이데올로기적인 환상 속에 마련되어 있었다. 타이타닉호는 19세기 산업 문명의 힘의 상징이었기 때문이다. 세계무역센터 공격에 대해서도 똑같은 이야기를 할 수 있지 않을까? 언론 매체만 내내 테러리스트의 협박 이야기로 우리를 폭격한 것이 아니다. 이 위협에는 분명한 리비도적 투자가 이루어져 있었다. 「뉴욕 탈출Escape from New York」(1981)에서부터 『인디펜던스 데이』(1996)에 이르기까지 일련의 영화들을 기억해보라. 이것이 세계무역센터 공격과 할리우드 재난 영화를 연결시킬 때 그 밑에 깔려 있는 논리적 근거다. 생각할 수 없는 일이 발생하는 것이야말로 환상의 대상이었다. 따라서 어떤 면에서 **미국은 자신이 환상에서 생각하던 것을 얻었다.** 그것이 가장 놀라운 점이었다. 할리우드와 '테러에 반대하는 전쟁'을 연결하는 이런 고리의 궁극적인 반전은 펜타곤이 할리우드에 지원을 요청하기로 결정했을 때 일어났다. 10월 초 언론은 펜타곤의 권유에 따라 재난 영화 전문가들인 시나리오 작가와 감독들의 모임이 만들어졌으며, 여기에서는 테러리스트 공격의 시나리오를 검토하고 그들과 싸우는 방법을 상상할 예정이라고 보도했다.

따라서 우리는 세계무역센터 폭파가 우리의 환영의 '구'를 박살낸 '실재계'의 침입이라는 표준적인 독법을 뒤집어야 한다. 그 반대로, 우리가 우리 자신의 세계에 살면서, 제3세계에서 벌어지는 무시무시한 일들이 사실상 우리의 사회적 현실의 일부가 아니라고, (우리에게는) 단지 (텔레비전) 화면에 유령 같은 허깨비로 존재하는 것이라고 생각한 것은 세계무역센터 붕괴 이전의 일이다. 9월 11일에 일어난 일은 **이런 환영 같은 화면의 허깨비가 우리의 현실로 들어온 것이다.** 현실이 우리의 이미지 속으로 들어온 것이 아니다. 이미지가 들어와 우리의 현실을 박살낸 것이다(즉 우리가 현실로서 경험하는 것을 규정하던 상징적인 좌표들을 박살낸 것이다). 따라서 9월 11일 사건 이후 세계무역센터 붕괴와 닮은 장면을 담은 많은 '블록버스터' 영화들이 상연 연기된 것도 세계무역센터 붕괴의 충격에 책임을 져야 하는 **환영적인 배경의 '억압'**으로 읽어야 한다. 물론 여기서 세계무역센터 붕괴를 단지 또 하나의 미디어 스펙터클로 축소하는, 스너프 포르노 영화를 재난 영화에서 재현한 것으로 읽는 사이비 포스트모던 게임을 하자는 것이 아니다. 우리가 9월 11일에 텔레비전 화면을 보면서 물었어야 하는 질문은 단순하게 이런 것이다. **우리가 이와 똑같은 것을 어디서 이미 되풀이하여 보았던 것일까?**

그렇다고 해서 유사물과 '실재'의 변증법이 다소 기본적인 사실, 즉 우리의 일상생활의 가상화, 우리가 점점 더 인공적으로 구축된 우주에서 살게 된다는 경험이 '실재계'로 돌아가고 싶은 저항할 수 없는 충동, 어떤 진짜 현실에서 단단한 근거를 다시 얻고 싶다는 충동을 일으킨다는 사실로 환원될 수 있다는 뜻은 아니다. **귀환하는 실재는 (또 다른) 유사물의 지위를 가진다.** 그것은 진짜이기 때문에, 즉 그 외상적/과잉적 본질 때문에, 우리는 그것을 우리의 현실(로서 경험하는 것)에 통합할 수 없다. 따라서 악몽 같은 허깨비로 경험할 수밖에 없다. 바로 이것이 세계무역센터 붕괴의 강렬한 이미지의 본질이었다. 하나의 이미지, 하나의 유사물, 하나의 효과이지만, 동시에 물자체物自體를 전달했다는 것이다. 이런 '실재'의 효과는 멀리 1960년대에 롤랑 바르트Roland Barthes가 현실 효과l'effet du réel라고 불렀던 것과 같지 않다. 그것은 오히려 그 정반대인 비현실 효과l'effet du irréel라고 할 수 있다. 즉 텍스트가 우리로 하여금 허구적 산물을 현실로 받아들이게 만든다는 바르트의 현실 효과와는 반대로 여기서는 '실재' 자체가 악몽 같은 비현실적 유령으로 인식되어야만 감당할 수 있다는 것이다. 우리는 보통 허구를 현실로 착각하지 말라고 말한다. 현실은 실체를 가진 자율적 실재로 잘못 인식되지만 사실은 상징적 허구일 뿐이라는 포스트모더니즘의 통념을 생각해보라. 그러나 정신분석이 주는 교훈은 정반대다. 현실을 허구로 착각하지 말라는 것이다. 우리가 허구로 경험하는 것에서 우리가 허구화하지 않으면 유지할 수 없었던 '실재'의 단단한 핵을 분별해낼 수 있어야 한다는 것이다. 간단히 말해, 현실의 이떤 부분이 환성을 통해 '기능

변화'를 일으켜, 그것이 현실의 일부임에도 허구적 방식으로 지각되는지 분별해야 한다는 것이다. 현실(처럼 보이는 것)을 허구라고 비난하고 가면을 벗기는 것보다 훨씬 어려운 것이 '진짜' 현실에서 허구인 부분을 파악하는 것이다.

바로 지금, 재난의 생생한 '실재'를 다루고 있을 때, 우리는 그 인식을 결정하는 이데올로기적이고 환영적인 좌표를 염두에 두어야 한다. 세계무역센터 건물 붕괴에 어떤 상징이 있다고 한다면, 그것은 '금융자본주의의 중심'이라는 구식의 관념이라기보다는, 세계무역센터의 두 건물이 **가상적** 자본주의, 물질적 생산 영역과 단절된 금융 투기의 중심을 대표한다는 관념이다. 이곳을 공격한 충격적 효과는 오늘날 디지털화된 제1세계와 제3세계 "'실재'의 사막"을 가르는 경계선을 배경으로 해서만 설명할 수 있다. 우리는 격리된 인공적 세계 안에서 살고 있다는 사실을 깨닫는다. 이 세계는 우리가 어떤 불길한 행위자 때문에 언제라도 완전히 파괴될 수 있다는 관념을 만들어낸다. 이런 편집증적인 관점에서 보면 테러리스트들은 비합리적이고 추상적인 행위자가 된다. 그것을 탄생시킨 구체적인 사회적·이데올로기적 네트워크에서 제외되었다는 헤겔적인 의미에서 추상적이라는 것이다. 사회적 환경을 끌어들이는 모든 설명은 테러에 대한 은밀한 정당화로 치부된다. 모든 특수한 존재는 부정적인 방식으로만 끌어들여야 한다. 테러리스트들은 이슬람의 진정한 정신을 배반하고 있다. 그들은 가난한 아랍 대중의 이해관계와 희망을 대변하지 않는다.

우리는 순수하게 악한 그런 '외부'와 만날 때마다, 용기를 그러모아 헤겔의 교훈을 인정해야 한다. 이런 순수한 '외부'에서 우리는 우리 자신의 본질이 증류된 모습을 인식해야 한다는 것이다. 지난 500년 동안 '문명화된' 서구의 (상대적) 번영과 평화는 '야만적인' '외부'를 향한 무자비한 폭력과 파괴를 대가로 산 것이었다. 미국의 정복으로부터 콩고의 학살에 이르기까지 그 이야기는 길다. 잔인하고 무심하게 들릴지는 몰라도, 이런 세계무역센터 공격의 실제적 효과에는 현실적인 면보다 상징적인 면이 훨씬 더 많다는 점을 지금은 그 어느 때보다 염두에 두어야 한다. 아프리카에서는 **매일** 세계무역센터 붕괴의 피해자보다 더 많은 사람들이 에이즈로 사망한다. 그들의 죽음은 상대적으로 적은 돈만 있으면 쉽게 막을 수 있다. 미합중국은 사라예보로부터 그로즈니까지, 르완다와 콩고에서 시에라리온까지 세계 전역에서 벌어지는 일들을 매일 맛만 보고 있을 뿐이다. 뉴욕의 상황에 강간범 집단을 보탠다면, 또는 거리를 걸어가는 사람들을 아무나 저격하는 여남은 명의 저격수들만 보탠다면, 사라예보가 10년 전에 어땠는지 상상할 수 있을 것이다.

2001년 9월 11일 이후 며칠 동안 우리의 시선이 세계무역센터 건물에 부딪히는 비행기의 이미지에 고정되었을 때, 우리는 모두 '반복 강박', 그리고 쾌락 원리를 넘어서는 '향락jouissance'을 경험할 수밖에 없었다. 우리는 그것을 계속 보고 싶었다. 같은 장면들이 구역질나도록 되풀이되었다. 우리가 거기서 얻는 신기한 만족감은 가장 순수한 상태의 향락이었다. 텔레비전 화면에서 세계무역센터 건물 두 동이 붕괴하는 것을 지켜보았을 때 우리는 비로소 '리얼리티 텔레비전 쇼'의 허위를 경험할 수 있었다. 이런 쇼들은 '진짜'임에도, 거기 나오는 사람들은 여전히 **연기**를 한다. 그들은 그냥 **자기 자신을 연기한다.** 소설에 등장하는 표준적인 부인 발언('이 텍스트의 등장인물들은 허구다. 현실의 인물들과 닮은 점이 있다 해도 그것은 우연일 뿐이다')은 리얼리티 쇼에 참여하는 사람들에게도 적용된다. 그들이 진짜라고 자기 자신을 연기해도 우리가 보는 것은 허구적인 등장인물이다.

물론 세계무역센터 공격에서 "'실재'로의 귀환"을 다른 식으로 비틀어볼 수도 있다. 우리가 이렇게 취약해진 것은 바로 우리의 개방성 때문이라고 주장하는 몇몇 보수주의자들의 이야기는 이미 들었다. 그 배경에는 만일 우리가 우리의 '생활 방식'을 보호하려면 자유의 적들이 '악용'하는 우리의 자유 가운데 몇 가지를 희생할 수밖에 없을 것이라는 불가피한 결론이 숨어 있다. 이 논리는 즉시 거부해야 한다. 우리의 '개방된' 제1세계 국가들이 인류 역사를 통틀어 가장 통제된 나라들이라는 것은 엄연한 사실 아닌가? 영국에서는 버스에서부터 쇼핑몰에 이르기까지 모든 공적 공간들을 늘 비디오로 녹화한다. 모든 형태의 디지털 커뮤니케이션을 거의 전적으로 통제하는 것은 말할 것도 없다.

같은 맥락에서 조지 윌George Will 같은 우파 논평가들은 즉시 미국이 "역사에서 얻은 휴일"은 끝났다고 선언했다. 현실의 충격이 자유주의적이고 관용적인 태도와, 텍스트성에 초점을 맞추는 '문화 연구'라는 고립된 탑을 부수어버렸다. 이제 우리는 반격을 할 수밖에, 진짜 세계의 진짜 적들에 대처할 수밖에 없다……. 그러나 누구를 공격할 것인가? 어떤 답이 나오건 결코 **올바른** 과녁은 맞힐 수가 없으며, 따라서 완전한 만족을 얻을 수도 없다. 물론 미국이 아프가니스탄을 공격한다는 것은 우스꽝스럽기 짝이 없다. 농민들이 헐 벗은 언덕에서 간신히 목숨을 부지하는 세계 최빈국 가운데 하나를 세계 최강대국이 파괴한다면, 이것은 무능한 행동화의 궁극적 사례 가 되지 않을까? 그러나 여러 면에서 아프가니스탄은 이상적인 과녁 이다. 아프가니스탄은 이미 폐허가 되어버렸고, 아무런 기반 시설이 없고, 지난 20년 간 전쟁으로 계속 파괴되어 온 나라다……. 아프가 니스탄을 선택한 것에는 경제적 고려도 작용했다는 추측을 피할 수 가 없다. 아무도 관심을 가지지 않는 나라, 파괴할 것이 없는 나라를 향해 분노를 행동화하는 것이 가장 좋은 절차가 아닐까? 안타깝게 도 아프가니스탄의 선택은 가로등 밑에서 잃어버린 열쇠를 찾는 미 친 사람의 일화를 떠올리게 한다. 열쇠는 다른 어두운 모퉁이에서 잃어버려 놓고 왜 거기서 찾고 있느냐고 묻자 그는 이렇게 대답한다. "하지만 불빛이 있는 데서 찾는 게 더 쉽지 않소!" 카불 전체가 이미 맨해튼 시내처럼 보인다는 것은 궁극적인 아이러니가 아닐까?

행동하고 복수하고 싶은 충동에 굴복한다는 것은 바로 9월 11일 에 일어난 일의 진정한 차원과 대면하기를 **피한다**는 뜻이다. 이 행동 의 진정한 목표는 우리를 달래 실제로는 아무것도 변하지 않았다는 든든한 확신을 갖게 하는 것이다. 진정한 장기적 위협은 세계무역센 터 붕괴의 기억을 무색하게 할 만한 추가의 대규모 테러 행동들이다. 세계무역센터 붕괴만 한 볼거리는 되지 않겠지만 훨씬 더 무시무시 한 행동들 말이다. 세균전은 어떤가? 치명적 가스를 사용하는 행동 은 어떤가? DNA 테러(일정한 게놈을 공유한 사람들에게만 영향을 주는 독을 개발하는 것)의 가능성은 어떤가? 이런 새로운 전쟁에서는 행위자들이 자신의 행동을 점점 덜 공개적으로 주장한다. '테러리스트' 자신도 이제 그들의 행동에 대한 책임을 열심히 주장하지 않는다(심지어 악명 높은 알카에다도 9월 11일 공격을 명백하게 자신의 것으로 만들지 않았다. 오리무중에 빠진 탄저균 편지의 출처는 말할 것도 없다). '테러리스트에 대항하는' 국가적 조치 역시 비밀이라는 베일에 가려져 있다. 이 모든 것이 음모론과 일반화된 사회적 편집증이 자라나는 이상적 토양이다. 이런 보이지 않는 전쟁이 편집증적으로 어디에나 존재한다는 사실의 뒷면에 있는 것은 그런 전쟁 자체의 탈실체화 아닐까? 따라서 이 경우에도 알코올 없는 맥주나 카페인 없는 커피를 마시는 것과 마찬가지로, 우리는 실체가 사라진 전쟁을 얻고 있다. 컴퓨터 스크린 뒤에서 벌어지는 가상 전쟁, 참가자들이 비디오 게임으로 경험하는 전쟁, 사상자 없는(적어도 우리 편에서는) 전쟁이다.

2001년 10월 탄저균 공포가 확산되자 서구는 이 새로운 '보이지 않는' 전쟁을 처음으로 맛보게 되었다. 늘 염두에 두어야 하는 측면이지만, 이 전쟁에서 우리 일반 시민들은 사태 전개와 관련된 정보에서 당국에 완전히 휘둘리고 있다. 우리는 아무것도 보거나 듣지 못한다. 우리가 아는 것은 오직 공식 매체에서만 나온다. 초강대국이 황량한 사막 국가에 폭탄을 퍼붓는 동시에 보이지 않는 세균의 볼모가 되어 있다. 세계무역센터 폭파가 아니라 바로 **이것이** 21세기 전쟁의 첫 이미지다. 우리는 발 빠른 행동화 대신 이런 어려운 질문들과 대면해야 한다. 21세기에 '전쟁'은 어떤 의미일까? '그들'이 국가도 범죄 집단도 분명히 아니라면 도대체 누구일까? 여기에서 나는 프로이트가 공적인 '법'과 그것을 빼닮은 외설적 초자아에 반대했다는 사실을 떠올리고 싶은 유혹을 물리칠 수가 없다. 같은 맥락에서, '국제 테러 조직'은 거대한 다국적 기업을 외설적으로 빼닮은 존재 아닐까? 어디에나 존재하지만 분명한 테러 기지는 없는 궁극적인 리좀(땅속줄 기) 같은 조직 아닐까? 이것은 민족주의적인 그리고/또는 종교적인 '근본주의'가 전 지구적 자본주의에 적응한 형태는 아닐까? 이들이 특수한/배타적인 내용이나 전 지구화된 역동적 기능으로 궁극적 모 순을 체현하고 있는 것이 아닐까?

이런 이유 때문에 '문명 충돌'이라는 유행하는 관념은 철저하게 거부해야 한다. 우리가 오늘날 목격하는 광경은 오히려 각 문명 **내부** 의 충돌이다. 이슬람과 기독교의 역사를 잠깐만 비교해보아도 이슬 람의 '인권 기록'(시대착오적인 용어를 사용하자면)이 기독교의 경우보다 훨씬 낫다는 것을 알 수 있다. 지난 수백 년 동안 이슬람은 기독교와 비교할 때 다른 종교들에 훨씬 더 관대했다. 지금은 또 우리 서유럽 에 사는 사람들이 중세에 고대 그리스의 유산에 다시 접근할 수 있 었던 것은 아랍인들 덕분이라는 사실을 기억해야 할 때이기도 하다. 나는 어떤 식으로든 오늘날의 무시무시한 행동들을 용서할 생각이 없지만, 그럼에도 이런 사실들은 우리가 이슬람 '그 자체'에 기입된 특징이 아니라, 근대의 사회정치적 조건의 산물을 다루고 있다는 사 실을 분명하게 보여준다.

더 자세히 들여다보자. 이 '문명 충돌'이란 과연 무슨 이야기인 가? 모든 실생활의 '충돌'은 세계 자본주의와 명백한 관련을 맺고 있 는 것 아닌가? 이슬람 '근본주의자'는 사회생활을 부식하는 세계 자 본주의의 힘만이 아니라, 사우디아라비아, 구웨이트 등의 부패한 '전통주의'도 겨냥하는 것이 아닐까? 가장 무시무시한 학살(르완다, 콩고, 시에라리온에서 벌어진 학살들)은 같은 '문명' 내부에서 벌어졌을 — 또 벌어지고 있을 — 뿐 아니라 세계 경제 이해관계의 상호 작용과도 분명한 관련을 맺고 있는 것 아닐까? 심지어 '문명 충돌'의 정의에 모호하게나마 맞아떨어지는 듯한 몇 가지 사례(보스니아와 코소보, 수단 남부 등)에서도, 다른 이해관계의 그림자는 쉽게 분별해낼 수 있다. 따라서 이런 경우에는 적당량의 '경제 환원주의'가 요긴하게 쓰인다. 이슬람 '근본주의'가 우리의 자유주의적 사회에 얼마나 불관용적 태도를 보이는지 끝도 없이 분석하고 다른 '문명 충돌' 관련 화제들을 끝도 없이 이야기하는 대신, 우리는 갈등의 경제적 배경에 다시 관심을 기울여야 한다. 경제 이해의 충돌, 미합중국 자체의 지정학적 이해관계(어떻게 이스라엘만이 아니라 사우디아라비아나 쿠웨이트 같은 보수적인 아랍 체제하고도 특권적 관계를 유지할 것인가)의 충돌에 초점을 맞추어야 한다는 것이다.

'자유주의' 사회와 '근본주의' 사회의 대립, '맥월드 대 지하드'의 대립 밑에는 당혹스러운 제3항이 있다. 사우디아라비아와 쿠웨이트 같은 나라들은 매우 보수적인 군주국이지만 경제적으로는 미국의 동맹국이며, 서구 자본주의에 완전히 통합되어 있는 나라들이다. 이곳에서 미합중국은 매우 정확하고 단순한 이해관계를 가진다. 이들의 석유 자원을 이용하려면 **이 나라들이 비민주적인 상태로 남아 있어야 한다**는 것이다(물론 그 밑에 깔린 생각은 민주주의적 각성이 반미적 태도의 표출을 불러올 수 있다는 것이다). 이것은 오래된 이야기다, 제2차 세계대전 후 그 오래된 이야기의 악명 높은 첫 장은 CIA에서 1953년

이란에서 민주적으로 선출된 총리 무함마드 모사데크Muhammad Mossadegh에 대항하는 쿠데타를 획책한 것이다. 그곳에는 '근본주의'도 없었고, 심지어 '소비에트의 위협'도 없었다. 그냥 소박한 민주적 각성이 이루어지면서, 이란이 자신이 서유 가인을 통제하고 서방 석유회사들의 독점을 깨야 한다는 의견이 대두했을 뿐이다.

1991년 걸프 전쟁은 미합중국이 이런 협정을 유지하려고 어느 정도까지 무리를 하는지 분명하게 보여주었다. 이때 사우디아라비아에 주둔하는 유대계 미국인 병사들은 헬리콥터로 걸프에 있는 항공모함으로 옮겨 가야 했다. 사우디아라비아 땅에서는 비이슬람 의식을 금지하기 때문에 유대인이 기도를 하려면 그곳으로 가야 했던 것이다. 이 사실은 물론 서방 언론에서는 거의 언급되지 않았던 또 하나의 사실과 함께 생각해보아야 한다. 이라크의 외무장관이자 사담 체제의 핵심 인물 가운데 한 명인 타리크 아지즈Tariq Aziz는 이슬람교인이 아니라 기독교인이다. 진정으로 '근본주의적'인 보수적 아랍 체제의 이런 '도착된' 상황은 미국의 중동 정치가 보여주는 (종종 희극적인) 수수께끼들을 푸는 열쇠다. 이들 체제는 미합중국이 민주주의보다 경제를 우위에 둔다는 점을 명시적으로 인정할 수밖에 없는 지점을 보여준다. 즉 민주주의와 인권 보호를 이야기하며 국제적 개입을 정당화하는 일이 부차적이고 기만적임을 보여준다는 것이다.

이 '문명 충돌'이라는 주제와 관련하여 미국의 7살짜리 소녀가 보낸 편지를 기억해보자. 아이의 아버지는 아프가니스탄 상공에서 싸우는 조종사다. 아이는 아버지를 깊이 사랑하지만, 아버지의 죽음, 나라를 위한 아버지의 희생을 받아들일 준비가 되어 있다고 썼다.

부시 대통령이 이 구절을 인용했을 때, 이 말은 미국 애국주의의 '정상적' 표현으로 인식되었다. 머릿속으로 간단한 실험을 하나 해보자. 아랍의 이슬람 소녀가 카메라 앞에서 애처로운 목소리로 탈레반을 위해 싸우는 아버지를 두고 똑같은 이야기를 했을 경우를 상상해보자는 것이다. 우리의 반응이 과연 어떨지는 많이 생각해볼 필요도 없다. 심지어 어린 아이들까지 잔인하게 조작하고 이용하는 병적인 이슬람 근본주의라고 하지 않았을까.

'타자'에게 귀속시키는 모든 특징이 이미 미합중국의 핵심에도 존재하고 있다. 살인적 광신? 오늘날 미합중국에는 그들 나름으로 테러를 자행하는 대중 영합적 우파 '근본주의자들'이 200만 명 이상 있으며, 이것은 기독교(에 대한 그들의 이해)에 의해 정당화된다. 미국은 어떤 면에서는 그들에게 '은신처를 제공'하고 있으므로, 미군은 오클라호마 폭탄 테러 사건 뒤에 미합중국 자체를 응징해야 했던 것 아닐까? 제리 폴월Jerry Falwell과 팻 로버트슨Pat Robertson이 9월 11일 사태에 보인 반응은 어떤가? 그들은 이 사건이 미국인들의 죄 많은 생활 때문에 신이 이제 미합중국을 보호하지 않겠다는 표시로 인식하여, 쾌락주의적 물질주의, 자유주의, 문란한 성을 비난하고, 미국이 당해 마땅한 할 일을 당했다고 주장했다. 이슬람 '타자'의 비난과 짝을 이루는 '자유주의' 미국에 대한 이런 비난이 미국의 심장부 l'amérique profonde로부터 나왔다는 사실은 우리에게 생각거리를 준다. 10월 19일 조지 W. 부시 자신도 탄저균 공격의 가장 유력한 용의자들이 이슬람 테러리스트가 아니라 미국 자신의 극단적 우익 기독교 근본주의자들이라고 인정할 수밖에 없었다. 처음에 외부의 적에게 돌렸던 행동이 미국의 심장부에서 잉태된 것으로 판명날 수도 있다는 사실은 역시 이 충돌이 각 문명 내의 충돌이라는 명제를 예기치 않게 확인해주는 것 아닐까?

9월 11일의 여파로 자유주의자들을 포함한 미국인들 전체가 미국의 긍지의 결백성을 재발견하여, 깃발을 펄럭이며 공적인 자리에서 함께 노래를 불렀다. 수십 년 간 세계에서 미국의 역할을 놓고 인종적·정치적으로 의심하는 세월을 보낸 뒤, 이제 세계무역센터의 사악한 파괴가 그들에게 죄의 가능성을 씻어주고, 자신들의 가장 순결한 정체성을 주장할 권리를 주기라도 한 것 같다……. 이렇게 다시 찾은 결백성에 반대하여 우리는 미국의 결백성의 이런 재발견에는, 많은 미국인들이 자신이 미국인임을 떳떳하게 주장하는 것을 막았던 역사적 죄책감 또는 아이러니를 제거하는 것은 전혀 '결백'하지 않다고 그 어느 때보다 힘주어 강조해야 한다. 이런 태도는 결국 과거 '미국인'이라는 것이 대변했던 모든 부담을 '객관적으로' 떠안겠다는 주장에 이르게 된다. 이것은 자신의 상징적 위임委任을 온전히 떠맡겠다는 이데올로기적 호명呼名의 모범적 사례로, 어떤 역사적 외상에 의한 혼란 뒤의 단계에 나타난다.

오랜 안정성이 순간적으로 박살나버린 것 같은 9월 11일 외상의 여파에서 확고한 이데올로기적 동일화(자기 확인)라는 결백 속으로 도피하는 것보다 더 '자연스러운' 일이 무엇이겠는가?[3] 그러나 이데

---

3   이 대목은 *The Metastates of Enjoyment*, London and New York: Verso 1995의 3장에 나오는 알튀세르의 호명 개념에 대한 필자의 비판식 실녕에 의존하고 있다.

올로기 비판의 관점에서 보자면 가장 모호한, 어떤 면에서는 심지어 **모호함 자체**이기도 한 것이 바로 그런 식으로 동일화의 몸짓이 '자연스러워' 보이는 투명한 결백의 순간, '기본으로 돌아가는' 순간이다. 페르난도 페소아는 이 점을 훌륭하게 정리했다. '내가 솔직하게 말할 때 나는 내가 어떤 솔직함으로 말하는지 알지 못한다.' 결백하게 투명한 순간을 하나 더 기억해보자. 1989년 '사태'의 정점인 베이징의 톈안먼에서 전송되어 끝도 없이 되풀이되던 비디오 화면이다. 이 화면에서는 캔을 하나 든 아주 작은 청년이 다가오는 거대한 탱크 앞에 홀로 서 있다. 그는 용감하게도 탱크의 전진을 막으려고 한다. 탱크가 그를 에둘러가려고 오른쪽이나 왼쪽으로 방향을 틀면, 이 남자도 똑같이 움직여 길을 막는다.

> 이런 표현물은 워낙 강력하여 다른 모든 이해를 부수어버린다. 이 거리 장면, 이 시간과 이 사건은 서방이 중국의 현대 정치와 문화생활의 내부로 진입하려는 거의 모든 탐험에서 나침반 바늘 역할을 한다.[4]

이 경우에도 역시 이렇게 투명하게 맑아지는 순간(사물들이 가장 순전한 형태로 제시된다. 즉 한 인간이 국가의 야만적인 힘과 맞서 있다)이 우리 서양인의 눈에는 이데올로기적인 함의들의 거미줄에 의해 떠받쳐지는 것으로 보이며, 일련의 대립물들을 구체화하는 것으로 보인다. 개

---

4 Michael Dutton, *Streetlife China*, Cambridge: Cambridge University Press 1998, p. 17.

인 대 국가, 평화적 저항 대 국가의 폭력, 인간 대 기계, 아주 작은 개인의 내적인 힘 대 막강한 기계의 무능…… 이런 함의들, 이런 '매개'들 — 이것을 배경으로 그 장면이 그 완전하고 직접적인 영향력을 행사하는 것인데 — 은 중국의 관찰자에게는 존재하지 않는다. 위에 언급한 일련의 대립들은 유럽의 이데올로기적 유산이기 때문이다. 그와 똑같은 이데올로기적 배경이 예컨대 죽을 것을 뻔히 알면서도 불타는 세계무역센터에서 뛰어내리는 아주 작은 개인들의 무시무시한 모습에 대한 우리의 인식도 중층 결정한다.

9월 11일의 이데올로기적인 재전유 가운데에는 이미 인간 존엄과 자유에 대한 근대 관념의 기본 요소들 가운데 일부를 다시 생각할 것을 요구하는 것들이 있다. 「뉴스위크」 2001년 11월 5일자에 실린 조너선 올터Jonathan Alter의 기사 「고문을 생각할 때Time to Think about Torture」를 보자. 여기에는 "지금은 새로운 세상이고, 생존을 하려면 과거에는 말도 안 되는 것으로 여겨졌던 낡은 기법들이 당연히 필요하다"는 불길한 부제가 붙어 있다. 올터는 극한의 위기 상황 (테러리스트 죄수가 수백 명의 생명을 구할 수 있는 정보를 쥔, 이른바 초침이 재깍거리는 상황)에서는 신체적, 심리적 고문이 정당화된다는 이스라엘의 생각이나 "어떤 고문은 분명히 효과가 있다"는 등의 중립적 발언들을 거론한 뒤 이렇게 결론을 내린다.

우리는 고문을 합법화할 수 없다. 그것은 미국의 가치와 반대된다. 그러나 우리는 계속 전 세계에서 인권 탄압에 반대하는 목소리를 내면서도, 테러리즘에 씌우는 어떤 그치들, 예를 들어 법원에서 허가한 심리적 심문 같은 것에는 늘 마음을 열어둘 필요가 있다. 또 일부 용의자들을 그런 문제에서 우리보다 덜 까다로운 동맹국들로 옮기는 것도 생각해야 한다. 위선적이라는 욕을 할지도 모르지만, 이런 일이 깨끗하게 이루어진다고 말한 사람은 아무도 없다.

이런 발언의 외설성은 눈에 뻔히 드러난다. 첫째로, 왜 세계무역센터 공격을 정당화의 근거로 이용하는가? 세계 전역에서 훨씬 더 끔찍한 잔혹 행위가 늘 벌어지고 있지 않은가? 둘째로, 이 생각에서 새로운 것이 무엇인가? CIA는 남아메리카와 제3세계의 미국 군사 동맹국들에게 수십 년 동안 고문 수법을 가르쳐오지 않았는가? 오랜 세월 동안 위선이 지배해왔다. 올터가 인용하는 앨런 더쇼위츠Allan Dershowitz의 자유주의적인 주장도 수상쩍다. "나는 고문을 지지하지 않는다. 그러나 고문을 하겠다면, 반드시 법원의 승인을 받아야 한다." 이 밑에 깔린 논리 — 어차피 우리는 그 짓을 하고 있으니까 그것을 합법화하고 지나친 것은 체벌받게 하는 것이 낫다! — 는 극히 위험하다. 이것은 고문에 정당성을 부여하고, 따라서 더 많은 불법 고문을 위한 공간을 열어주기 때문이다. 같은 맥락에서 더쇼위츠가 초침이 재깍거리는 상황에서 이루어진 고문은 죄수가 피고로서 가지는 권리를 침해하는 것은 아니라고 주장(죄수에게서 얻은 정보는 재판에서 그에게 불리하게 사용되지 않을 것이며, 고문은 벌이 아니라 단지 다가올 대량 학살을 막기 위해서만 사용될 뿐이다)할 때, 그 밑에 깔린 전제는 더욱 더 혼란스럽다. 그러니까 마땅히 받아야 할 벌의 일부가 아니라 단지 뭔가를 알고 있다는 이유로 사람들을 고문하는 것을 허용하자는 말인가? 그렇다면 우리 편 병사 수백 명의 생명을 구할 수 있는 정보를 지니고 있을지도 모르는 전쟁 포로를 고문하는 것도 합법화해야 하는 것 아닐까?

간단히 말해서 이런 주장, 고문에 개방적 태도를 가지라는 이런 요구는 테러리스트들이 이데올로기 전쟁에서 승리를 거두고 있다는 궁극적인 표시에 불과하다. 고문을 노골적으로 옹호하는 것이 아니라 그것을 정당한 토론 주제로 도입하자는 올터의 평론 같은 것들이 사실 명백한 고문 지지보다 더 위험하다. 명백한 고문 지지는 너무 충격적이라며 거부를 하겠지만 ─ 적어도 이 순간에는 ─ 단지 고문을 정당한 화젯거리로 도입하자고 하면 우리는 결백한 양심을 유지하면서도 그 생각을 받아들일 수 있기(물론 나는 고문에 반대하지만, 그냥 이야기만 해보자는 데 다칠 사람이 누가 있겠는가?) 때문이다. 고문을 이런 식으로 토론 주제로 정당화하면, 이데올로기적인 전제와 선택권들로 이루어진 배경이 고문을 노골적으로 옹호하는 경우보다 훨씬 더 근본적으로 바뀌어버린다. 그것은 전체 장을 바꾸어버린다. 노골적인 지지를 특이한 견해로 규정했던 장 자체가 바뀌는 것이다. 여기서 문제는 근본적인 윤리적 전제다. 물론 우리는 단기적인 이익(수백 명의 생명을 구하는 것)을 위해 고문을 정당화할 수 있다. 하지만 우리의 상징 세계에 끼치는 장기적 영향은 어쩔 것인가? 이 영향은 어디에서 멈추게 될까? 상습범, 이혼한 배우자에게서 자식을 납치하는 부모를 고문하면 왜 안 되는가? 일단 지니를 마법의 램프에서 나오도록 허용하기만 하면 고문을 합리적인 수준에서 유지할 수 있다는 생각은 최악의 법률 중심적 환상이다. 일관된 윤리적 태도가 있는 사람이라면 그런 실용주의-공리주의적 추론을 완전히 거부**해야 한다.**
나아가서 여기서 다시 간단한 머릿속 실험을 해보고 싶은 유혹을 느
낀다. **아랍의** 신문이 미국인 포로의 고문을 지지하는 견해를 밝혔다
고 상상해보라. 근본주의적 야만성과 인권 무시를 성토하는 논평들
이 엄청나게 쏟아져 나오지 않았을까.

그렇다면 어디에서나 울려 퍼지는 말, "9·11 후에는 어떤 것도
전과 같지 않을 것"이라는 말은 어떤가? 의미심장하게도 이 말은 결
코 그 이상 설명되지 않는다. 이것은 사실 우리가 하고 싶은 말이 무
엇인지 알지 못하면서도 뭔가 '심오한' 이야기를 하려는 공허한 몸짓
일 뿐이다. 따라서 이 말에 대한 우리의 첫 번째 반응은 이것이다. 정
말? 외려 실제로 변한 것 딱 한 가지는 미국이 자신이 속한 세계가
어떤 것인지 어쩔 수 없이 깨닫게 되었다는 사실 아닐까? 다른 한편
으로 그런 인식 변화에도 결과가 따르기는 한다. 우리가 상황을 인
식하는 방식이 그 상황 안에서 행동하는 방식을 결정하기 때문이다.
정치체제의 붕괴를 기억해보자. 예를 들어 1990년 동유럽 공산주
의 체제의 붕괴를 보자. 어느 순간 사람들은 갑자기 게임이 끝났다
는 것, 공산주의자들이 졌다는 것을 깨닫게 되었다. 이 단절은 순수
하게 상징적이다. '현실에서는' 아무것도 변하지 않았다. 그럼에도 이
순간부터 체제의 궁극적 붕괴는 순전히 시간문제가 되었다.

9·11에도 같은 종류의 일이 **실제로** 벌어진다면 어떨까? 할리우
드는 세계적으로 지배적인 역할을 하는 미국 이데올로기의 신경 중
추라는 사실을 염두에 두어야 한다. 제3세계의 수백만 명 ─ 심지어
'공식적' 이데올로기로는 미국이 대변하는 모든 것에 반대하는 사람

들조차 — 을 미합중국으로 끌어들이는 것은 단지 물질적 부에 대한 기대만이 아니라 '미국의 꿈', 그 안에 참여할 기회다. 할리우드는 말 그대로 '꿈 공장'이다. 그 주요 기능은 지배적 이데올로기의 꿈을 만들어내고, 개인들에게 사적인 환상의 좌표를 제공하는 것이다. 따라서 9·11 이후 시기에서처럼 할리우드 공장 기계가 교란을 일으킨다는 것, 임원들이 필사적으로 새로운 규칙들을 추측하고 그리고/또는 세우려고 한다는 것(재난 영화는 안 된다, 제임스 본드 연작물 같은 단독 영웅 영화는 살아남을까? 영화의 흐름이 가족 멜로드라마 쪽으로 방향을 틀까, 아니면 직접적인 애국주의 쪽으로 방향을 틀까?), 이 사실은 9·11 사태의 깊은 이데올로기적 충격을 증언한다.

어쩌면 세계무역센터 공격의 궁극적 피해자는 대타자, 즉 미국이라는 '구'일 것이다. 소비에트 제20차 당대회에서 니키타 흐루쇼프Nikita Khrushchev가 스탈린의 범죄를 비난하는 비공개 연설을 하는 동안 십여 명의 대표들이 발작을 일으키는 바람에 밖으로 실려나가 의료진의 치료를 받아야 했다. 그 가운데 한 사람인 폴란드 공산당의 강경파 서기장 볼레스와프 비에루트Boleslaw Bierut는 심지어 며칠 뒤 심장마비로 사망하고 말았다. (모범적인 스탈린주의 작가 알렉산드르 파데예프Alexandr Fadeyev는 며칠 뒤에 자살을 했다.) 핵심은 그들이 '정직한 공산주의자들'이었다는 것이 아니다. 사실 그들 대부분은 소비에트 체제의 본질에 대하여 어떠한 주관적 환상도 없는 잔혹한 조종자들이었다. 부서진 것은 그들의 '객관적' 환상, 그들이 무자비하게 권력을 추구하는 배경이 되던 대타자였다. 그들이 자신의 믿음을 대신하던 '타자', 말하자면 그늘 대신 믿어주는 '다지', 믿기로 되어 있는 주체가 해체된 것이다. 9·11의 여파로 이에 상응하는 일이 벌어지지 않았을까? 2001년 9월 11일은 '미국의 꿈'의 '제20차 대회'가 아니었을까?

9월 11일은 이미 이데올로기적인 대의를 위해 전유되고 있다. 이 것은 반反지구화는 이제 끝났다는 모든 주요 매체의 주장에서부터 세계무역센터 공격의 충격은 포스트모던 '문화 연구'의 실체 없음, '실생활'과 접촉하지 못하는 상태를 드러냈다는 생각에 이르기까지 다양하게 나타난다. 첫 번째 주장은 이유는 다르지만 그래도 (부분적으로) 옳은 반면, 두 번째 관념은 명백하게 잘못되었다. 진실은 그로 인해 일반적인 '문화 연구'의 비판적 주제들이 상대적으로 하찮은 것으로 드러났다는 점이다. 수천 명의 고통스러운 죽음과 비교할 때 인종차별적인 태도가 밑에 깔려 있을 수도 있는 '정치적으로 올바르지 않은' 표현이 도대체 뭐가 대단하단 말인가? 이제 '문화 연구'의 딜레마는 이런 것이다. 똑같은 주제들을 고수하여 억압에 대항한 그들의 싸움이 제1세계 자본주의 세계 '내부의' 싸움이라는 사실을 직접적으로 인정할 것인가? 다시 말해서 서방 제1세계와 이에 대한 외적 위협 사이의 갈등에서 미국의 기본적인 자유주의-민주주의적 틀에 충실할 것을 다시 주장할 것인가? 아니면 자신의 비판적 태도를 근본적으로 검토하는 방향으로 나아가는 모험을 할 것인가? 다시 말해서 이 틀 자체를 문제 삼을 것인가? 반지구화의 종말을 이야기하자면, 9월 11일 이후 처음 며칠간 나타났던 음습한 암시, 즉 그 공격이 반지구화 테러리스트들의 소행일 수도 있다는 암시는 물론 어설픈 조작에 지나지 않는다. 9월 11일에 일어났던 일을 생각하는 유일한 방법은 그것을 전 지구적 자본주의에 대한 적대라는 맥락에 갖다놓는 것이다. 우리는 아프가니스탄을 1970년대까지, 즉 이 나라가 초강대국의 싸움에 직접적으로 말려들기 전까지, 오랜 세속적 전통을 바탕으로 이슬람 사회에서 가장 관용적인 태도를 보여준 나라로 꼽았다는 사실을 잊지 말아야 한다. 카불은 문화와 정치 생활이 활기차게 이루어지던 곳이었다. 따라서 역설적이게도 탈레반의 등장, 즉 초근본주의로 퇴행한 것으로 보이는 현상의 출현은 어떤 깊은 전통주의적 경향의 표현이기는커녕 이 나라가 국제 정치의 소용돌이에 말려든 결과였다. 탈레반의 등장은 이에 대한 방어적 반작용일 뿐 아니라, 다름 아닌 외부 강대국(파키스탄, 사우디아라비아, 그리고 바로 미합중국)의 지원을 통해 나타난 것이었다.

일부 자유주의자들 사이에서 9·11의 또 다른 피해자는 도덕적 의도의 순수성이라는 관념 자체인 것으로 보인다. 마치 순수성을 주장하면 테러리즘을 양육하는 것으로 의심받는 것 같다는 이야기다. 우리는 행동의 실제 결과가 우리의 진정한 의도를 드러낸다는 헤겔의 명제를 기억해야 한다. '그것은 내가 원하던 것이 아니었다'고 주장하여 나 자신을 변호하는 것은 용납되지 않는다. 사실 나는 내가 원하던 것을 모르기 때문이다. 내 의도의 진실이 눈에 드러나는 것은 내 행동의 실제 결과들에서다. 내 행동의 결과가 아무리 불쾌하더라도 그것이 내가 진정으로 원했던 것이다……. 그러나 헤겔과 정신분석의 이런 결합이 아무리 매력적으로 보인다 하더라도, 이런 결합과 마주할 때는 헤겔의 명제가 '현실적인 것'과 '이성적인 것', '주체'와 '실체'의 관념론적 동일성 내에서만 의미를 지닌다는 사실을 염두에 두어야 한다. 오직 우리의 심리 구조와 객관적이고 사회적인 현실의 구조 사이에 이미 조화가 이루어져 있다고 전제할 때만, 헤겔의 표현대로 '역사의 이성'이 존재할 때만, 현실이 우리에게 우리 행동의 진실한 의미를 드러낸다고 믿을 수 있다는 것이다. 라캉이 되풀이하여 강조하듯이 프로이트의 근본적 통찰은 우리 인간 주체들에게 '이 세계가 편치 않다는 것', 우리가 사는 현실이 근본적으로 우리의 가장 깊은 의도와 욕구에 이질적이고 적대적이라는 것 아닐까?

헤겔적인 입장은 어떤 형태의 도덕적 순수성도 불신하는 태도를 수반하여, 그 도덕적 순수성을 '아름다운 영혼'의 그릇된 입장으로 치부해버린다. 사실 오늘날 윤리적−종교적 '근본주의'들은 우리가 도덕적 광신주의에 반대해야 하는 가장 강력한 논거를 제공하는 것처럼 보인다. 그러나 헌신적인 '근본주의자'들의 학살과 마주했을 때 우리가 할 수 있는 최악의 일은 윤리적 순수성 그 자체를 의심하는 것이다. 즉 낡은 보수적 통념을 재가동하여, 순수한 사람들과 엄격한 사람들les purs et les durs은 믿지 말자고 주장하는 것이다. 즉 낮은 수준의 사소한 타락을 용인하자는 것이다. 사회라는 기계가 원활하게 돌아가려면 인간의 약점에 대한 관용이 필요하며, 경직된 도덕적 광신주의는 반드시 '대의'를 위해 모든 것, 모든 인간적 고려를 희생하는 완전한 부패로 돌아간다고 이야기하는 것이다.

이런 의심에서 잘못된 것은 이것이 두 가지 서로 다른 형태의 순수성을 혼동한다는 것이다. 즉 '진정한' 윤리적 순수성과 자신을 '타자'의 쾌락 도구로 만들어버리는 거짓된 초자아 순수성을 혼동하는 것이다. 일상적인 사소한 타락을 '지혜롭게' 용납하는 태도와 광신적인 초자아적 엄격성은 같은 수준 내에서 대립할 뿐, 사실 동전의 양면이다. 헤겔식 용어로 표현하자면, 이 대립물들 밑에는 동일성이 있는 것이다. 즉 이 영역 내에서 타락은 궁극적 지평이며, 따라서 유일하게 선택 가능한 것은 사소한 타락에 관용을 보일 것이냐 아니면 타락에 불관용적인 직접적 맹공을 퍼부울 것이냐뿐인데, 후자는 최고 수준의 타락과 일치한다. 반대로 라캉이 '행동'이라고 부른 것은 바로 이런 사소한 타락과 최고의 타락인 경직성의 악순환을 깨뜨리는 개입이다. 따라서 둘 다 '비타협적인' 근본적 성격을 공유하는 것처럼 보이기는 하지만 종교적인 광신적 '근본주의'와 진정한 혁명적 개입 사이에는 무한한 간극이 있다. 이 간극은 사회정치적 수준만이 아니라, 행동의 내재적 구조와도 관련된다. '근본주의적' 행동은 대타자를 위해서 하는 것이다. 이 경우 주체는 '타자'를 위해 자신을 도구로 만든다. 반면 진정한 행동은 오직 그 자체로 자신의 정당성을 인정한다. 다시 말해서 대타자에 '덮이지' 않는다는 것이다. 이것이 바로 칸트와 사드의 차이. 사드는 단지 칸트의 진실인 것만이 아니다. 외려 사드의 도착된 입장은 칸트의 근본적인 윤리적 입장이 훼손될 때 나타난다.

여기서 최고의 예는 다시 안티고네다. 위에서 말한 헤겔적 입장에서 보자면 안티고네는 분명히 심판을 받아야 한다. 그녀의 행동의 실제 결과는 재난이라고 할 수 있다. 윤리적 엄격주의자가 있다면 바로 안티고네가 그런 사람이며, 이것은 그녀의 자매 이스메네의 관용이나 타협적 태도와 대조를 이룬다. 이것이 우리가 원하는 것 아닐까? '실재계'의 합리성의 대립물, 즉 우리의 진정한 메시지를 우리에게 되돌려주는 '운명'이라는 '실재계' 페세 회로이 대립물은 '실재계'

의 합리적 질서에 개입하는, 그 좌표를 바꾸고-재구조화하는 행동이다. 행동은 비합리적인 것이 아니다. 행동은 그 자신의 (새로운) 합리성을 창조한다. 이것이 안티고네가 이룩한 것이다. 이것이 안티고네가 한 행동의 진정한 결과다. 이것은 미리 계획할 수 없다. 우리는 우리의 진정한 메시지를 우리에게 돌려줄 대타자가 없는 상태에서 모험을 해야 하며, 열린 곳으로 한 걸음 나아가야 한다.

9·11 사건이 경제, 이데올로기, 정치, 전쟁에 끼칠 영향을 아직 모두 알 수는 없지만, 한 가지는 확실하다. 이제까지 자신을 이런 종류의 폭력으로부터 면제된 섬으로 여기면서, 이런 종류의 일을 안전한 거리를 두고 텔레비전 화면으로만 보아오던 미합중국이 이제 직접 관련되었다는 것이다. 따라서 둘 가운데 하나가 될 것이다. 미국인들이 자신들의 '구'를 더 강화하려 할 것인가, 아니면 거기에서 벗어나는 모험을 할 것인가? 미국은 '왜 이런 일이 우리에게 일어나야 하는가? 이런 일들은 **여기에서는** 결코 일어나지 않는다!'라는 매우 비도덕적인 태도를 고집하여 ― 심지어 강화하여 ― 위협적인 '외부'를 향하여 더 호전적으로 나아갈 수도 있다. 간단히 말해서 편집증적 행동화로 나아간다는 것이다. 또는 마침내 자신을 '외부 세계'와 가르는 환영적인 장막을 통과하는 모험을 하여, 자신이 '실재' 세계에 도착했음을 받아들이고, 이미 오래 전에 했어야 할 이동, 즉 '이런 일은 **여기에서는** 일어나서는 안 된다!'로부터 '이런 일은 **어디에서도** 일어나서는 안 된다!'로 이동할 수도 있다. 그것이 이번 공격의 진정한 교훈이다. 그런 일이 **여기에서** 다시는 일어나지 않도록 보장하는 유일한 길은 그런 일이 **다른 어디에서도** 일어나지 않도록 예방하는

것이라는 이야기다. 간단히 말해서 미국은 겸손하게 자신이 이 세계의 일부로서 자신 역시 취약함을 받아들이고, 환호작약하며 복수하는 일이 아니라 슬픈 의무를 감당하는 태도로 책임을 져야 할 사람들을 벌하는 일에 나서야 한다.

세계무역센터 공격을 계기로 또 우리는 이중 협박의 유혹에 저항해야 할 필요성에 직면했다. 단순하게, 오로지, 무조건적으로 그 공격을 비난하기만 하면, '제3세계 악'의 공격을 받는 미국의 결백함이라는 뻔뻔스러운 이데올로기적인 입장을 승인하는 것처럼 보일 수밖에 없다. 아랍 극단주의의 더 깊은 사회정치적 원인들로 주의를 돌려보자고 한다면 피해자들을 탓하는 ─ 결국 당해 마땅한 일을 당했다. ─ 것처럼 보일 수밖에 없다……. 여기에서 유일하게 적절한 해법은 바로 이런 대립을 거부하고, 두 입장을 동시에 채택하는 것이다. 이것은 **총체성**이라는 변증법적 범주에 의지할 때만 가능해진다. 이 두 입장 사이에 선택을 하는 것은 불가능하다. 둘 다 편견에 사로잡혀 있고 허위다. 따라서 분명한 윤리적 입장을 채택하기는커녕 **도덕적 추론의 한계**와 마주치게 된다. 도덕적 관점에서 보자면 피해자들은 결백하고 공격 행동은 혐오스러운 범죄다. 그러나 **이런 결백함은 결백하지 않다**. 오늘날 지구화된 자본주의 세계에서 그런 '결백한' 입장을 채택한다는 것은 그 자체로 거짓 추상이다.

더 이데올로기적인 해석의 충돌에도 같은 이야기를 할 수 있다. 세계무역센터 공격은 민주주의적 자유에서 지키기 위해 싸울 가치가 있는 것에 대한 공격이었다고 주장할 수도 있다. 이슬람교도와 다른 근본주의자들이 비난하는 퇴폐적인 서양의 생활 방식은 어린双

權과 다문화주의적 관용의 세계라는 것이다.[5] 그러나 그것이 지구화된 금융자본주의의 중심이자 상징에 대한 공격이었다고 주장할 수도 있다. 물론 여기에는 둘 다 죄가 있다는 타협적인 관념(테러리스트들도 책임이 있지만, 미국인들도 부분적으로는 책임이 있다……)은 결코 포함되지 않는다. 오히려 핵심은 두 편이 사실상 대립하는 것이 아니라, 똑같은 영역에 속해 있다는 것이다. 전 지구적 자본주의가 총체라는 사실은 이것이 전 지구적 자본주의 그 자체와 그 자본주의 세계 체제의 타자 — '근본주의'적인 이데올로기적 근거에서 그런 자본주의에 저항하는 세력들 — 의 변증법적 통일이라는 뜻이다.

그 결과 9월 11일 이후 등장한 두 가지 주요한 이야기를 스탈린식으로 표현하자면, **둘 다 더 나빴다.** 미국의 애국주의적 서사 — 무고하게 포위 공격을 당했다느니, 애국적 자존심이 용솟음친다느니 하는 이야기 — 는 물론 극단적으로 단순하다. 그렇다고 좌파 서사(미합중국이 당할 일을 당했다, 남들에게 수십 년 동안 해오던 일을 당했다는 식의 고소해하는 마음Schadenfreude이 섞인 이야기)가 더 나을 것이 있을까? 유럽 — 뿐만 아니라 미국 — 좌파의 지배적인 반응은 수치스럽다고 해도 지나치지 않다. 상상할 수 있는 모든 어리석음이 말과 글로 표현되는데, 심지어 세계무역센터는 파괴('거세')를 기다리는 두 음경 상징이었다는 이야기까지 나왔다. 수학적 계산(르완다, 콩고 등지에서 죽은 수백만

---

5   이런 맥락에서 서방 기자들의 질문에 대한 탈레반 외무장관의 답변을 기억해보자. 질문은 왜 아프가니스탄의 여자들이 공무에서 더 큰 역할(또는 어떤 역할이라도)을 하지 않느냐는 것이었다. "매달 며칠 동안 피를 흘리는 사람을 어떻게 믿을 수가 있소!"

명과 비교할 때 6,000명이 뭐가 대수란 말인가)에는 홀로코스트 수정주의를 연상시키는 뭔가 편협하고 비참한 것이 있지 않은가? CIA가 탈레반과 오사마 빈 라덴Osama Bin Laden을 (공동) 창조하여, 그들이 아프가니스탄의 소비에트군과 싸우도록 돈을 대고 지원했다는 사실은 어떤가? 어째서 이 사실이 그들을 공격하는 데 **반대하는** 논거로 인용되는가? 그들이 창조한 괴물을 없애는 것이야말로 그들의 의무라고 주장하는 것이 훨씬 더 논리적이지 않을까?

우리가 "그래, 세계무역센터 붕괴는 비극이지만, 피해자들과 완전한 유대를 가져서는 안 된다, 그렇게 하면 미 제국주의를 지원하는 셈이니까" 하는 맥락에서 생각을 하는 순간, 윤리적 재난은 이미 들이닥친 것이다. 유일하게 적절한 태도는 **모든** 피해자와 조건 없이 유대를 맺는 것이다. 그러나 적절한 윤리적 태도는 죄책감과 공포로 이루어진 교화敎化의 수학으로 대체되는데, 이것은 핵심을 놓친 것이다. 각 개인의 무시무시한 죽음은 절대적이고 비교 불가능하기 때문이다. 간단하게 머릿속 실험을 한번 해보자. 만일 당신에게서 세계무역센터 붕괴의 피해자들에게 완전하게 감정이입하지 못하고 머뭇거리는 구석이 조금이라도 있다면, "그래, 하지만 아프리카에서 고통을 겪는 수백만 명은 어떤가⋯⋯" 하는 말로 당신의 감정이입을 유보하고 싶은 충동을 느낀다면, 당신은 제3세계 공감을 보여주는 것이 아니라, 단지 자기기만mauvaise foi을 보여주는 것일 뿐이며, 이것은 당신이 제3세계 피해자들을 향하여 암묵적으로 생색이나 내는 인종차별적 태도를 지니고 있다는 증거가 될 뿐이다. (더 정확하게 말하자면 그런 비교 산술의 문제는 그것이 필요한 동시에 받아들일 수 없다는 것이다. 그런 진술은 **해야** 한다. 전 세계에서 매일 그보다 훨씬 더 심한 참사가 일어난다는 사실을 주장**해야** 한다. 그러나 외설적인 죄책감의 수학에 말려들지 말고 그렇게 해야 한다.)

이런 반미주의가 '커다란' 유럽 나라들, 특히 프랑스와 독일에서 가장 눈에 띈다는 것도 놀랄 일은 아니다. 이것은 전 지구화에 대한 그들의 저항의 일부다. 최근의 전 지구화 경향이 민족국가의 주권을 위협한다는 불평이 자주 들린다. 그러나 우리는 이 발언을 제한해야 한다. 그런 위협에 가장 많이 노출된 나라가 어디인가? 작은 나라가 아니라 2급의 (과거) 세계 강대국, 즉 영국, 독일, 프랑스 같은 나라들이다. 그들이 두려워하는 것은 새로 등장하는 세계 제국에 완전히 빠져들면 자신들이 예를 들어 오스트리아, 벨기에, 또 심지어 룩셈부르크와 같은 수준으로 작아질 것이라는 점이다. 프랑스에서 많은 좌우파 민족주의자들이 공유하는 '미국화' 거부는 따라서 궁극적으로 프랑스 자체가 유럽에서 지배적인 역할을 잃고 있다는 사실을 받아들이지 않으려는 것이다. 이런 거부의 결과는 종종 희극적이다. 최근 한 철학 콜로키엄에서 어떤 프랑스 좌파 철학자는 자신을 제외하면 프랑스에는 프랑스 철학자가 없는 것이나 마찬가지라고 불평했다. 자크 데리다Jacques Derrida는 미국 해체주의에 팔렸으며, 학계는 앵글로색슨의 인지주의에 압도당하고 있다는 것이다.

여기에서 간단한 머릿속 실험이 하나 더 필요하다. 세르비아 출신인 어떤 사람이 자신이 현존하는 진정한 세르비아 철학자로는 유일한 존재라고 주장한다고 상상해보자. 그는 즉시 민족주의자라고 비난과 조롱을 당할 것이다. 따라서 큰 민족국가와 작은 민족국가 사이의 무게의 평준화는 전 지구화의 유익한 효과 가운데 하나로 꼽아야 한다. 동유럽의 새로운 탈공산주의 국가에 대한 경멸적 조롱에서 유럽 '대국'의 상처 받은 자기도취의 윤곽을 분간해내는 것은 어려운 일이 아니다. 여기에서는 소국들에 대한 레닌의 섬세한 태도(대국과 소국 사이의 관계에서 늘 '작은' 민족주의를 더 많이 고려해야 한다는 그의 주장을 생각해보라)를 배우는 것이 큰 도움이 될 것이다.

흥미롭게도 똑같은 구도가 옛 유고슬라비아 내부에서도 재생산되었다. 세르비아인 자신들만이 아니라, 심지어 서양 강대국 다수도 세르비아는 자신의 국가를 만들 수 있을 만한 실체를 가진 유일한 인종 집단임이 자명하다고 인식했다. 1990년대 내내 세르비아 민족주의를 거부하며 슬로보단 밀로셰비치Slobodan Milošević를 비판하던 급진적인 민주주의자들도 옛 유고슬라비아 공화국들 가운데는 오직 세르비아만이 민주주의의 잠재력이 있다는 전제에 따라 행동했다. 밀로셰비치를 쓰러뜨린 뒤에는 세르비아만이 번창하는 민주국가로 바뀔 수 있었으며, 다른 옛 유고슬라비아 나라들은 그 자신의 민주국가를 유지하기에는 너무 '지방적'이었다. 이것은 프리드리히 엥겔스Friedrich Engels의 유명하면서도 통렬한 발언을 기억나게 하지 않는가? 엥겔스는 발칸의 작은 나라들은 그 존재 자체가 반동이고 과거의 잔존이기 때문에 정치적으로 반동적이라고 말했다.

미국의 '역사로부터 얻은 휴가'는 가짜였다. 미국의 평화는 다른 곳의 파국을 대가로 산 것이었다. 요즘 지배적인 관점은 외부로부터 공격해 들어오는 언어도단의 '악'과 마주하는 결백한 눈길이라는 관점이다. 이 경우에도 이 눈길에 관하여 우리는 힘을 그러모아 여기에 헤셸의 유명한 금언, 즉 '악'은 주위의 '악'을 인식하는 그 결백한 눈길 자체에(도) 살고 있다는 격언을 적용해야 한다. 따라서 분별없이 쾌락에 몰두한 타락한 미국이라는 '도덕적 다수'의 가장 답답한 견해에도, 이 성적 착취와 병적 폭력의 지옥에 대한 보수적인 공포에도 진실의 요소는 있다. 그들이 인식하지 못하는 것은 단지 이 지옥과 그들 자신의 가짜 결백성이라는 입장 사이의 헤겔적인 사변적 동일성일 뿐이다. 수많은 근본주의 설교자들이 개인적으로는 성적 도착자로 판명난다는 사실은 단지 우연적인 경험적 사실이 아닌 것이다. 자신이 매춘부를 찾아간 것이 자신의 설교에 힘을 보태주었을 뿐(내밀한 갈등을 통해 자신이 무엇에 반대하여 설교할지 알게 되었다는 것)이라는 지미 스와거트Jimmy Swaggart*의 악명 높은 주장은 물론 직접적인 주관적 수준에서는 위선이지만, 그럼에도 **객관적으로 진실**이다.

탈레반의 지도자 물라 무함마드 오마르Muhammed Omar의 발언에 대해서도 똑같이 이야기할 수 있지 않을까? 오마르는 2001년 9월 25일 미국인들에게 세계무역센터와 펜타곤에 대한 파괴적인 공격에 대응할 때 아프가니스탄을 공격한다는 그들 정부의 정책을 맹목적으로 추종할 것이 아니라 그들 스스로 판단을 해보라고 호소했다. "여러분은 참이든 거짓이든 여러분 정부가 하는 모든 말을 받아들입니다……. 여러분은 스스로 생각을 하지 않습니까? …… 여러분 자신의 분별력과 이해력을 사용하는 것이 더 낫습니다." 이 발언은 맥락에서 떼어낸 추상적 의미로 보자면 절대적으로 적절한 것 아닌가? 이 상황의 이러한 첫 번째 커다란 아이러니(바로 모차르트적인 의

    ●   미국의 근본주의 텔레비전 전도사.

미의 아이러니인데, 당신이 주관적으로는 위선적일지 몰라도, 당신의 발언은 당신이 생각하는 것보다 더 진실에 가깝다는 것이다)에 우리는 두 번째 아이러니를 보태야 한다. 테러리스트들에 대한 미국의 작전의 첫 번째 암호명이 "무한 정의"라는 사실이다(오직 신만이 무한 정의를 실현할 수 있다는 이슬람 성직자들의 항의에 따라 나중에 바꾸었다).

진지하게 생각해보면 이 이름은 매우 모호하다. 이 말은 미국인들에게 테러리스트만이 아니라 테러리스트를 물질적·정신적·이데올로기적으로 지원하는 모든 사람들을 무자비하게 없애버릴 권리가 있다는 뜻일 수도 있다.(그리고 이런 과정은 그 정의상 바로 헤겔의 '악무한'이라는 의미에서 끝이 없다. 그런 일은 결코 진실로 완수될 수 없다. 늘 다른 테러리스트의 위협이 있을 것이기 때문이다……) 또는 실현되는 정의가 엄격하게 헤겔적인 의미에서 진실로 무한하다는 뜻일 수도 있다. 즉 남들과 관계를 맺는 가운데 자기 자신과 관계를 맺어야 한다는 뜻이다. 간단히 말해서 정의를 실현하는 우리가 싸우는 대상과 어떻게 관련을 맺고 있는가 하는 문제를 제기해야 한다는 것이다. 2001년 9월 22일 자크 데리다는 테오도르 아도르노 상을 받으면서 수상 연설에서 세계무역센터 공격을 언급했다. "내가 9·11의 피해자들을 조건 없이 동정한다고 해서 이렇게 큰소리로 말하지 못하는 것은 아니다. 이 범죄와 관련하여 나는 누구도 정치적으로 죄가 없다고 생각하지 않는다." 이렇게 자신과 관계 맺는 것, 이런 식으로 그림 속에 자신을 포함시키는 것이야말로 유일하게 진정한 '무한 정의'다.

9·11 사태와 관련하여 우리가 할 수 있는 최악의 일은 그것을 '절대악', 설명하는 것 그리고/또는 변증하는 것이 불가능한 진공으

로 높여버리는 것이다. 이것을 쇼아Shoah*와 함께 한 시리즈 안에 배치하는 것은 신성모독이다. 쇼아는 국가 기관원과 그 집행자들로 이루어진 방대한 망이 조직적으로 수행한 것이다. 그들은 세계무역센터 파괴자들과는 달리 자신의 죽음의 자살적 수용을 보여주지 않았다. 한나 아렌트Hannah Arendt가 말했듯이, 그들은 자신의 일을 하는 익명의 관료들이었으며, 그들이 하는 일과 그들의 개인적 경험 사이에는 엄청난 간극이 있었다. 테러리스트 공격의 경우에는 이런 "'악'의 평범성"이 없다. 테러리스트들은 자신의 행동의 잔혹성을 충분히 생각했다. 이런 잔혹성이야말로 그들이 그런 행동을 하도록 이끈 치명적 매력이었다. 약간 다른 식으로 표현해보자. 나치는 '유대인 문제를 해결'하는 일을 공중의 눈으로부터 감추어진 외설적 비밀로 유지했던 반면, 테러리스트들은 그들의 행동의 볼거리를 뻔뻔스럽게 과시했다. 두 번째 차이는 쇼아가 **유럽** 역사의 일부로서, 이슬람교도와 유대교도 사이의 관계와 직접 관련이 없는 사건이었다는 것이다. 사라예보를 생각해보라. 사라예보에는 옛 유고슬라비아에서 단연 가장 큰 유대인 공동체가 있었다. 그뿐 아니라 이곳은 유고슬라비아에서 가장 코스모폴리탄적인 도시였고 영화와 록 음악의 중심으로 번창하고 있었다. 왜? 바로 이곳이 이슬람이 지배하던 도시였기 때문이다. 기독교가 지배하는 다른 대도시들에서는 유대인과 이슬람교도를 오래 전에 정화해버린 반면, 이곳에서는 이슬람이 유대인과 기독교도의 존재에 관용을 보였다.

---

* 히브리어로 절멸, 파국이라는 뜻이며, 유대인 학살을 가리킨다.

왜 뉴욕의 참사가 예컨대 1994년 르완다에서 벌어진 투치족의 후투족 대량 학살보다 어떤 식으로든 더 큰 특권을 누려야 하는가? 또는 1990년대 초 이라크 북부에서 벌어진 쿠르드족을 향한 대량 폭격과 가스 독살은 어떤가? 또는 인도네시아 군대의 동티모르 대량 학살은? 또는…… 다수가 겪은 고난이 뉴욕의 고난보다 훨씬 더 컸던, 또 지금도 더 큰 고난을 겪고 있는, 그러나 매체에 의해 '절대악'의 숭고한 피해자라는 지위로 격상될 만큼 조명을 받는 행운이 없었던 나라들의 목록은 길다. 이것이 핵심이다. 그 용어를 사용할 것을 고집한다면, 이것들 모두 '절대악'들이다. 따라서 우리는 금지나 설명을 확장하여, 이런 악들 가운데 어느 것도 '변증'할 수 없고 해서도 안 된다고 주장해야 할까? 우리는 한 걸음 더 나아가야 하는 것 아닐까? 사디스트 대량 살인범 제프리 다머Jeffrey Dahmer에서부터 냉혈하게 다섯 자식을 물에 빠뜨려 죽인 안드레아 예이츠에 이르기까지 '개인적인' 잔혹한 범죄들은 어떤가? 이런 모든 행동 하나하나에 뭔가 진짜인/불가능한/설명할 수 없는 것이 있지 않은가? 프리드리히 셸링Friedrich Schelling이 200년도 전에 말했듯이, 이 각각에서 우리는 자유의지의 궁극적 심연, 즉 심리적·사회적·이데올로기적 용어로 이루어진 어떤 설명에도 저항하는 '내가 그랬기 때문에 그랬다!'는 설명할 길 없는 사실과 맞닥뜨리게 되는 것 아닐까?

따라서 우리는 라캉의 유명한 홀로코스트(나치의 유대인 절멸) 독법, 즉 그것을 바로 그 말의 낡은 유대적 의미의 홀로코스트 — 자신들의 '향락'을 향한 무시무시한 요구를 충족시키기 위해 잘 알려지지 않은 신들에게 드리는 희생제 — 로 읽는 독법을 거부해야 하다. 오히려 절멸당한 유대인들은 고대 로마인들이 호모 사케르Homo Sacer — 인간이지만 인간 공동체로부터 배척당한 자들로, 이런 이유 때문에 이들을 죽여도 벌을 받지 않았다. — 라고 부른 것의 사례에 속한다. 바로 그런 이유 때문에 그들을 희생으로 바칠 수는 없었다(희생 제물로서 가치가 없었기 때문에). 9·11 사태가 인간 희생을 요구하는 모호한 신과 어떤 관계가 있을까? 그래, 물론 거대한 세계무역센터를 폭파한 것은 단지 상징적 행동(그 목적이 '메시지를 전달하는 것'이라는 의미에서)만은 아니었다. 그것은 일차적으로 치명적 향락의 폭발, 자신을 대타자의 향락의 도구로 만드는 도착적 행동이었다. 그렇다, 물론 공격자들의 문화는 죽음의 병적 문화였으며, 폭력적 죽음 속에서 자기 삶의 최고의 완성을 찾는 태도였다. 그렇다, 물론 공격의 궁극적 목적은 어떤 감추어진 또는 분명한 이데올로기적 의제가 아니라, 정확하게 헤겔적인 의미에서 우리 일상생활에 절대적 부정성의 차원을 (재)도입하는 것이었다. 우리, 진정한 니체적인 '최후의 인간들'의 격리되어 있는 일상적 삶의 경로를 부수는 것이었다. 신성모독으로 보일지 몰라도, 세계무역센터 공격은 안티고네의 행동과 어떤 공통점이 있다. 이들 둘 다 '재화의 제공', 쾌락-현실 원리의 지배를 무너뜨리기 때문이다. 그러나 여기서 해야 할 '변증법적인' 일은 이런 행동들을 '이성 또는 인류의 진보'라는 더 거대한 서사 속에 집어넣는 것이 아니다. 그렇게 하면 이 사건들을 구속救贖하지는 못해도 적어도 모든 것을 포괄하는 더 크고 일관된 서사의 일부로 만들 수는 있을 테지만. 또 발전의 '더 높은' 단계로 '지양'(헤겔주의의 순진한 관념)하는 것도 아니다. 우리는 우리 자신의 결백함에 의문을 품고, 우리 자신이 그 사건들에 (환영적으로 리비도적으로) 투자하고 참여한 것을 토론하고 평가해야 한다.

따라서 '절대악'과 마주하여 경외감 — 벌어지는 일에 대하여 생각하는 것을 금지한다. — 에 사로잡힌 채 기운이 쑥 빠져 꼼짝도 못할 것이 아니라, 견딜 수 없는 불안의 원인이 되는 이런 외상적 사건들에 대응하는 데에는 두 가지 근본적인 방법이 있다는 사실을 기억해야 한다. 초자아의 방법과 행동의 방법이다. 초자아의 방법은 바로 라캉이 말하는 모호한 신들에게 희생물을 올리는 방법이다. 실패하는 상징적인 법의 간극(갭)을 메우기 위해 잔인하고 외설적인 법의 야만적 폭력을 재주장하는 것이다. 그럼 행동은? 나에게 쇼아의 영웅 가운데 한 사람은 수용소 장교들에게 춤을 추어달라는 요청을 받았던 유명한 유대인 발레리나다. 물론 이것은 그녀에게 특별히 수모를 주려는 의도였다. 그러나 이 발레리나는 거부하는 대신 춤을 추었다. 그녀는 춤으로 그들의 시선을 묶어둔 상태에서, 방심한 경비병에게서 잽싸게 기관총을 빼앗아 여남은 명의 장교를 죽였다. 물론 그녀 자신도 총을 맞고 죽었다……. 그녀의 행동은 펜실베이니아에 추락한 비행기에 탔던 승객들의 행동에 비견할 만하지 않은가? 그들은 죽을 것을 알면서도 조종실로 들어가 비행기를 불시착시켜 다른 수백 명의 생명을 구했다.

파국과 혁명 사이에서

8

폭력의 기능

따라서 해야 할 일은 우리의 '구sphere'를 공격적으로 보호하는 것이 아니라, '구'라는 환상으로부터 벗어나는 것이다. 어떻게? 할리우드의 특별한 성취라고 할 수 있는 데이비드 핀처David Fincher의 「파이트 클럽」(1999)은 이런 막다른 골목과 정면으로 맞붙는다. 이 영화의 불면증에 걸린 주인공(에드워드 노튼이 뛰어나게 연기했다)은 의사의 조언에 따라, 또 진정한 고난이 무엇인지 발견하려고, 고환암 환자들을 지원하는 그룹에 가입한다.[1] 그러나 그는 곧 그런 이웃 사랑

---

1   「파이트 클럽」의 대본에는 다른 뛰어난 장면들 외에도 영화사상 가장 훌륭한 임신 중절 합법화 지지 대사를 포함하고 있다(안타깝게도 영화 자체에는 포함되지 않았다). 헬레나 본햄 카터는 주인공과 강렬한 사랑을 나누다가 숨을 헐떡거리며 말한다. "사랑해. 네 낙태(abortion)를 갖고 싶어." 흔히 사용하는 "네 아이를 갖고 싶어"가 아니라 이것이 사랑의 궁극적 표현이다. 후손을 희생하는 행동, 따라서 사랑의 관계를 그 자체로 절대적 목적으로 만드는 행동이다.

의 실천이 그릇된 주체적 입장(관음증적 동정)에 의존하고 있다는 것을 발견하고, 곧 훨씬 더 근본적인 실천에 관여하게 된다. 그는 비행기에서 카리스마가 느껴지는 청년 타일러(브래드 피트)를 만난다. 타일러는 주인공에게 실패와 공허한 소비문화로 가득한 삶이 쓸모없음을 보여주면서 해법을 제시한다. 서로 곤죽이 되도록 때리며 싸우는 것이 어떠냐는 것이다. 이 생각을 중심으로 점차 거대한 운동이 펼쳐진다. 전국의 술집 지하실에서 근무가 끝난 뒤 비밀 권투 시합이 벌어진다. 이 운동은 곧 정치성을 띠어, 대기업에 대한 테러 공격을 조직한다……. 영화 중간에 거의 견딜 수 없을 정도로 고통스러운 장면이 나온다. 데이비드 린치David Lynch의 가장 괴상한 순간들이 떠오르는 장면인데, 이것은 마지막의 놀라운 반전을 푸는 일종의 실마리 역할을 한다. 내레이터(주인공)는 자신이 일을 하지 않아도 보수를 받아야겠다며 상사를 협박하려고 경비원들이 오기 전까지 상사의 사무실에서 몸을 내던지며 피가 나도록 자신을 때린다. 당황한 상사 앞에서 자신을 향한 상사의 공격성을 스스로 행동으로 옮기는 셈이다. 나중에 내레이터는 보이스오버를 통해 자신의 생각을 전한다. "어떤 이유에서인지 나는 나의 첫 싸움이 생각났다. 타일러와 싸운 것 말이다." 술집 바깥의 주차장에서 벌어지는 내레이터와 타일러 사이의 이 첫 싸움은 청년 다섯 명이 지켜본다. 그들은 웃음을 터뜨리고 놀라운 즐거움 속에서 눈길을 교환한다.

그 싸움은 누가 싸우는지 모르는 사람들이 지켜보고 있었기 때문에, 우리는 우리가 보는 것이 곧 그들이 보는 것이라고 믿게 된다. 즉 두 사람 사이의 싸움으로 보인다는 것이다. 마지막에 가서야 우리는 그들이 지켜보는 것은 내레이터가 주차장에서 혼자 몸을 던지며 자신을 때리는 모습임을 알게 된다.[2]

따라서 영화가 끝날 무렵 우리는 내레이터가 사실을 더 부정할 수 없을 정도로 확실한 증거가 나올 때까지 자신이 제2의 삶을 영위해왔다는 사실을 몰랐다는 것을 알게 된다. 타일러는 내레이터의 정신 바깥에는 존재하지 않았던 것이다. 다른 인물들이 타일러와 상호 작용을 할 때 그들은 사실 타일러의 페르소나를 지닌 내레이터와 상호 작용을 했던 것이다. 그러나 노튼이 상사 앞에서 자신을 때리는 장면을 타일러가 존재하지 않는다는 사실을 암시하는 것으로만 읽는 것은 물론 불충분하다. 이 장면의 견딜 수 없을 정도로 고통스럽고 당혹스러운 효과는 이것이 어떤 거부된 환영적 진실을 드러낸다(상연한다)는 사실을 증언한다. 「파이트 클럽」의 원작이 된 소설에서 이 장면은 실제로 벌어지는 일(노튼이 상사 앞에서 자신을 때리는 것)과 노튼의 환상(상사가 타일러를 때리는 것) 사이의 교환으로 서술되어 있다.

영사 기사 조합 사무실에서 타일러는 조합장의 주먹에 맞은 뒤에 웃음을 터뜨린 일이 있다. 주먹 한 방에 타일러는 의자에서 나가 떨어졌다. 그는 벽에 기대 앉아 웃음을 터뜨렸다.

---

2   Ira Nayman, "The Man Who Wasn't There", *Creative Screenwriting*, vol. 8, no. 2(2001년 3-4월), p. 58.

"계속해봐, 나를 죽일 수는 없을 테니." 타일러는 웃음을 터뜨리고 있었다. "멍청한 씨발놈. 어디 날 때려서 똥 싸게 해봐라. 하지만 나를 죽일 수는 없어."

......

"나는 쓰레기야." 타일러가 말했다. "나는 쓰레기고 똥이고, 너가 보기에 미친 놈이지."

......

타일러가 공처럼 몸을 웅크리자 조합장이 구둣발로 타일러의 옆구리를 걷어찼다. 그러나 타일러는 여전히 웃고 있었다.

"다 쏟아내." 타일러가 말했다. "나를 믿어. 기분이 훨씬 나아질 거라니까. 기분이 좋아질 거야."

......

나는 지배인의 책상머리에 서서 말한다, 뭐라고요?

이 생각이 마음에 안 드나?

나는 움찔하지 않고, 계속 지배인을 바라보면서, 팔을 크게 휘둘러 원심력을 이용하여 주먹을 날린다. 코의 딱지가 뜯겨나가면서 새로 피가 난다.

......

피가 양탄자에 흐른다. 나는 호텔 지배인의 책상 가장자리에 묻은 괴물의 손자국 같은 피를 움켜쥐며 말한다. 제발, 살려주세요. 그러면서 나는 낄낄거리기 시작한다.

......

너는 가진 게 아주 많아. 나는 아무것도 없고. 나는 피 묻은 손으로

프레스먼 호텔 지배인의 줄무늬가 처진 양복바지를 잡고 기어오르기 시작한다. 지배인은 뒤에 등을 기대고 힘을 주고 있다. 두 손으로 뒤의 창턱을 붙들고 있다. 얇은 입술이 벌어지며 이가 드러난다.

......

몸싸움이 일어난다. 지배인은 비명을 지르며 자신의 두 손을 나에 게서, 내 피에서, 내 부서진 코에서 빼려 한다. 우리 둘 다 피에 더러운 것이 묻어 있다. 바로 그때, 우리의 최고의 순간에, 경비원들이 들어온 다.[3]

이 자기 구타는 무엇을 나타내는가? 첫 번째로 그 근본적 기능 은 팔을 뻗어 진짜 '타자'와 관계를 재확립하는 것이다. 자본주의적 주체성의 근본적인 추상이나 차가움 — 컴퓨터 화면 앞에 혼자 앉 아 온 세상과 의사소통을 하는 외로운 단자적 개인의 모습에서 가 장 훌륭하게 예시된다. — 과 절연하는 것이다. 싸움의 폭력은 우리 가 다른 사람과 거리를 유지하게 해주는 인도주의적 동정심과는 대 조적으로 이런 거리를 없애는 신호가 된다. 물론 이런 전략은 위험하 고 모호하지만(폭력적인 남성 유대라는 원 파시즘적 마초 논리로 쉽게 퇴행할 수 있다), 이런 모험은 해야 한다. 자본주의적 주체성이라는 폐쇄 상태 로부터 탈출하는 다른 직접적인 길은 없다.

따라서 「파이트 클럽」의 첫 번째 교훈은 우리가 자본주의 주체

---

3   Chuck Palahniuk, *Fight Club*, New York: Henry Holt & Company 1996, pp. 114~117.

성으로부터 혁명적 주체성으로 **직접** 갈 수는 없다는 것이다. 위험을 무릅쓰고 고통받는 타자를 향하여 직접 손을 뻗는 행동으로 먼저 추상성을 부수어야 한다. 즉 다른 사람들을 배제하는 상태, 타자의 고난과 고통에 눈을 가린 상태를 부수어야 한다. 이것은 우리의 정체성의 핵을 부수는 것이기 때문에 매우 폭력적으로 보일 수밖에 없다. 그러나 **자기** 구타에는 다른 수준도 작용하고 있다. 주체가 똥(배설물)과 자신을 동일시하는 것인데, 이것은 잃을 것이 없는 프롤레타리아의 입장을 채택하는 것과 같은 일이다. 순수한 주체는 오직 이런 근본적인 자기 타락의 경험을 통해서만, 내가 똥을 싸도록, 나에게서 모든 실체적 내용을 비우도록, 나에게 약간의 위엄을 부여할 수 있는 모든 상징적 뒷받침을 비우도록 타자가 나를 때리는 것을 허용/자극할 때에만 나타난다. 따라서 노튼이 상사 앞에서 자신을 때릴 때 그가 상사에게 보내는 메시지는 이런 것이다. '나는 네가 나를 때리고 싶다는 것을 안다. 하지만 보다시피, 나를 때리고 싶은 너의 욕망은 동시에 나의 욕망이기도 하다. 따라서 네가 나를 때린다면, 너는 나의 도착된 마조히즘적 욕망의 하인 노릇을 하는 것이다. 그러나 너는 너무 겁이 많아 네 욕망을 행동으로 옮기지 못한다. 따라서 내가 너 대신 해주마. 자, 여기 있다. 너는 네가 진실로 원하는 것을 얻었다. 왜 그렇게 당황하는가? 이것을 받아들일 준비가 되어 있지 않은가?'[4] 여기에서 환상과 현실 사이의 간극은 매우 중요하다.

---

4   유일하게 비슷한 경우가 「미, 마이셀프 앤드 아이린(Me, Myself and Irene)」 (2000)이다. 여기에서도 짐 캐리는 자기 자신을 때린다. 물론 여기에서는 분열된 인격의 한 부분이 다른 부분을 희극적인(고통스럽게 과장되어 있

물론 상사는 실제로는 결코 노튼을 때리지 않을 것이다. 그가 단지 그런 공상을 할 뿐이다. 노튼의 자기 구타의 고통스러운 효과는 상사가 결코 현실화할 수 없는 은밀한 환상의 내용을 스스로 상연上演한다는 바로 그 사실에 달려 있다.

역설적이지만, 이런 상연은 해방을 향한 첫 번째 행동이다. 이 행동에 의해 주인에 대한 종의 마조히즘적이고 리비도적인 애착이 드러나고, 따라서 종은 그 애착에 대해 최소한의 **거리**를 얻게 된다. 순수하게 형식적인 차원에서도 자신을 때린다는 사실은 '**주인이 잉여물**(남아도는 것)**일 뿐**'이라는 간단한 사실을 드러낸다. '나를 위협하는 데 당신이 필요할까? 나 스스로도 할 수 있는데!' 따라서 먼저 **자신을** 때리는 것을 통해서만 자유로워진다. 이런 때리기의 진정한 목표는 내 안에서 내가 주인에게 애착을 갖게 하는 것을 두들겨 드러내는 것이다. 영화의 마지막에 가서 노튼은 자신을 총으로 쏘며(노튼은 살아남고, 실제로는 오직 '그 자신 안의 타일러'만, 자신의 분신만 죽인다), 그럼으로써 때리기의 이중의 거울 관계에서 자신을 해방시킨다. 자기 공격의 이 절정에서 그 자기 공격의 논리는 자기 자신을 거두어들인다. 노튼은 이제 자신을 때릴 필요가 없다. 이제 그는 진정한 적(체제)을

기는 하지만) 방식으로 때리는 것이다. 그러나 돈 시걸의 「더티 해리(Dirty Harry)」(1971)에는 「파이트 클럽」의 자기 때리기를 예감할 수 있는 장면이 있다. 연쇄살인범은 '더티 해리'(클린트 이스트우드가 연기한 캘러헌 경감)가 경찰임에도 잔혹 행위를 했다고 비난하려고 깡패를 고용해 자기 얼굴을 곤죽이 되도록 때리게 한다. 그는 얼굴이 피범벅이 되었을 때도 계속 자기를 때리라고 한다. "더 세게 때려!"

때릴 수 있을 것이다.[5] 그런데 정치적 시위에서도 이와 똑같은 전략이 가끔 사용된다. 경찰이 군중을 때릴 준비를 하고 막아설 때, 상황을 충격적으로 역전시키는 방법은 군중 속의 개인들이 서로를 때리기 시작하는 것이다.

질 들뢰즈는 레오폴트 폰 자허-마조흐Leopold von Sacher-Masoch에 관한 에세이[6]에서 이런 측면을 상세하게 설명했다. 마조히스트의 자기 고문은 사디스트 목격자에게 만족을 주기는커녕 좌절만 안겨주며, 마조히스트를 다스릴 권력을 빼앗는다. 사디즘은 지배 관계를 포함하며, 마조히즘은 해방을 향한 필수적인 첫 단계다. 우리가 권력 기제에 종속될 때, 이러한 종속은 언제나 그리고 그 정의상 어떤 리비도의 투자에 의해 유지된다. 종속 자체가 그 나름의 잉여 향유를 만들어낸다. 이런 종속은 '물질적인' 육체적 관행들의 망에 구현되며, 이런 이유 때문에 우리는 단순하게 지적인 사유만으로는 종속을 없앨 수 없다. 우리의 해방은 어떤 육체적 공연으로 **상연**되어야한다. 나아가서 이런 공연은 분명히 '마조히즘적' 성격을 **띠어야 한다.** 자신을 되치는 고통스러운 과정을 상연**해야 한다**는 것이다.[7] 실

---

5 행동을 '자신을 되치기'로 보는 관념에 대한 더 자세한 설명은 Slavoj Žižek, *The Fragile Absolute*, London and New York: Verso 2000 참조.

6 Gilles Deleuze, *Masochism and Coldness*, New York: Zone Books 1993 참조.

7 「파이트 클럽」에 대한 거의 모든 비평적 반응이 폭력의 이런 해방적 잠재력에 눈을 감고 있다는 점은 '정치적으로 올바른' 관점이 강요한 제약을 분명하게 보여준다. 비평가들은 이 영화에서 폭력적 남성성의 재주장을 전통적 남성성을 훼손하는 최근의 경향에 대한 편집증적 반응으로 보았다. 그 결과 그들은 이 영화를 파시즘의 원형을 보여준다고 비난

비아 플라스Sylvia Plath도 자신의 유명한 시 「아버지Daddy」에서 똑같은 전략을 채택하지 않았던가?

그녀가 시에서 하는 일은 야릇한 거리감을 두고 폭력을 그녀 자신에게로 향하게 하여, 스스로 가한 억압으로 자신이 그녀의 억압자들과 동등할 수 있음을 보여주는 것이다. 이것은 강제수용소의 전략이다. 무슨 일을 하든 고난을 겪을 수밖에 없을 때, 스스로에게 고통을 줌으로써 자신의 정체성을 얻고, 자기 자신을 자유롭게 할 수 있다.[8]

이것은 또 플라스의 홀로코스트 언급 문제도 해결해준다. 일부 비평가들은 그녀가 아버지의 억압과 유대인에 대한 나치의 만행을 은근히 동등하게 본 것은 받아들일 수 없는 과장이라고 말한다. 그러나 중요한 것은 범죄의 양(이것은 명백히 비교 불가능하다)이 아니라, 플라스가 폭력을 자기 자신에게로 돌리는 강제수용소 전략을 자신의 심리적 해방의 유일한 수단이라고 느낄 수밖에 없었다는 사실이다. 이러한 이유 때문에 아버지에 대한 그녀의 철저하게 양가적이고 히스테리적인 태도(아버지의 억압적 현존에 대한 공포와 동시에 아버지에게 느끼는 분명한 리비도적인 매혹 ― '모든 여자는 파시스트를 사모한다, 얼굴을 걷어차는 장화……')를 가볍게 보는 것도 너무 단순하게 여겨진다. 자신을 피해자로 만드는 과정에서 리비도를 투자하는 이런 히스테리적

하거나, 이런 파시즘의 원형적 태도에 대한 비판이라고 칭찬했다.

8　Claire Brennan, *The Poetry of Sylvia Plath*, Cambridge: Icon Books 2000, p. 22에서 인용.

매듭[9]은 절대 풀 수 없기 때문이다.[10] 즉 억압을 당하고 있다는 '구속救贖적' 자각과 히스테리적인 주체가 바로 이런 억압으로부터 끌어내는 '병적' 향유를 대립시켜, 그들의 결합을 '미완의 기획으로서 가부장적 지배로부터의 해방'(하버마스가 한 말을 풀어 썼다)된 결과로 해석할 수는 없다. 즉 종속에 대한 '훌륭한' 페미니스트적 자각과 집요한 가부장적 리비도 경제 — 히스테리 환자를 가부장제에 묶어 그녀의 종속을 자발적 굴종servitude volontaire으로 만드는 — 사이의 분열의 지표로 해석할 수 없다는 것이다. 만일 그렇다면 해법은 간단할 것이다. 마르크스가 피에르 조제프 프루동Pierre-Joseph Proudhon에 관해 이야기하면서 프티부르주아적 절차의 본보기라고 지목했던 것을 행동에 옮기면 되는 것이다. 즉 모든 현상에서 '좋은' 측면과 '나쁜' 측면을 구별하고, 그런 뒤에 좋은 면을 인정하고 나쁜 면은 없애는 것이다. 이 경우에는 '좋은 측면'(억압의 자각)은 유지하고 '나쁜' 측

---

9 Elisabeth Bronfen의 히스테리 연구서인 *The Knotted Subject*, New York: Columbia University Press 2000에서 이 용어를 빌려왔다.

10 여기에서 플라스가 테드 휴스(Ted Hughs)와 함께 보낸 첫 사랑의 밤을 묘사할 때도 "홀로코스트"라는 용어를 사용했다는 점에 주목해야 한다. "런던에서 테드와 잠 못 이루는 홀로코스트의 밤을 보낸 뒤에 기진맥진하여 토요일 초저녁 파리에 도착했다"(*The Unabridged Journals of Sylvia Plath*, Karen V. Kukil 편, New York: Anchor Books 2000, p. 552). 따라서 그녀에게 "홀로코스트"는 상상할 수 없는(묘사할 수 없는) 공포인 동시에 상상할 수 없는 향유이기도 하다. 간단히 말해서 묘사할 수 없는 과잉 그 자체인 것이다. 나아가서 많은 정황 증거로 보건대, 실비아와 테드는 진정한 궁정풍 사랑의 정신으로, 완전한 성교를 하지 않고도 이런 강렬한 성적 경험을 실현했다. 사실 실비아는 '형식적으로는 처녀성'을 유지하면서도 '실질적인 만족'을 얻는 기술에 통달한 사람이었다(같은 책, p. 147).

면(억압에서 쾌락을 얻는 것)은 버리려고 노력하면 된다. 그러나 이런 식으로 '매듭을 푸는 것'은 먹히지 않는다. **종속에 대한 진정한 자각은 바로 우리가 거기에서 끌어내는 외설적인 과잉의 쾌락(잉여-향유)에 대한 자각**이기 때문이다. 그래서 해방의 첫 번째 행동은 이런 과잉 쾌락을 없애는 것이 아니라, 적극적으로 그것을 떠안는 것이다. 그리고 바로 이것이 「파이트 클럽」의 주인공이 한 일이다. 버트런드 러셀Bertrand Russell은 『러셀 자서전』에서 자신이 T. S. 엘리엇T. S. Eliot과 그의 부인 비비언의 문제를 풀도록 돕다가 "결국 그들이 자신들의 문제를 즐긴다는 것을 알았다"[11]고 말한다. 간단히 말해서 그들이 그들의 증상을 즐기는 것을 알았다는 이야기다.

그렇다면 증상이란 무엇인가? 리샤르드 카푸친스키Ryszard Kapuściński는 새 책 『태양의 그림자The Shadow of the Sun』[12]에서 나이지리아 오니차의 간선도로에 뻥 뚫린 거대한 구덩이의 영향을 이야기한다. 이 구덩이 때문에 차들이 몇 킬로미터씩 못 움직이게 되었는데, 결국 이 구덩이는 하나의 제도가 되었다. 이 구덩이를 중심으로 도시 생활에 완전히 새로운 초점이 형성되기 시작했다. 한 무리의 소년들은 줄에 끼어 있는 트럭의 짐을 내렸고, 다른 소년들은 차량을 물이 넘치는 구덩이로 끌고 들어왔다가 다시 꺼내주었다. 여자들은 가장자리에 줄을 지어 둘러서서 뜨거운 음식을 팔았고, 다른 사람들은 집에

---

11   *The Autobiography of Bertrand Russell*, London: Routledge 2000, p. 295.

12   Ryszard Kapuściński, *The Shadow of the Sun*, New York: Knopf 2001.

서 만든 레모네이드와 맥주로 호객 행위를 했다. 담배와 껌을 파는 소년들도 있었다. "갑자기 그러나 자연발생적으로, 오로지 그 불행한 구덩이 덕분에 콧노래를 부르며 부산스럽게 움직이는 역동적인 동네가 생겨났다."[13] 운전사들이 통과할 차례를 기다리며 며칠 밤을 보낼 수밖에 없게 되자 동네 상점들이 그들을 재울 곳으로 바뀌면서 새로 만든 '호텔' 간판이 나타났다. 할 일이 없는 사람들은 그냥 주변에 우두커니 서 있는 바람에, 구덩이는 만남과 대화의 장소가 되었다. 간단히 말해서 우스꽝스럽고 우연적이고 의미 없는 장애물 하나가 왕성한 사회적 활동을 촉발하게 된 것이다. **사람들은 그들의 증상을 즐기기** 시작했다. 물론 다음과 같이 피상적인 해결책을 제시할 수도 있다. 그냥 **구덩이를 메워** 차들이 다시 순조롭게 달리게 하면 어떤가? 그러나 이 메커니즘은 사실 히스테리 증상의 메커니즘이다. 히스테리에 걸린 주체가 이와 비슷한 우연적 장애를 만나면 그것을 없애거나 우회해 가는 대신 활동의 초점으로 바꾸어놓는다. 우리 사회에서 예를 들어 승객들을 실어나르는 나룻배 또는 만이나 강을 건너는 화물선의 경우도 똑같지 않을까? 승선 지점은 보통 사회생활이 왕성하게 이루어지는 곳이지만, 다리를 건설하면 그것은 사라져버린다.

하이데거가 말하는 "대체하고 지배하는 염려"와 "기대하고 해방하는 염려" 사이의 대립과 관련해서도 같은 이야기를 할 수 있다. 대체하는 염려는 타자가 필요로 하는 것에 신경을 곤두세우면서도 타자가 뭔가를 얻는 활동에서 자신에게 가지는 '관심'은 무시한다. 반

---

13 같은 책, p. 183.

대로 기대하는 염려는 타자가 자신의 '관심'을 분명하게 이해하도록 돕기 때문에, 타자는 자유롭게 그것을 향해 다가갈 수 있다.[14] 이런 구별은 자유주의적 인도주의자에게도 완벽하게 적용되지 않을까? 다른 사람들(가난하고, 불우하고, 피해를 보는 사람들)이 스스로 도울 수 있도록 하는 대신 그들을 돕고 싶어한다(어쩌면 심지어 그들이 스스로 돕는 것을 **막기** 위해서)는 의미에서 자유주의적 인도주의자들의 염려는 '대체적인' 것이 아닐까? 또한 이것이 '정치적으로 올바른' 피해자 만들기 담론의 잘못된 점 아닐까? 이 담론은 계속 보상을 요구하고, '타자'로부터 도움을 요구하는 피해자들의 목소리를 제도화하는 문제를 거론한다. 결국 이것은 혁명적 폭력에서 궁극적 문제가 된다. 바로 억압당하는 피해자가 적극적 행위자로 바뀌는 문제다. 마르크스는 이 문제를 프롤레타리아의 해방은 오직 프롤레타리아 자체의 행동일 수밖에 없다는 유명한 말로 포착했다.

에릭 잔트너Eric Santner는 발터 벤야민Walter Benjamin의 『역사철학 테제Theses on the Philosophy of History』를 뛰어나게 읽어내면서[15], 현재의 혁명적 개입이 과거의 실패한 시도들을 되풀이한다/만회한다(구속救贖한다)는 벤야민의 관념을 설명한다. "증상들" — 혁명적 개입이라는 "기적"을 통해 소급적으로 구속되는 과거의 흔적들 — 은

---

14   Martin Heidegger, *Sein un Zeit*, Tübingen: Max Niemeyer Verlag 1963(10판), p. 121~122.

15   Eric Santner, "Miracles Happen: Benjamin, Rosenzweig, and the Limits of the Enlightment"(미발표 논문, 2001) 참조. 여기에는 *The Sublime Object of Ideology*(London: Verso 1989)에 나오는 나 자신의 '명제' 독해에 대한 건설적 비판(충분히 정당화될 수 있는 비판이다)도 포함되어 있다.

"잊힌 행위들이라기보다는 잊힌 **실패**들, 즉 행동하지 못한 것, 사회의 '다른 사람들'과 유대를 맺는 행동을 억제하는 사회적 속박의 힘을 **중단**시키지 못한 것이다."

증상은 과거의 실패한 혁명적 시도들만이 아니라, 더 겸손하게, 과거에 행동의 요구에 답하지 못한 것, 사람들 — 그들의 고난은 어떤 의미에서는 나 자신도 그 일부를 이루는 삶의 형식에 속해 있다. — 을 위한 감정이입의 요구에 답하지 못한 것들을 기록한다. 이런 증상들은 완전한 존재론적 일관성은 한번도 얻지 못했지만, 그럼에도 '**거기에**' 있는 어떤 것, 우리 삶에서 **지속되는** 어떤 것의 자리를 차지한다. 따라서 증상은 어떤 의미에서는 역사적 경험에서 끈질기게 지속되는 '공허들'을 모아놓은 가상 자료실 — 아니, 공허들을 막는 방어망이라고 하는 것이 더 나을지도 모르겠다. — 이다.

잔트너는 이런 증상들이 지배적 이데올로기의 외설적 의식들에 참여한다든가 하는 것과 같은, '정상적인' 사회생활에 대한 교란의 형태를 띠기도 하는 경우를 구체적으로 이야기한다. 미하일 바흐친 Mikhail Bakhtin이 말하는 "카니발"이라는 것이 있다면 1938년의 악명 높은 크리스탈나흐트Kristallnacht — 유대인의 가정, 회당, 사업체, 유대인 자신들에 대한 반은 조직적이고 반은 자연발생적인 공격 — 가 그것이 아니었을까? 우리는 크리스탈나흐트를 바로 '증상'으로 읽어야 한다. 그런 폭력 분출의 거센 흥분이 그것을 하나의 증상으로 만든다. 사회적 위기에 효과적으로 개입하는 데 실패한 공허를 덮는 방어 구조인 것이다.

말을 바꾸면 반유대주의적 학살이라는 흥분 상태가 진정한 프롤레타리아 혁명 가능성의 증거, 반증contrario이다. 그 넘치는 에너지는 놓쳐버린 혁명적 기회의 ('무의식적') 자각에 대한 반작용으로만 읽을 수 있다는 것이다.[16] 소멸한 독일민주주의공화국의 많은 지식인들(그리고 심지어 '보통 사람들')이 오스탈기Ostalgie(공산주의 과거에 대한 향수)를 느끼는 궁극적 원인도 공산주의 과거, 공산주의 아래에서 실제로 일어났던 일들을 향한 것이라기보다는 그곳에서 **있을 수도 있었던 일들**, 놓쳐버린 또 다른 독일의 기회를 향한 것이 아닐까? 공산주의 이후 신나치 폭력의 분출 역시 이런 해방적 기회의 현존을 보여주는 부정적 증거, 놓쳐버린 기회의 자각을 보여주는 격정의 증상적 분출 아닐까? 개인의 심리 생활에서 유사한 면을 찾아내는 것을 두려워하지 말아야 한다. 놓쳐버린 '개인적' 기회(예를 들어 충족감을 주는 사랑 관계에 참여할 기회)가 '비합리적인' 불안, 두통, 발작 같은 격정이라는 형태로 흔적을 남기곤 하듯이, 놓쳐버린 혁명적 기회는 파괴적 격정의 '비합리적'인 발작으로 폭발할 수 있다.

---

16 이런 과거의 실패는 다가올 혁명적 만회(구속)를 예고하는 한에서, 소급하여 그것을 만회해줄 미래의 혁명적 기적을 '예언한다.' 나아가서 알랭 바디우의 기적을 가리키는 이름이 "사건"(Alain Badiou, *L'être et l'événement*, Paris: Éditions du Seuil 1989 참조)이라면, 우리는 벤야민의 '테제'로부터 바디우에 대한 일종의 용어 이전의 비판을 전개할 수 있다. '사건'은 갑자기 일어나지 않는다. '사건'은 바디우가 사건을 기록하는 풍경(site événementelle)이라고 부르는 것 안에서 일어날 뿐 아니라, 심지어 과거의 실패한 '사건'들에 의해 '예언'되기도 한다.

알랭 바디우에 따르면 다중을 대표하는 기능을 하는 어떤 상황 (예를 들어 사회와 관련하여 국가)의 상태는 늘 그것이 대표하는 상황과 관련하여 과잉을 포함한다. 국가 기구는 결코 사회의 투명한 재현이 아니다. 국가 기구는 자기 나름의 논리에 의존하며, 이 논리는 그것이 대표하는 것에 소급적으로 개입하고 폭력적인 압력을 행사한다.[17] 이 지점에서 우리는 그의 주장에 추가할 것이 있다. 국가의 과잉은 국가가 대표하는 다중과 관련된 것만 있는 것이 아니다. **국가는 그 자신과 관련하여 과잉이기도 한다.** 즉 국가는 그 나름의 과잉을 만들어내는데, 이것은 그 기능을 위해 필요하기는 하지만 인식되지 않은 상태로 유지되어야 한다.

「지옥의 묵시록 리덕스Apocalypse Now Redux」(2000; 프랜시스 포드 코폴라가 「지옥의 묵시록」을 새로 편집하여 더 길게 늘인 판)는 가장 분명한 방법으로 '국가' 권력의 이런 구조적 과잉의 좌표를 보여준다. 커츠라는 인물에서 프로이트의 '원초적 아버지' — 상징적 '법'의 범위 너머에 있는 외설적인 아버지-향유, 감히 무시무시한 향유라는 '실재'와 정면으로 맞서는 완전한 '주인' — 가 어떤 야만적 과거의 잔존물이 아니라, 근대 서구 권력 자체의 필수적 산물로 제시되는 것은 의미심장하지 않은가? 커츠는 완벽한 군인이었다. 그러한 군인으로서 군사적인 권력 체계와 지나친 동일시를 하는 바람에 체제가 제거해야 할 과잉으로 변해버렸다.[18]

---

17   Badiou가 되풀이하여 이야기하는 주제다, L'être et l'événement.

18   여기에서는 커츠를 예고하는 두 인물이 중요하다. 하나는 헬리콥터 분대의 기묘한 지휘관 킬번(로버트 듀발)이다. 그는 커츠의 분명한 선구자다.

그러나 초자아 폭력의 악순환을 깨야 한다고 강조한다는 점에서는 바디우가 옳다. 바로 이것이 이 영화에서는 일어나지 **않는다.** 「지옥의 묵시록」의 궁극적 지평은 '권력'이 자신의 과잉을 만들어내는 방식에 대한 통찰이다. 권력은 자신이 싸우는 대상을 모방할 수밖에 없는 작전으로 그 과잉을 없애야 한다(커츠를 죽이는 윌러드의 임무는 공식 기록에 나타나지 않는다. 윌러드에게 지시하는 장군이 말하듯이 "없었던 일이다"). 이렇게 해서 우리는 비밀 작전의 영역, '권력'이 결코 인정하지 않고 처리하는 일의 영역으로 들어선다. 공식 매체가 근본적인 '악'의 화신으로 제시하는 오늘날의 인물들에 대해서도 똑같은 이야기를 할 수 있지 않을까? 이것이 빈 라덴과 탈레반이 CIA가 지원하던 아프가니스탄의 반소비에트 게릴라로서 등장했다는 사실, 파나마의 마누엘 노리에가Manuel Noriega가 CIA 요원 출신이라는 사실 뒤에 숨은 진실 아닐까?[19] 이 모든 경우 미합중국은 자신의 과잉과 싸우는 것이 아닐까? 파시즘에도 똑같은 이야기를 할 수 있지 않을까? 자유주의적 서방은 자신의 과잉 부산물을 파괴하기 위해 공산주의와 힘을 합칠 수밖에 없었다. (같은 맥락에서 나는 「지옥의 묵시록」이 진실로 전복적인 판본이라면 이런 모습이 아니었을까 하는 이야기를 하고 싶다. 즉 반파시즘 연합의 공식을 반복하여, 윌러드가 베트콩에게 커츠를 죽이기 위한 협정을 제안하

군대 제도가 아직 받아들일 수 있는 범위 안의 커츠다(그의 수많은 반 정신이상적 특이성들을 기억해보라). 또 하나는 캄보디아에 고립된 프랑스 공동체의 지도자다. 이들은 버려진 플랜테이션에서 식민지 과거에 집착하여 살고 있다.

19   그런데 노리에가는 체포 뒤에 왜 공개 재판을 받지 않았을까? 만일 그랬다면 그가 CIA의 인맥에 관해서 무엇을 폭로했을까?

는 것이다.) 초자아 과잉을 만들어낸 뒤 그것을 없앨 수밖에 없는 '체제'의 이런 악순환을 깨부수는 집단적인 정치 행동, 즉 더는 초자아 외설성에 의존하지 않는 혁명적 폭력의 전망은 여전히 「지옥의 묵시록」의 지평 너머에 있다. 그러한 '불가능한' 행동은 모든 진정한 혁명적 과정에서 발생하는 것이다.

이제 다시 「파이트 클럽」으로 돌아가보자. '파이트 클럽', 즉 서로 때리는 게임을 하는 사람들 사이의 저녁 모임이라는 관념 자체가 그러한 거짓 위반/자극의 바로 그 모델이 아닐까? 다시 말해 실제로 사회 조직에 개입하는 데 실패했음을 입증하는 무능력한 '행동으로의 이행'의 모델이 아닐까? 「파이트 클럽」은 **내재한 위반** ― 자본주의 체제를 효과적으로 침식하기는커녕 '정상적인' 자본주의적 주체의 외설적인 이면을 행동으로 보여주는 ― 의 모범적인 사례를 상연하는 것이 아닐까? 영화를 마무리하는 정치화된 폭력 ― 은행 공격 ― 에 대해서도 똑같은 이야기를 할 수 있지 않을까? 「파이트 클럽」은 미국 테러리즘의 등장을 다룬 **유일한** 영화 아닐까? 마지막 장면 ― 현대적인 유리 건물이 테러리스트 공격의 결과로 폭발하는 장면 ― 은 묘하게도 세계무역센터 붕괴를 떠오르게 하지 않는가? 이런 측면은 「파이트 클럽」에 관한 가장 적절한 분석인 디켄Bülent Diken과 라우스트센Carsten Bagge Laustsen의 뛰어난 글 "네 싸움을 즐겨라!"에 자세하게 개진되어 있다.[20]

---

20   Bülent Diken과 Carsten Bagge Laustsen, "Enjoy your fight! ― 'Fight Club' as a symptom of the Network Society"(미발표 원고).

법을 지키는 표준화된 주체는 유령 같은 분신分身에게 시달린다. 도착된 향유로 법을 어기고자 하는 의지를 체현하는 주체에게 시달리는 것이다……. 따라서 「파이트 클럽」은 현대 자본주의에 대한 '반제도적' 대응이라고 보기는 힘들다. 오늘날 창조성, 도착, 위반은 반드시 해방적이지는 않기 때문이다……. 따라서 「파이트 클럽」은 정치적 행동이라기보다는 황홀경 같은 주관적 경험으로 보인다. 일종의 사이비-바흐친적인 카니발적 행동인 것이다. 그 안에서 일상생활의 박자는 단지 일시적으로만 정지된다…… 「파이트 클럽」의 문제는 이 영화가 자신이 제시하는 문제틀, 즉 폭력을 냉소적 거리를 두고 제시하는 함정에 빠진다는 것이다. 「파이트 클럽」은 물론 극히 반사적이고 아이러니가 넘친다. 심지어 파시즘에 대한 아이러니라고 말할 수도 있다.

이런 아이러니의 궁극적 기초는 후기 자본주의의 세계적 상품화에 맞추어 「파이트 클럽」이 상품들의 우주를 폭파하려는 바로 그 시도를 '경험적 상품'으로 제공한다는 것이다. 우리는 구체적인 정치적 실천 대신 폭력의 탐미주의적 폭발을 얻게 된다. 나아가서 디켄과 라우스트센은 들뢰즈를 따라 「파이트 클럽」에서 그 전복적 공격을 무효로 만드는 두 가지 위험을 포착한다. 첫째, 환희에 찬 (자기) 파괴의 광경을 극단으로 밀고 가는 경향이 있다는 것이다. 그 결과 혁명적 정치는 절멸이라는 탈정치화된 탐미주의적 주신제 속에서 지워져버린다. 두 번째, 혁명적 폭발은 "탈영토화하고, 집단화하지만, 결국 탈영토화를 차단하고, 새로운 영토화를 만들어내기 위해 그러는 것일 뿐이다."¹ 「파이트 클럽」은 탈영토화하는 술발에노 불구하고 결국 '신체 상해 기획'이라는 새로운 이름을 가진 파시스트 조직으로 변하고 만다. 이제 폭력은 외부로 향하며, 이것은 소비주의 사회의 기초를 허무는 '조직된' 테러 계획에서 절정을 이룬다." 이 두 위험은 상호 보완적이다. "무차별적인 해체 또는 완전한 해체로 퇴행하는 것은 초월이나 조직화만큼 위험하기 때문이다."

그렇다면 그 해결책은 진정 새로운 '조직화'도 아니고 무차별적 폭력으로 퇴행하는 것도 아닌, 두 극단 사이의 '적절한 균형'일까? 여기서 우리가 문제 삼아야 하는 것은 오히려 탈영토화와 재영토화의 대립 자체다. 즉 '좋은' 분열증적-분자적 집단성과 '나쁜' 편집증적-몰mole적 집단성 사이의 환원 불가능한 긴장이라는 들뢰즈의 생각 자체다. 다시 말하면 몰적인 것/경직된 것 대 분자적인 것/유연한 것 사이의 긴장, 분자적 단편성segment arity을 갖춘 리좀적 **흐름**(돌연변이, 탈영토화, 연결, 가속화에 기초를 둔다) 대 경직된 단편성을 갖춘 계급 또는 **고체**(이원 조직, 반향, 위로부터의 코드화) 사이의 긴장이다.[21] 이런

---

21   이 두 수준에 관한 가장 체계적 설명으로는 Gilles Deleuze와 Félix Guattari, *A Thousand Plateaus*, Minneapolis: University of Minnesota Press 1987 참조. 정신분석에서는 편집증 이야기는 하지만 정신분열증 이야기는 거의 하지 않는다. 그렇다면 편집증은 엄격하게 정신분석학적인 개념이고 정신분열증은 개념이라기보다는 묘사적 특징을 가리키는 말(이자 정신분석이 아닌 의학 담론 내의 존재)일까? 그럼에도 나는 다음과 같은 구별을 제안하고 싶은 유혹을 느낀다. 두 경우 모두 배제된 상징적 ('법')은 '실재계'로 돌아온다. 그러나 편집증에서는 '정신'으로, 환각이나 편집증적 망상의 형태로 돌아온다. 반면 정신분열증에서는 배제된 것이 바로 육체적인 '실재'에 직접 자신을 기입하는 방식으로(긴장병적 마비 등으로) 돌아온다. 배제된 것의 이러한 정신분열증적 기입(예를 들어 상징적 거세)과 변환 속의 히스테리적인 기입을 구별하는 것은 매우 긴요

대립(사르트르의 『변증법적 이성비판』에 나오는, 진정한 집단 변증법의 실천이 소외된 제도의 '실천적으로 무기력한' 논리로 역전된다는 오랜 명제의 변형태인데, 들뢰즈 자신도 종종 사르트르를 직접 언급한다)은 미시적인 것과 거시적인 것의 여과, 지역과 세계의 연관 자체에 관한 두 가지 서로 다른 논리 사이의 핵심적 구별을 표현할 여지를 제공하지 않는 한 그릇된('추상적') 보편화다. 즉 분자적 다중의 정신분열증적 폭발을 '재영토화'하는 '편집증적' 국가가 전 지구화된 집단적 사회 조직의 틀로서 상상할 수 있는 유일한 것은 아니다. 레닌의 **혁명 정당**은 완전히 다른 집단성 논리에 실체를 부여한다(또는 그런 논리를 발표한다). (물론 이런 대립 밑에는 확고한 전 지구화된 '조직'은 어떤 형태이든 매우 불신하는 들뢰즈의 반레닌주의적 태도가 깔려 있다. 그러나 여기서 흥미로운 것은 들뢰즈의 이런 반레닌주의적 공격에 주의를 환기시키는 알랭 바디우 자신이 다중의 순수한 **현존**presence — 이런 다중을 총체화하는 **대의**re-presentation 국가는 없다. — 이라는 유토피아적인 목표를 '반국가주의적으로' 주장할 때 똑같은 대립에 의존하는 것처럼 보이는데, 이렇게 해서 바디우는 총체성 내에서는 차지할 자리가 없는 잔여물을 만들어낸다. 바디우 역시 여기서 사르트르를 언급하는 것은 의미심장하다.[22]) 이런 관점에서는 **이 다중 안에 이미 근본적 '적대'가 작용하고 있기 때문에 몰적 국가가 분자적 다중을 '총체화'해야만 한다는 기본적인 마르크스주의적 통찰이 사라져버린다.**

하다. 정신분열증에서는 거세 자체가 기입된다. 그러나 히스테리 증상은 거세의 부인에 실체를 제공하는 타협적인 해결책이다. (이 점은 브뤼셀의 엘리자베트 두아스노의 견해를 참조했다.)

22   Badiou, L'être et l'événement 참조.

들뢰즈가 아주 분명하게 보았듯이, 우리는 '그릇된' 폭력적 분출과 진정한 혁명적 돌파라는 '기적'을 구분할 수 있는 분명한 기준을 미리 제공할 수 없다. 여기서 모호성은 환원 불가능하다. 왜냐하면 '기적'은 오직 이전 실패의 반복을 통해서만 일어날 수 있기 때문이다. 이것이 또 폭력이 혁명적인 정치 행동의 필수적인 구성 요소인 이유이기도 하다. 이렇게 말해보자. 진정한 정치적 행동의 기준은 무엇인가? 설사 메를로-퐁티Maurice Merleau-Ponty의 변증법적 용어로 규정한다 해도, 성공 그 자체는 물론 기준으로 간주되지 않는다. 즉 미래가 우리의 현재의 끔찍한 행동들을 만회(구속)할 것이라고 내기를 거는 것으로 성공을 규정하더라도(메를로-퐁티는 『인도주의와 테러 Humanism and Terror』에서 그런 식으로 스탈린주의의 테러를 지적으로 정당화했다. 최종 결과가 진정한 자유라면 소급적으로 그것이 정당화될 수 있다고 이야기한 것이다[23]) 성공은 기준으로 간주되지 않는다는 것이다. 또 어떤 추상적이고 보편적인 윤리 규범에 대한 언급도 마찬가지로 기준이 될 수 없다. 유일한 기준은 절대적으로 내재적인 것이다. 즉 행동화된 유토피아라는 기준이다.

진정으로 혁명적인 돌파에서 유토피아적인 미래는 완전하게 실현되지도 않고 현존하지도 않는다. 그뿐 아니라 현재의 폭력을 정당화하는 먼 약속으로서 불러낼 수도 없다. 오히려 시간성의 독특한 중지 상태에서, 현재와 미래 사이의 단락短絡에서, 우리는 마치 은총

---

23 Maurice Merleau-Ponty, *Humansim and Terror: The Communist Problem*, Oxford: Polity Press 2000.

을 입은 것처럼, 잠깐 **마치** 유토피아적 미래가 이미 가까이에 다가온 것처럼, 그래서 잡기만 하면 되는 것처럼 행동하는 것이 허용되는 것과 같다. 혁명은 미래 세대의 행복과 자유를 위해 우리가 견뎌야 하는 현재의 고난으로 경험되는 것이 아니라, 이런 미래의 행복과 자유의 그림자가 이미 드리워진 곤경으로 경험되는 것이다. 그 안에서 우리는 자유를 위해 싸우면서도 이미 자유롭다. 행복을 위해 싸우면서도 우리는 이미 행복하다. 상황이 아무리 어렵다 해도. 혁명은 메를로-퐁티적인 내기가 아니다. 미래완료futur antérieur형으로 유예된 행동, 현재 행동의 장기적인 결과에 의해 정당화되거나 탈정당화되는 행동이 아닌 것이다. 혁명은 말하자면 **혁명 자체의 존재론적 증거**, 혁명 자체의 진리의 직접적 표시다.

1920년 11월 7일, 10월혁명 3주년을 맞이하여 페트로그라드에서 열린 "겨울궁전 공격" 공연을 기억해보자. 노동자, 병사, 학생, 예술가 수만 명이 카샤(맛없는 밀 포리지), 차, 언 사과만 먹으면서 3년 전 그 사건이 '진짜로 일어났던' 곳에서 24시간 쉬지 않고 공연을 준비했다. 이들의 작업은 군 장교들만이 아니라 카지미르 말레비치 Kazimir Malevich에서 프세볼로트 마이어홀트Wsevolod Meyerhold에 이르기까지 전위적인 화가, 음악가, 연출가 들이 조율했다. 이것은 연기이지 '현실'이 아니었음에도, 병사와 선원들은 자기 자신을 연기했다. 그들 가운데 다수는 1917년 사태에 실제로 참여했을 뿐 아니라, 페트로그라드 근처에서 벌어지던 내전의 진짜 전투에도 자발적으로 참여하고 있었다. 당시 포위를 당한 페트로그라드는 심각한 식량 부족으로 고생하고 있었다. 그 시대의 한 사람은 이 공연에 관하여 이렇게 논평했다. "미래의 역사가들은 가장 피를 많이 흘리고 가장 야만적인 혁명 과정 내내 러시아 전체가 연기를 했다고 기록할 것이다."[24] 형식주의 이론가 빅토르 시클로프스키Victor Shklovski는 "삶이라는 살아 있는 조직물이 연극적인 것으로 변해가는 어떤 본질적인 과정이 진행되고 있다"라고 말했다.[25] 스탈린 체제를 인정하는 최고의 상징적 행동 가운데 하나로 악명이 높았던 오일절 자축 퍼레이드를 우리 모두 기억할 것이다. 레닌주의가 완전히 다른 방식으로 기능했다는 증거가 필요하다면, 그런 공연이야말로 10월혁명이 결코 소수 볼셰비키들의 단순한 쿠데타가 아니라, 엄청난 해방적 잠재력을 풀어놓은 사건이었다는 최고의 증거 아닐까?

혁명적인 파괴적 폭력이 흥청거리는 주신제(아이젠스타인 자신은 "진정한 파괴의 바커스 축제"라고 불렀다)를 묘사하는 아이젠슈타인의 원형적인 영화 장면도 같은 시리즈에 속한다. 「10월」(1927)에서 의기양양한 혁명가들은 겨울궁전의 지하 포도주 창고에 들어갔을 때 값비싼 포도주 수천 병을 부수는 환희에 찬 주신제에 빠져든다. 「베진 초원Behzin Meadow」(1935~1937, 미완성)에서 마을의 '선구자'들은 자신의 아버지에게 야만적으로 살해당한 어린 파블리크의 주검을 발견하자, 지역 교회로 밀고 들어가 그곳을 모독하고, 유물을 강탈하고, 성상들을 뒤죽박죽으로 만들고, 신성을 모독하듯 성직자복을 입어보고, 성상들을 향해 이교도처럼 웃음을 터뜨린다……[26] 이런 목표지

---

24   Buck-Morss, *Dreamworld and Catastrophe*, p. 144에서 인용.

25   같은 곳.

26   이 점에서 프레드릭 제임슨이 모더니즘에 대한 강연(미출간, 2001년 2월 에

센의 문화과학연구소에서 한 강연)에서 상세하게 설명하는 '전성기' 모더니즘과 '후기' 모더니즘의 구별이 중요해 보인다. 초기의 '실체를 갖춘' 모더니즘은 아직 '그 자체로'는 모더니즘이 아니었다. 자율적인 예술적 스타일이 아니었고, 여전히 사회 지배의 견제며 검밀 조리를 위한 세계적인 기획으로 여겨졌다. 그러나 체제가 미국의 '추상표현주의'를 재전유하여 냉전의 선전을 위해 그것을 이용하게 되면서 모더니즘 '그 자체로' 나아가게 된다.

1950년대 초 '추상표현주의'의 국제적 폭발을 CIA가 획책했음을 우리가 어떻게 잊을 수 있을까? CIA는 공산주의의 문화적 영향을 막으려는 냉전 전략의 일환으로 고도로 '비순응적'이면서도 공산주의자들은 절대 받아들일 수 없는 미국 예술을 유럽에 내보냈다. 잭슨 폴록(예를 들어 마크 로스코가 아니라)을 '추상표현주의'의 상징적 인물로 띄우겠다는 결정 자체가 CIA에서 비예술적인 이유로 내린 것이었다. 폴록은 그 외모나 생활 방식에서 미국식 개인주의자라는 이데올로기적 관념에 완벽하게 들어맞았다. 호전적인 남성에 꾸밈이 없었고 술도 많이 마셨다……. 그래서 한 1년 정도가 지나자 그리니치의 싸구려 술집을 전전하던 폴록은 「라이프(Life)」 잡지의 표지로 진출했다. (Frances Stonor Saunders, *The Cultural Cold War*, New York: The New Press 1999의 16장에 나오는 재미있는 이야기 참조.)

'전성기' 모더니즘 밑에 깔린 핵심적 대립은 예술과 문화의 대립이다. '문화'는 예술과 사회의 매개를 위한 핵심어였다. 따라서 예술의 자율성을 주장한다는 것은 곧 예술과 (대중) 문화에서 예술이 타락/천박화한 상태 사이의 대립을 고집한다는 것이었다. 바로 이 순간에 '후기' 모더니즘의 등장과 더불어 예술적 모더니즘이라는 개념 자체가 제시되었다. 따라서 모더니즘에 어떤 서사(리얼리즘으로부터 모더니즘으로 '진보'했다는 서사)가 있고, 이런 서사가 제2차 세계대전 이후의 '후기' 모더니즘과 더불어 나타난 것이라면, 이런 서사의 '억압'이 '전성기' 모더니즘 자체라고, 미학을 넘어선 정치적 에너지의 유토피아적 과잉이라고, '실생활' 그 자체를 바꾸려는 노력이라고 말할 수 있지 않을까?

우리는 '후기' 모더니즘이 '전성기' 모더니즘과 포스트모더니즘 사이의 필수적 매개자라는 사실을 알 수 있다. '후기' 모더니즘 세계 안에서만 리얼리즘이 우연적 양식으로 전유될 수 있기 때문이다. (미술사에서) 리얼리즘, 모더니즘, 포스트모더니즘이라는 세 싹을 보자. 정확히 언제 모

향적인 도구적 행동의 중단에서 사실 바타유적인 '제약 없는 지출'
이 생긴다. 혁명에서 이런 과잉을 박탈하려는 경건한 욕망은 혁명 없
이 혁명을 얻겠다는 욕망일 뿐이다. 우리는 이런 배경에서 혁명적 폭
력, 즉 단지 맹목적인 행동으로의 이행이 아닌 진정한 해방 행동으로
서의 폭력이라는 민감한 문제에 접근해야 한다.[27]

========

더니즘에서 포스트모더니즘으로 넘어갔는가? 추상적이고 개념적인 수
준에서는 한 가지 정확한 답밖에 없다. 리얼리즘 자체가 '모더니즘적' 과
정으로서 (재)등장하고, (재)전유될 때라는 답이다. 이것은 존 어빙(John
Irving)의 베스트셀러 소설들에 이르기까지 오늘날의 모든 '리얼리즘' 작
가들에게도 해당된다. 여기에서 리얼리즘은 실체를 가진 입장으로서 실
천되는 것이 아니다. 리얼리즘 코드가 사용 가능한 절차들 가운데 하나
로 실천되는 것이라고 할 수 있다. 실체가 사라지고 모방 작품으로 이용
되는 것이다. 말을 바꾸면 포스트모더니즘은 모더니즘이 완결 지점에
이를 때 나타난다. 즉 리얼리즘 전통과의 구성적 긴장과 대립이 지양/내
재화될 때다. 이제 리얼리즘은 현실 자체에 대한 실질적으로 다른 접근
방법을 가리킨다기보다는, 모더니즘적 지평 내에서 우연적인 역사적 코
드의 하나일 뿐이기 때문이다.

　물론 오늘날 '후기' 모더니즘은 '문화 연구'라는 새로 발견된 대중영합
주의라는 형태로 엘리트주의라는 원죄의 대가를 치르고 있다. (드물지만
그럼에도 모범이 되는) '문화 연구' 저자들의 사례를 보자. 그들은 '상위 문화'
를 엘리트주의적이라고 거부하는 반면, 낮방송 드라마나 쇼핑몰이, 헤게
모니를 쥔 이데올로기에 대항하는 '저항의 장소'로 재전유될 수 있다 ―
개인들이 이데올로기적 텍스트가 기대하는 대로 반응을 보이지 않고
그것을 자신의 전복적 맥락 안에 기입한다면 ― 고 주장한다. (진정한 마
르크스주의자라면 이런 독법에 열렬하게 반대해야 한다는 말은 할 필요도 없을 것이다. 그
런 '전복'은 단지 '내재한 위반'이며, 이것은 지배적인 이데올로기를 허물기는커녕 결과적으
로 그것을 유지하기 때문이다.)

27　이 점에서 소비에트 영화의 핵심 인물은 세르게이 에이젠스타인(Sergei
　　　Eisenstein)이 아니라 알렉산드르 메드베드킨(Aleksandr Medvedkin)인데,
　　　크라이스트 마커(Christ Marker)는 그에게 "마지막 볼셰비키"(마커의 뛰어난

중국의 문화대혁명에서도 똑같은 장면을 보지 않았던가? 수천 명의 홍위병들이 환희에 차 오래된 역사적 기념물을 부수고, 오래된 꽃병을 깨뜨리고, 오래된 그림들을 망가뜨리고, 오래된 벽들을 훼손했다.[28] 그 모든 잔혹 행위에도 불구하고(또는 오히려 그것 **때문에**) 문화대혁명은 틀림없이 그런 행동화된 유토피아의 요소들을 포함하고 있었다. 마오 자신이 그런 활동을 막기 전(그는 이미 자신의 전권을 재확립하고 최고위 노멘클라투라 경쟁자들을 제거한다는 목표를 달성했기 때문에) 막판에는 '상하이 코뮌'도 생겼다. 백만 명의 노동자들이 그냥 공식적인 구호를 진지하게 받아들여 국가, 심지어 당 자체의 해체와 더불어 사회의 직접적인 코뮌적 조직화를 요구했다. 마오가 바로 이 시점에

<hr>

다큐멘터리인 「마지막 볼셰비키(The Last Bolshevik)」[1993] 참조)라는 어울리는 별명을 붙여주었다. 메드베드킨은 강제적 집단화를 포함한 공식 정책들을 전심으로 지지하면서도 초기의 놀이 같은 유토피아적-전복적인 혁명적 충동을 유지하는 방식으로 이런 지지를 보여주는 영화들을 만들었다. 예를 들어 「행복(Happiness)」(1935)에서 그는 종교와 싸우기 위해 수녀복을 통해 수녀의 젖가슴을 본다고 상상하는 사제의 모습을 보여주었다. 이것은 1930년대 소비에트 영화에서는 있을 수 없는 장면이었다. 이렇게 해서 메드베드킨은 열렬한 정통적 영화제작자이면서도 그의 모든 영화가 상영 금지되거나 적어도 심한 검열을 받는 독특한 특권을 누렸다.

28 물론 이런 폭력은 사실 무능한 '행동으로의 이행'이었다고 주장하는 것도 가능하다. 과거의 상징적 전통의 무게를 부술 능력이 없음을 보여준 분출이었다는 것이다. 과거를 효과적으로 없애려 할 때 물리적으로 기념물을 부술 필요는 없다. 그것을 관광 산업의 일부로 바꾸어버리는 것이 훨씬 더 효과적이다. 이것이 오늘날 티베트인들이 고통스럽게 발견하고 있는 것 아닐까? 그들의 문화의 진정한 파괴는 중국식의 유물 파괴를 통해 이루어지는 것이 아니라, 라싸 시내 불교 테마 공원의 급격한 확산을 통해 이루어질 것이다.

서 질서 회복을 명령했다는 것은 의미심장하다. 여기에서 (종종 주목 받는) 마오와 라캉 사이의 유사성은 완전히 정당하다. 1979년 파리의 프로이트 학교가 해체된 것은 라캉의 '문화대혁명'이었다. '만다린'*들로 이루어진 핵심 서클을 제거하기 위해 젊은 추종자들(이들은 대부분 1968년의 마오주의자 출신들이었다!)을 동원한 사건이었기 때문이다. 두 경우 모두 개인적으로 전권을 행사하려고 통제 불가능한 격변을 유발한 지도자의 역설이 나타난다. 극단적인 독재와 극단적인 대중 해방이 역설적으로 겹치는 것이다.

레닌 시대와 스탈린주의를 나누는 간극은 정치적 테러에서 찾을 수 있다.[29] 레닌의 시대에는 테러가 공개적으로 인정되었다(레온 트로츠키Leon Trotsky는 가끔 거의 건방진 느낌이 드는 태도로 볼셰비키 체제의 비민주적 성격과 이 체제가 사용하는 테러를 자랑하기조차 했다). 그러나 스탈린의 시대에 테러의 상징적 지위는 완전히 바뀌었다. 테러는 공적인 공식 담론을 보완하지만, 공적으로 인정되지 않아 외설적이고 그늘진 것으로 변했다. 테러의 절정(1936~1937)이 새로운 헌법이 받아들여진 1935년 이후에 찾아왔다는 것은 의미심장한 일이다. 이 헌법은 비상사태를 끝내기 위해 만들어진 것으로서, 상황이 정상으로 돌아갔다고 선언했다. 즉 주민 전 계층(쿨라크, 전 자본가)의 시민권 제한이 철회

- 중국의 상급 관리를 가리키는 말.

29 "레닌주의"라는 용어 자체에 의문을 제기하고 싶은 유혹을 느낀다. 이것은 스탈린 치하에 만들어진 말 아닌가? 마르크스주의(하나의 가르침으로서)도 마찬가지 아닐까? 이것은 기본적으로 레닌의 발명품이므로, 마르크스주의는 레닌주의적 관념이고, 레닌주의는 스탈린주의적 관념이 되는 셈이다.

되었고, 참정권 제한도 사라지는 등 여러 가지가 달라졌다. 이 헌법의 핵심은 사회주의 질서가 안정되었고 적대 계급들이 사라졌으므로 소련은 이제 계급 사회가 아니라는 것이었다. 이제 국가의 주체는 노동계급(노동자와 농민)이 아니라 인민이라는 것이었다. 그렇다고 해서 스탈린주의 헌법이 사회적 현실을 감추는 위선에 불과하다는 말은 아니다. 테러의 가능성은 그 핵심에 각인되어 있다. 계급 전쟁은 이제 공식적으로 끝이 났고, 소련은 '인민'의 무계급 국가로 간주되므로, 체제에 반대하는(반대한다고 여전히 추정되는) 사람들은 이제 단지 사회 조직을 분열시키는 갈등 상황에서 만나는 계급의 적이 아니라, '인민'의 적, 해충, 인류 자체로부터 배제해야 할 무가치한 찌꺼기였기 때문이다.

체제 자체의 과잉에 대한 억압은 1920년대 말과 1930년대 초 소련에서 심리적 개인이 발명된 것과 밀접한 상관관계가 있다. 1920년대 초만 해도 러시아의 아방가르드 미술(미래파, 구성파)은 산업화를 열렬하게 지지했을 뿐 아니라, 심지어 새로운 산업적 인간을 재발명하려고까지 했다. 전통에 뿌리를 둔 채 감상적인 정열에 사로잡혀 있는 낡은 인간이 아니라, 조화를 이루는 거대한 산업 '기계' 속에서 볼트나 나사 역할을 기꺼이 받아들이는 새로운 인간이었다. 이러한 러시아 아방가르드 미술은 바로 그 '초정통성'에서, 공식 이데올로기의 핵심과 과잉 동일시를 한다는 점에서 전복적이었다. 에이젠스타인, 마이어홀트, 구성파 그림 등에서 발견되는 남자나 여자의 이미지는 기계적 동작의 아름다움, 철저한 탈심리화를 강조한다. 서양에서는 자유주의적 개인주의의 궁극적 악몽으로, '테일러화'나 포드식 조립

라인의 이데올로기적 대위 선율로 인식되던 것이 러시아에서는 해방의 유토피아적 전망으로 칭송되었다. 마이어홀트가 '행동주의'적인 연기 방법을 얼마나 열렬하게 옹호했는지 생각해보라. 자신이 연기하는 사람에게 감정이입을 하여 익숙해지는 배우가 아니라, 무자비한 신체 훈련을 통해 엄격한 신체적 규율을 몸에 익히고 기계화된 일련의 동작을 연기하는 배우의 능력을 옹호한 것이다.[30] 러시아 아방가르드 화가들은 단지 레닌이 '테일러화'를 생산조직의 새로운 과학적 방법으로 찬양한 결과를 그려낼 뿐이었다.

기계화된 생산이라는 이런 비전(그리고 실천)이 정말로 해방적 잠재력을 품고 있을까? 먼저 할 일은 초보적인 질문을 해보는 것이다. 공장이란 무엇인가? 공장 생활이라는 '지옥'을 묘사하는 레슬리 카플랑Leslie Kaplan의 에세이-시 「과잉 공장L'excès-usine」[31]은 노동자들의 '소외'에 관한 마르크스주의의 표준적인 묘사에서 간과하는 영역을 드러낸다. 카플랑은 공장이라는 자기 폐쇄적 우주와 그 이전의 노동 과정의 열린 환경을 대비한다. 공장 공간은 시간을 초월한 공간인데, 여기에서는 허구와 현실이 궁극적으로 일치한다. 즉 이 공간의 현실 자체가 주변과 단절된 환영적 공간으로 기능한다. 이 공간에는 인간 개인에게 생활 세계의 맥락을 제공하는 충분한 '배경 소음'이 없다. 카플랑의 표현대로 공장에는 배경이라는 풍요로운 태피스트리 대신 오직 백색만 있다. 간단히 말해서 공장에 들어가는 것은 현

---

30   Buck-Morss의 뛰어난 *Dreamworld and Catastrophe*의 2장과 3장 참조.

31   Leslie Kaplan, *L'excès-usine*, Paris: Hachette 1984.

실 세계의 질감이라는 풍요로운 실체가 사라진 인공적 우주에 들어가는 것이다. 이 공간에서는 (역사적-서사적) 기억 자체가 위협을 받는다. 노동자들은 조상이라는 뿌리로부터 단절되며, 이것은 그들 자신의 유토피아적 잠재력에도 영향을 준다. 그들은 똑같은 기계적 동작을 무한히 되풀이하는 로봇들로 전락하여, 꿈을 꾸는 능력, 대안적 현실의 기획을 만들어내는 능력 자체를 잃어버린다. 그들이 경험하는 것은 이제 특정한 과거(예를 들어 이전의 더 '유기적인' 농부 생활)를 동경하는 노스탤지어가 아니라, 카플랑의 통찰력 있는 표현을 빌면, 텅빈 '타자'를 향한 "절대적 노스탤지어"이며, 그 유일하게 긍정적인 내용물은 다시 공장 생활 자체가 된다. 예를 들어 공장의 텅 빈 복도다.

그러나 이런 역사적 기억의 상실, 꿈꾸는 능력의 상실이 정말로 부정적인 경험이기만 한 것일까? 이런 식으로 구체적인 생활-세계에 묻혀 있는 상태가 붕괴되는 것이 곧 자유로운 주체성의 출현(을 향한 필수적 단계)을 의미한다면 어떨까? 먼저 나의 객관적 존재에 속하는 모든 풍요로움을 잃고, 그래서 이런 객관적 존재의 수준에서 육체를 가진 기계가 되어야만 주체로 등장할 수 있다면 어떨까? **이것은** 스탈린주의 공식 이데올로기에는 또 그 안에서는 견딜 수 없는 것이었다. 그래서 스탈린주의의 '사회주의 리얼리즘'은 실제로는 '인간의 얼굴을 가진 사회주의'를 재주장하려는 시도였으며, 전통적인 심리적 인간이라는 좁은 틀 속에 산업화 과정을 재기입하려는 시도였다. 그 결과 '사회주의 리얼리즘'의 텍스트, 그림, 영화에서 개인은 이제 세계적인 '기계'의 일부가 아니라 따뜻하고 정열적인 사람들로 묘사된다.

파국과 혁명 사이에서

9

순수 정치에 반대하며

해방적 폭력을 이런 식으로 검토하다 보면 또 보편적 인간성에 관한 레닌의 관념과 정치투쟁에 도덕주의적—합법주의적 추론을 도입하려는 최근의 경향을 구별하게 된다. 정치적 — 심지어 군사적 — 개입을 위한 근거로서 '비정치적' 인권 문제를 들이댈 때, 우리의 첫 번째 소박한 반응은 자연발생적인 환호일 수밖에 없다. NATO군이 특정한 경제적 또는 전략적 이유가 아니라, 단지 어떤 나라가 어떤 인종 집단의 기본적 인권을 잔인하게 침해한다는 이유로 개입하는 광경을 보면 위안이 되지 않는가? 이것이 우리의 전 지구화된 시대에 유일한 희망이 아닐까? 국제적으로 인정받은 어떤 군대가 모든 나라들이 어떤 최소한의 윤리적(그리고 이상적으로 보자면 또 보건·사회·환경적) 기준을 존중하도록 보장해주는 힘이 되는 것 말이다. 존경받는 헤이그 국제재판소가 범죄를 저지른 정치가들을 기소하는 것에 우리가 이렇게 반대힐 수가 있는가?

물론 이에 대한 좌파 근본주의자의 반응, 역시 자연발생적이라고 할 수 있는 반응은 경멸적 불신이다. 첫째, 인권 문제를 들먹이는 일의 중립성은 분명히 허구다. 현재의 배치 상황에서 이러한 인권에 관한 언급은 미합중국이 지배하는 전 지구화된 '신질서'에 봉사할 뿐이다. 따라서 인권을 위한 모든 특정한 개입에 관하여 늘 이렇게 물어보아야 한다. 이런 선택은 어떤 기준에 의거하는가? 왜 세르비아의 알바니아인만이 아니라, 이스라엘의 팔레스타인 사람들이나 터키의 쿠르드족 등도 함께 거론되지 않았는가? 왜 쿠바는 보이콧 당하는데, 훨씬 더 가혹한 북한 체제는 자유롭게 '안전한' 핵에너지 시설을 개발하도록 지원을 받는가? 물론 여기서 우리는 국제 자본과 그 국제 자본의 전략적 이해관계라는 그늘진 세계로 들어가게 된다. 나아가서 이렇게 개입을 순수하게 인도적-윤리적으로 정당화하면 개입은 철저하게 탈정치화된다. 정확하게 규정된 정치투쟁에 개입하는 것이 아니라 순수하게 도덕적인 이유에 근거하여 인도주의적 참사에 개입하는 것으로 바뀌는 것이다. 이런 식으로 정치투쟁의 현실은 '선'과 '악' 사이의 도덕적 투쟁으로 바뀐다. 간단히 말해서 정치의 도덕화는 모르는 새에 도덕의 정치화로 바뀔 위험이 있으며, 여기에서 정치적인 적은 도덕적 '악'의 화신으로 바뀐다.

그러나 이런 표준적인 좌파적 답변으로 충분할까? 결국 이것은 그릇된 이데올로기적 보편성에 대한 낡은 마르크스주의적 비난을 재탕한 것이다. "보편적 인권이란 사실 고도로 발전한 제1세계 국가들의 개인이 누리는 특권이다……." 이런 재탕의 문제는 인권 자체를 적에게 넘겨주지 않고 대신 헤게모니 투쟁의 영역으로 끌어들일 유일무이한 기회를 놓친다는 것이다. 18세기 말의 인권 참조가 어떤 운명을 겪었는지 기억해보자. 물론 처음에 인권은 '사실' 백인 남성 자산 소유자의 권리였으며, 암묵적으로 하층계급들, 여자, 다른 인종 등은 배제했다. 그러나 그 보편적인 형식 자체가 멈출 수 없는 확장 과정을 촉발했다. 먼저 여자들이 "왜 우리는 안 돼?" 하고 말했고, 다음에는 (아이티의) 흑인들이 같은 말을 했으며, 그다음에는 노동자들이……

오늘날에도 똑같은 전략을 따를 가치는 충분하다. 2001년 3월 말 밀로셰비치의 체포와 6월의 헤이그 국제재판소 송치라는 희비극은 씁쓸한 뒷맛을 풍긴다. 두 경우 모두 미합중국이 유고슬라비아에 대규모 재정 지원을 한다는 조건으로 정해놓은 시한에 따르기 위해 이루어진 행동이다. 그러나 이런 쓴맛은 세계 강대국들이 밀로셰비치를 골라 그를 '악'의 화신으로 승격시켰다는 의심에서만 나오는 것이 아니다. 이것은 새로운 유고슬라비아 정부가 1990년대 전쟁에 대한 유고슬라비아의 책임을 인정하지 않으면서, 유고슬라비아는 서구의 공격의 피해자였다는 신화에 집착하려는 의도를 증언하는 사건이기 때문이기도 하다. 훨씬 더 중요한 것 — 이것이야말로 올바른 방향으로 나아가는 첫걸음인데 — 은 그보다 2년 먼저 이루어졌던 아우구스토 피노체트Augusto Pinochet의 갑작스러운 체포다. 그 궁극적 결과야 어떻든, 직접적인 이데올로기적 반향들은 엄청났다. 피노체트가 런던에 도착했을 때, 칠레에서는 그를 누구도 손댈 수 없는 전능의 배후 인물로 인식하고 있었다. 그러나 체포 뒤에는 심리적 상벽이 무너지면서, 제보를 피하려고 보복 섞인 경계를 누며대는 약하고 늙은 범죄자에 불과한 존재가 되었다. 그러나 피노체트 사건의 한계는 그것이 그가 작은 주변국 출신이라는 점이다.

그렇다면 피노체트와 밀로셰비치 다음에는 무엇인가? 계속해서 급소를 찔렀다면, 즉 그 논리를 끝까지 밀고 나갔다면, '정말 중요한' 누군가를 체포했다면, 그것은 진정한 성취였을 것이다. 이 점에서는 아마 헨리 키신저Henry Kissinger가 이상적인 체포 대상일 것이다.[1]

---

1   Christopher Hitchens, *The Trial of Henry Kissinger*, New York and London: Verso 2001 참조. 이 책은 '지혜'로 가장한 천박하고 냉소적이고 기회주의적인 현실적 정치를 실행에 옮긴 이 파렴치한 인물을 비판하는 결정적인 주장을 펼친다. 키신저는 적극적인 정치 활동에서 물러난 뒤 해방적 투쟁에 대한 반격이 있을 때마다 그곳에 나타나 그 반격에 대한 지지의 목소리를 높였다. 그는 심지어 임종을 맞이한 공산주의 노멘클라투라의 이익을 옹호하기도 했다. 1981년 야루젤스키의 쿠데타 뒤에 그는 러시아의 지정학적 이해관계를 "이해한다"고 말했다. 1991년에는 구 소비에트 노멘클라투라의 반 고르바초프 쿠데타가 무산된 첫 날, 다시 등장하여 강하고 안정된 러시아 국가의 필요성을 강조했다. 나아가서 닉슨과 포드 밑에서 처음에는 국가안보 보좌관으로, 이어 국무장관으로 적극적으로 활동하던 시기에는 늘 등장하여 칠레에서 캄보디아에 이르기까지 가난하고 무력한 나라들을 폭격하거나 다른 식으로 파괴를 자행했으며, 마오쩌둥 등 강한 자들과는 '전략적' 거래를 했다. 키신저의 이름을 들을 때 처음 연상되는 것은 마거릿 대처(Margaret Thatcher)가 마피아와 관련이 있던 전 이탈리아 총리 줄리오 안드레오티(Giulio Andreotti)를 적절하게 묘사했던 말이었다. 그는 단지 부도덕한 인물이 아니었다. 그가 텔레비전 인터뷰를 하는 것을 본 뒤에는 그가 부도덕한 냉소주의를 일종의 도착적인 윤리적 태도로 승격시키다시피 했다는 인상을 피할 수가 없다. 그는 어떤 자기중심적인 이유 때문에 부도덕한 것이 아니라, 원칙적으로 부도덕하다. 그의 본성 깊은 곳에는 누군가 도덕적인 면을 고려하여 어떤 행동을 할 가능성이 있다는 냄새를 맡을 때마다 역겨움을 느끼며 폭발하는 뭔가가 있는 듯하다.

그가 전범이라는 규탄은 오래된 것이고 또 제대로 입증된 것이다(유명한 BBC 회견을 기억해보라. 거기에서 사회자는 그에게 단도직입적으로 물었다. "전범이 된 느낌이 어떻습니까?" 키신저는 물론 즉시 스튜디오에서 뛰쳐나갔다). 나아가서 이제 키신저는 정치적인 활동을 거의 하지 않는다. 따라서 미합중국은 그의 체포가 어떤 식으로든 국가기구의 기능에 장애가 될 것이라고 주장할 수 없다. 따라서 만일 키신저가 새 책의 홍보를 위해 세계 여행에 나섰을 때 어떤 나라(서유럽의 국가면 더 좋을 것이다)가 피노체트를 체포하듯이 그를 체포했다면, 이것이야말로 진정한 정치적 **행동**이 되었을 것이다. 이런 행동은 국제 인권 기구를 시험했을 것이며, 그 직원들은 자신의 입장을 분명히 밝히고 선택할 수밖에 없었을 것이다. 미 제국은 키신저의 석방을 강요하여 그간의 인권 주장이 엄청난 사기였음을 드러내거나, 아니면…….

가끔은 이런 가장 교활한 정치가 가장 순진한 정치가 되기도 한다. 영국 문명에 관한 간디의 기발한 명언을 한번 고쳐 써볼까. "보편적 인권? 그거 좋은 생각이다. 어쩌면 우리가 그것을 실제로 시험해봐야 할지도 모르겠다!" 헤이그를 비롯한 다른 국제사법재판소의 미국 국민에 대한 재판권을 인정하지 않겠다는 2001년 5월 미합중국 상원의 결정(제시 헬름스Jesse Helms*가 획책한 것이다)은 미합중국 인권 정책의 노골적이고 야만적인 배타주의를 보여주는 명백한 증거 아닌가? 9·11 공격 이후 등장하고 있는 '반테러 동맹'에 실질적인 내용을 부여하는 유일한 방법은 어떤 국제 법정에 궁극적인 능력을 부

---

* 전 공화당 상원의원, 미국 의회 내 대표적 보수 강경파였다.

여하는 것이다. 즉 이 법정은 미국 국민을 기소할 권리도 가져야 한다는 것이다. 내가 크리스토퍼 히친스Christopher Hitchens의 『키신저 재판』을 읽은 뒤에 마틴 루서 킹Martin Luther King의 평등주의적 꿈을 반전시킨 듯한 꿈을 꾸게 된 것도 놀랄 일은 아니다. 나는 헤이그 국제사법재판소의 피고석에 줄지어 앉아 있는 죄수들 가운데 키신저와 함께 밀로셰비치의 모습을 보았다. 나는 이 두 완강하고 파렴치한 냉소주의자들이 휴정 중에 탁자에 함께 앉아 위스키를 홀짝이며 싸구려 지혜를 나누는 광경을 상상했다. 따라서 노리에가를 체포할 때, 이라크에 폭격을 할 때, 쿠바에 경제 봉쇄를 할 때, 헤이그 국제사법재판소가 유고슬라비아의 전범들을 추적할 때, 인권을 언급하는 권력자들에게 보내는 메시지는 이것이어야 한다. **키신저를 체포해라, 아니면 입 닥쳐라!**

여기서 더 나아가고 싶은 유혹을 느낀다. 이산화탄소 배출을 제한하는 지구 온난화에 관한 교토 의정서를 이행하겠다는 선거 공약을 철회한다는 2001년 3월 말 부시 대통령의 결정이 보여주는 참담한 근시안적 광기는 어떤가? 미국인들이 세계 시민으로서 책임을 저버린 것과 다름없다는 그의 일부 비판자들의 주장은 전적으로 타당하다. 이제 미합중국은 무슨 권리로 브라질이 열대 우림을 파괴한다고, 중국이 황허에 댐을 건설한다고 비난할 것인가? 이런 결정이 보여주는 엄청난 냉소주의는 그 정당화 근거에 있다. 그렇게 해야만 누구보다 가난한 사람들에게 가장 큰 타격을 줄 전기료와 유가의 상승을 막을 수 있다는 근거 말이다. 이런 식의 '경제가 우선, 환경은 다음'이라는 자세는 전력 위기를 일으킨 것이 바로 캘리포니아 전기 공급의 '규제 철폐'라는 사실을 잊는 것이다.

바로 이 대목에서 진정으로 민주적인 지구화로 자유주의-자본주의적 지구화에 반격을 가해야 한다. 국제환경재판소를 설립하자는 대규모의 세계적인 운동을 벌이면 어떨까? 이 재판소에 환경 범죄를 구성하는 분명한 기준을 설정할 수 있는 권한과 더불어 책임을 져야 할 사람이나 기관에 어떤 조치를 강제할 권력을 부여하는(장기적으로라도) 것을 목표로 삼는 것이다. 합법주의적·도덕주의적 담론의 모든 힘을 동원하여, (이 경우에는) 부시를 정치적인 적이 아니라 한 사람의 범죄자로 다루어, 공적으로도 그렇게 대접받고 보이콧당하도록 하면 어떨까?[2]

어쩌면 더 일반적인 수준에서 정치적 전복의 논리에 라캉의 남성적(보편성과 그 구성적 예외) 성 구분 공식과 여성적(집합에 예외를 두지 않고, 그래서 집합을 비非전부non-all로 만드는) 성 구분 공식의 대립을 적용하

---

2 그렇다면 부시 대통령의 에너지 정책을 집행하는 사람들의 근원적인 주체적 위치는 어떤 것일까? 그들은 사실(만일 현재의 경향이 지속되면 참사가 우리 모두를 기다리고 있다는 것, 1인당으로 따졌을 때 미합중국이 지구의 한정된 에너지 자원 가운데 '불공평하게' 많은 양을 낭비하고 있다는 것)을 알지 못할까? 유일하게 가능한 답은 이것이다. 아니, 그들은 사실을 아주 잘 안다. 그러나 사실에는 관심이 없다. 그들의 암묵적인 추론은 이런 식이다. 우리도 10년 또는, 20년 뒤에 재난이 온다는 것을 알지만, 그것을 걱정하는 대신 가능할 때 우리의 특권을 누리겠다. 이런 냉소적인 추론이 에너지 소비 증가가 신성한 미국식 생활 방식의 일부라는 부시의 외설적인 이야기에 감추어진 진실이다. 여기에서 자본주의 체제가 '퇴폐적'이라는 스탈린주의적 지적 방식을 되살리고 싶은 유혹을 느낀다. '퇴폐'야말로 알면서도 자신의 장기적 생존 전망을 포기하는 정치 체제에 가장 잘 어울리는 용어 아닐까?

는 모험을 해야 할지도 모른다.[3] 정상적인 대립의 논리는 남성적 측

3   다시 여기서 Kornbluh의 "Family Man"에 의지해야겠다. 이 글에서
     콘블러는 위기에 처한 결혼에 대처하는 두 가지 전략을 병치시키는 영
     화인 우디 앨런(Woody Allen)의 「부부 일기」(1992)를 완벽한 예로서 끌어
     들인다. 결혼의 맹세를 공개적으로 위반하기 시작하는 부부(각각 새 연인
     을 얻는다)는 결국 결혼을 유지한다. 반면 결혼의 형식을 계속 밀고 나가
     는 부부는 결혼이 되살릴 수 없이 파괴되는 것을 목격한다. 메시지는 분
     명하다. 적당한 양의 적절한 위반(난혼)만이 결혼을 구할 수 있다는 것이
     다. 반면 위기에 처한 결혼 형식에 집착하는 것은 그것을 파괴하는 가장
     효과적인 방법이라는 것이다. (앨런의 세계는 유대인의 세계이지만, 여기에서는 위기
     에 처한 결혼을 구하는 방법에 관한 유명한 가톨릭의 가르침을 적용하고 있는 것이 아닐
     까? 즉 매춘부를 두어 차례 찾아가는 것이 결혼의 긴장을 늦출 수 있고, 따라서 혼인의 유
     대를 강화한다는 것이다.) 이 두 전략은 라캉의 성 구분 공식의 논리를 따르
     는 것이 아닐까? 첫 번째 부부는 '남성적인' 방법으로 나아간다. 그들은
     (결혼이라는) 보편적 형식을 유지하려고 예외(난교)를 택하는 모험을 한다.
     반면 두 번째 부부는 예외를 허용하지 않으며, 그렇게 해서 보편적 유대
     자체를 잃는다. ('성 구분의 공식'에 관한 설명으로는 Slavoj Žižek, *Tarrying with the
     Negative*, Durham, NC: Duke University Press 1993 참조.)

     두 가지 오해를 생각해보자. 남자가 말한다. "나는 네가 말하는(또는 하
는) 모든 것을 이해할 수 있어. 그것만 빼고. 어떻게 그런 짓을 할 수가
있어?" 반면 여자는 이렇게 말한다. "네가 말한(또는 한) 것 가운데 내가
이해할 수 없는 것은 없어. 그래도 전체로 보면, 그것을 다 합치면, 도저
히 말이 안 돼." 또는 의미와 관련하여 '남성적인' 경우는 의미의 근거가
되고 의미를 보장하는 외상적/무의미한 과잉을 제시한다. 그것이 유일신
교가 작동하는 방식이다. '유일한 신이 있다. 그는 단지 그일 뿐이다.' 즉
신은 아무 의미 없는 외상적 '공허'라는 것이다. 그런 순수한 '신적인 이
름'(기의 없는 기표)의 과잉은 의미를 훼손하기는커녕 그것을 보장한다. 반
면 '여성적인' 공식은 '의미를 박탈당한 것은 아무것도(어떤 요소도) 없다'
는 것이다. 바로 이런 이유 때문에 의미는 결코 전부가 아니다. 이것은
결코 일관된 '전체'를 구성하지 않는다.

     음경 기능의 기본적 역설(그 구성적 예외에 의존하며, 따라서 그 예외가 없으면
더 작동하지 못한다. 여자는 '그녀 전체가 남는 것 없이 그 안에 포함되어 있다'는 바로 그

면에 그대로 남아 있다. 이것은 체제와 관련하여 단순한 예외/외재성의 입장을 취한다(체제 외부에 있어, 체제에 오염되지 않고 그것을 공격할 수 있도록 보장해주는 어떤 요소 — 순수한 사랑, 소외되지 않은 인간 본질의 어떤 것, 정확한 계급적 입장, 과학적 통찰 — 에 집착한다). 또는 체제의 절대적 종결을 주장한다(후기 자본주의는 전례 없는 수준으로 자체 과잉을 포함하며, 따라서 그 영역을 돌파하고, 그 영역을 넘어서려는 모든 시도는 체제가 이미 고려하고 있는 내재적 위반이다).

이 난국을 돌파하는 방법은 성 구분 공식의 여성적 측면에 준하여 문제를 재정리하는 것이다. 순전히 체제 외적인 것, 체제의 일부가 아닌 것은 없다. 동시에 체제는 비非전부다. 그것은 결코 자신을 전체화하지 못하며, 자신이 만들어내는 과잉을 온전히 포함하지 못

<hr />

사실에 의해 음경 기능을 중단시킨다) 역시 형이상학의 역설로 예증된다. 어쩌면 '형이상학을 극복'하려는 그 경향 자체가 형이상학적일지도 모른다. 따라서 형이상학의 유일하고 진정한 극복은 그 완결을 온전하게 받아들이는 행동일 수도 있다(철학 그 자체가 플라톤주의인 한 모든 철학자가 자신을 반플라톤주의자로 규정한다고 강조한 사람은 푸코였다).

라캉의 이런 '성 구분 공식'은 일관성이 없다는 이유로 비판을 받았다. 이 공식은 직관적인 방법과 구성주의적 방법을 결합하고 있기 때문이다. 남성적이고 보편적인 명제는 '구성주의적'이다(모든 X는 음경 기능에 복종한다). 반면 여성적인 비非전부(pas-tout)는 분명히 '직관적'이며, '여자의 전부'를 재현하는 것이 불가능함을 직관으로 가리킨다. 그러나 이런 비일관성이 라캉의 의도라면 어쩔 것인가? 우리가 '언어의 존재'로서 성 구분이 되는 방식이 바로 보편적 기능에 대한 구성주의적 접근 방법과 직관주의적 접근 방법 사이의 간극에 의지하는 것이라면 어쩔 것인가? 보편적 명제를 구성할 수는 있지만 절대 구체적 예들로 완전히 '그것을 채울' 수는 없다면? 이 사례에서 저 사례로, 하나씩 하나씩 나아가서는 결코 거기에 이를 수 없다면?

한다. 이것은 체제의 과잉이 철저하게 또 구제 불가능한 방식으로 양가적(더 유행하는 용어를 사용하자면 '결정 불가능')이라는 것이다. 그 완결을 보장하기 위해 체제가 만들어낸 요소 자체가 위협으로 바뀔 수 있다. 아주 하찮은 할리우드 멜로드라마도 폭발적인 유토피아적 잠재력을 지닌 영화로 '기능 전환'할 수 있다. 종교의 경우보다 이것이 더 분명하게 드러나는 경우는 없다. 종교는 '인민의 아편'으로서 우리가 견딜 수 없는 현실을 견디도록 하는 가공의 보완물로 기능한다. **만약 그런 기능을 하지 않으면** 그것을 만들어낸 조건에 등을 돌릴 수도 있다. 다양한 종파와 이단들이 그런 예다.[4]

성 구분Sexuation의 두 가지 공식은 '보편/특수/개별'로 압축할 수 있다. 보편성 자체에 분열을 도입하면 된다. 헤겔식으로 하자면 '추상적' 보편성과 '구체적' 보편성의 분열이며, 라캉식으로 하자면 (모든 S는 P다'뿐 아니라) "S는 그 자체로 P다"와 "P가 아닌 S는 없다"

---

4   그렇다고 해서 진정한 전복이 직접적이고 분명한 방식으로 나타나야 한다는 뜻은 결코 아니다. 예를 들어 1940년대 할리우드 영화에서 진정으로 전복적인 작품들은 계급투쟁 문제를 직접 다룬 것들이 아니었다. 진정한 전복이 이루어진 소수의 장소 가운데 하나는 에른스트 루비치(Ernst Lubitch)의 희극 전통과 그 변형인 하워드 혹스(Howard Hawks)의 스크루볼 코미디들이었다. 혹스의 「신사는 금발을 좋아한다(Gentlemen Prefer Blondes)」(1953)의 마지막 장면을 기억해보라. 마릴린 먼로(Marilyn Monroe)는 여자가 돈 때문에 남자와 결혼하는 이유를 설명한다. 오직 이 경우에만, 다시 말해 남자의 자질을 평가하는 여자의 '병리적' 편견이 중단되는 경우(남자가 돈이 있으면 그의 경제적 지위 때문에 여자의 관점이 왜곡되지 않으므로)에만, 여자는 진정으로 짝의 가치를 생각하고, 그를 있는 그대로 평가할 수 있으며, 그 결과 — 혹시 — 그 남자와 사랑에 빠지겠다고 결정할 수 있다는 것이다.

의 분열이다. 먼저 보편성과 그 예외의 대립이 있다. 예를 들어 "인간은 (그 자체로) 합리적 존재다"는 "어떤 사람들은 온전히 합리적이지 않다."(여기에 인종주의적 함의를 보태면, "따라서 온전한 인간이 아니다.")로 보완된다. 또는 좀 더 직접적으로 정치적인 이야기를 해보자. "미합중국 국민은 정의상 자유롭다"는 "그 가운데 일부는 온전한 자유를 누릴 자격이 없다(누릴 준비가 안 되었다, 적합하지 않다)"로 보완된다. 여기서는 이런 예외가 구조적으로 필수적이라는 점이 핵심적 통찰이다. 헤겔이 말했듯이, 종種의 차이differentia specifica(종차)는 동시에 유類와 종 사이의 차이이기도 하다. "인간은 그 자체로 자유롭다"는 말은 "어떤 사람들은 자유롭지 않다"는 **뜻이다**. 또는 명시적인 상징적 규범과 그 외설적 보완물의 논리에 관하여 이렇게 말할 수 있다. "'법'은 중립적이며 만인에게 평등하다"는 것은 어떤 사람들에게 특권을 주고 어떤 사람들은 배제하는 일군의 외설적 불문률들이 있다는 뜻이며, 이런 외설적 불문률들은 법이 효과적으로 기능하면서 사회적 관계들을 규제할 수 있는 조건이다. 칸트식으로 표현하자면 규범에 예외를 제시하는 외설적인 불문률들(즉 우리가 규범을 침해하도록 허용할 뿐 아니라 심지어 의무적으로 침해하게 만드는 방식)은 상징적 규범과 '실생활'을 매개하는 일종의 선험적 도식이다.

이런 보편성과 그 구성적 예외의 논리에 대한 '여성적' 대립점은 이렇다. "합리적인 존재가 아닌 인간은 없다(또는 더 정확하게 말하여, 인간 안의/인간의 어떤 것도 합리성 외부에 있지 않다)" 그리고 바로 그런 이유 때문에 "인간의 비전부not-all는 합리적이다"*는 것이다. 이 논리는 보편성에 대한 예외의 논리가 아니라, '그' 보편성의 오류에 직접적으로 실체를 제공하는 어떤 대상, 어떤 개별성의 논리다. 이것은 마르크스에게 프롤레타리아처럼, 개별적인 증상적 요소의 논리다. 이것은 단지 그 보편성에 예외로서만 기능하는 것이 아니다. 오히려 이것은 직접적으로 이 보편성의 거짓을 드러내고 그것을 훼손한다. 프롤레타리아의 존재 자체가, 자본주의 체제 전체가 '비합리적'이라는 뜻이다. (어쩌면 헤겔의 『법철학』 서문에 나오는 "모든 합리적인 것은 현실적이고, 현실적인 것은 합리적이다"라는 말도 이렇게 읽어야 할지 모른다. "합리적이지 않으면서 현실적인 것은 없다.")

이것이 본래의 변증법적인 '구체적 보편성'이 움직이는 방식이다. "정치적이지 않은 것은 없다"(또는 전통적인 표현으로 하자면, '계급투쟁의 영향을 받지 않는 것은 없다')는 말은 정확하게 보자면 '정치가 모든 것'이라는 뜻이 아니라, 오히려 정치적인 계급투쟁이 사회 조직의 모든 요소에 영향을 주고, 거기에 일종의 왜상歪像적 왜곡을 일으키는 '병리적'인 대각선적 특징이라는 것이다.

아이슬란드의 레이캬비크에서 북동쪽으로 약 50킬로미터 떨어진 곳에 가면 '사물das Ding'이 "알싱Althing"이라는 이름으로 그 역사적 지형 속에 놓인 것을 볼 수 있다. 이곳은 (거의) 모든 주민이 매년 회의를 하던 자리인데, 여기에서 그들은 공동의 문제를 토론하고 새 법을 제정했다. 거기에서 실제로 볼 수 있는 것은 무엇인가? 깊은 골짜기로 동쪽 평원(이곳에 사람들이 모여 있었다)과 나뉘어 있는 높은 절벽(이곳에서 '법의 발언자'들은 큰 소리로 새 법을 선포했다)이다. 따라서 첫

• 즉, 인간이 모두 합리적인 것은 아니다.

번째로 놀라운 점은 이것이다. 아이슬란드 사람들은 모임 장소로 지질학적 파열(북아메리카 대륙판과 유라시아 대륙판이 나뉘는 곳으로, 이 판들은 물리적으로 찢겨나가고 있으며, 그래서 아이슬란드에 지진이 많이 일어난다)이 일어난 곳을 골랐다. 마치 정치란 그 개념 자체가 다루기 힘든 적대적 투쟁의 장임을 보여주려는 것 같다. 흥미롭게도 알싱은 930년부터 1798년까지 기능했다. 대체로 프랑스혁명이 일어난 시기에 마지막 회의가 열렸던 셈이다. 이 점 역시 근대의 의회 민주주의가 모든 시민의 적극적 참여와 양립할 수 없음을 보여주며, 따라서 알싱이 인류 역사상 첫 번째 민주주의적 의회였다는 주장을 거짓으로 만드는 것 같다. 이 '사물'은 단지 '실재계'의 말 없는 현존이 아니었다. 이것은 '**말을 하며**', 자신의 법령과 판단을 강제한다. 모인 주민이 결론에 이르면, 절벽 위에서 말을 하는 사람들은 '사물'이 어떤 결론을 내렸는지 소리쳐 그들에게 알렸다.

이것이 알싱이 근대의 민주적 의회나 국회와 다른 점이다. 알싱에서 '사물'은 대타자(상징적 질서)와 일치한다. 반면 근대 민주주의에서 '사물'(향유)은 '타자'로부터 소개疏開되어 물러나며, '타자'는 향유의 특수성에 눈을 감는 중립적인 법질서가 된다. 그럼에도 알싱이 정치적 적대의 본보기가 될 만한 자리임을 인정한다면, 한 아이슬란드 문화의 안내자에게서 노골적이고 솔직한 방식으로 그 이유를 들어볼 수 있다. "아이슬란드의 대화의 본질은 모욕이다." 적을 모욕하는 것(그의 상징적 지위를 훼손하려고 시도하는 것)은 정치적 과정의 핵심에 기입되어 있는 것 아닐까? 이런 모욕이야말로 정치적 논쟁의 근본적인 작동 방식이 아닐까?

이런 관점에서 우리는 민주주의의 기본적인 특징 가운데 하나가 (정치적인) 적을 경쟁자로 바꾸고, 무조건적 적대를 시합 안의 경쟁으로 바꾸었다는 명제로 돌아가야 한다. 경쟁자는 권력에 치명적인 위협이 되지 않는다. 권력의 자리는 원래 비어 있기 때문이다. 권력은 그 (일시적) 점유를 놓고 다양한 행위자들이 정당하게 경쟁할 수 있는 자리다.[5] 그러나 이런 식으로 정치 분야에서 배척이나 파문의 논리를 중단할 필요성이 있다고 주장하는 이야기를 들을 때마다, 우리는 시합을 통해 번창하는, 적이 아닌 경쟁자들 다수가 그 정의상 이 시합의 경쟁 규칙을 규정하는 어떤 (명시적이든 암묵적이든) 상징적 **협정**에 의존한다는 점을 늘 염두에 두어야 한다. 이런 간단한 이유 때문에, 이런 경쟁의 장이 넓기는 하지만 적대를 시합으로 번역하는 일, 적을 경쟁자로 번역하는 일은 결코 완전할 수 없다. 늘 이런 협정을 인정하지 않는 사람들, 즉 어떤 '나뉘지 않는 잔여물'이 있게 마련이기 때문이다. 따라서 우리가 이런 배제를 규정하는 용어들은 반드시 윤리적-법적인 것이 되는 것이 아닐까?

이것은 핵심적인 정치투쟁은 참가 자격이 있는 사람들이 모이는 장 안에서 서로를 정당한 경쟁자로 인정하는 정치적 주체들이 시합을 벌이는 경쟁이라기보다는 이 장의 범위를 정하기 위한 투쟁, 정당한 경쟁자와 정당하지 못한 적을 구분하는 선을 규정하기 위한 싸움이라는 뜻이다.

---

5   샹탈 무페가 *The Democratic Paradox*, London and New York: Verso 2000에서 이런 의견을 강력하게 개진했다.

예를 들어 고전적인 자유주의적 민주주의는 극우(파시스트)와 극좌(테러리스트나 공산주의자)를 파문한다. 그들과는 협정을 맺지 않는다. 연립은 불가능하다. 왜 좌파의 전략은 훨씬 더 근본적인 배제를 강제하는 것이 되면 안 되는가? 우익과 좌익 사이의 투쟁은 종종 극우를 포함시키는 문제를 둘러싸고 벌어지지 않는가? 우익은 그들을 포함시키자고 하고, 좌익은 계속 그들을 배제하자고 한다(오스트리아의 하이더Jörg Haider, 이탈리아의 신파시스트인 국민연합Allenza nazionale 등). 즉 흥적으로 본래의 정치투쟁에 도덕주의적이고 법적인 범주의 도입을 비난하는 대신, 오히려 그 적용을 확대하여, 극우를 윤리적인 '악'으로, 도덕적으로 용납할 수 없는 집단으로, 차단해야 할 추방자들로 비난하면 어떨까? 간단히 말해서 윤리의 정치화를 공개적으로 **옹호하면** 어떨까? 그 둘 사이의 거리를 없애고, 법적이고 도덕적인 영역을 정치적 헤게모니의 또 다른 전장으로 바꾸고, 직접적인 윤리적/법적 주장과 조치에 의존하여 적에게 불명예를 안겨주자는 것이다.[6] 따라서 근본적 좌파의 목표는 원칙 없는 관용적 다원주의와 정반대다. 어떤(인종주의적 등) 진술과 실천이 받아들여지지 않는, 즉 그런 진

---

6 추문을 일으킨 브레히트의 유명한 말을 기억해보라. "공산주의자는 필요할 때 진실을 말하고, 필요할 때 거짓을 말한다. 필요할 때 친절하고, 필요할 때 잔인하다. 필요할 때 정직하고 필요할 때 속인다……. 그에게는 오직 한 가지 미덕밖에 없다. 공산주의를 위해 싸운다는 것이다." 이런 도덕성의 윤리적 중단은 특별히 구체적으로 기독교적-근대적이다. 그 자체로 이것은 '(그리스·로마의) 이교도적'인 것과 엄격하게 대립한다. 이교도의 경우 도덕성은 나와 다른 사람들의 관계와 관련되며, 윤리는 푸코적인 의미에서 "'자기'의 돌봄"과 관련되기 때문이다. 내가 나 자신을 어떻게 하느냐와 관련된다는 것이다.

술과 실천이 절대로 **가능하지 않은** 공적인 장을 만드는 것이다. 그런 말이나 행동을 하는 사람들은 공동의 공간에서 추방된다. 이것이 급진 우익적 입장(홀로코스트 수정주의로부터 반페미니즘에 이르기까지)이 공적 토론에서 '받아들여지게' 될 때마다 좌파가 패배를 겪는 이유다.

이렇게 하면 사실 어떤 위험한 '극단주의'를 불러들이는 것 아닐까? 이것은 레닌의 표준적인 비판 가운데 하나이기도 하다. 레닌의 "공산주의의 좌익 소아병" 비판은 좌파가 종종 테러의 유혹에 굴복하곤 했던 최근 수십 년 동안 더욱 타당하게 느껴진다. 정치적 '극단주의' 또는 '과잉 근본주의'는 늘 이데올로기적-정치적 **전치** displacement의 현상으로 읽어야 한다. 오히려 그것의 반대이자 제한을 보여주는 것으로, '끝까지 가는 것'을 실제로는 거부하는 태도를 보여주는 것으로 읽어야 한다는 것이다.

자코뱅이 급진적 '테러'에 의존한 것은 경제 질서의 근본적 기초 (사유재산 등)를 흔들어놓을 능력이 없다는 사실을 증언하는 일종의 히스테리적인 행동화가 아니라면 무엇이겠는가? 심지어 '정치적 올바름'의 이른바 '과잉'에도 똑같은 이야기를 할 수 있지 않을까? 그것은 또 인종차별과 성차별의 현실적(경제적 등) 원인들을 흔들어놓는 것으로부터 후퇴했다는 사실을 드러내는 것 아닐까? 따라서 거의 모든 '포스트모던' 좌파들이 공유하는 고전적인 진부한 주제를 하나의 문제로 제기할 때가 되었다. 그 명제는 정치적 '전체주의'가 어떤 경위로든 물질적 생산과 과학기술이 상호주관적 의사소통 그리고/또는 상징적 실천을 지배한 경과라고 말한다. 마치 정치적 테러의 뿌리는 도구적 이성의 '원리', 자연의 과학기술적 착취의 '원리'가 사회로까지 확장되어, 사람들을 '신인간'의 재료로 취급한다는 사실에 있다고 말하는 것 같다. 사실은 그 정**반대**라면 어쩔 것인가? 정치적 '테러'는 바로 (물질적) 생산 영역의 자율성이 **부정**되고 정치적 논리에 **종속**된다는 사실을 보여준다면 어쩔 것인가? 자코뱅으로부터 마오의 문화혁명에 이르기까지 모든 정치적 '테러'는 생산 그 자체가 배제돼, 그것이 정치적 갈등의 영역으로 환원된다는 것을 전제하지 않는가?

프랑스혁명의 공포정치에 대한 바디우의 고상한 변호를 보자. 바디우는 앙투안 라부아지에Antoine Lavoisier*의 단두대 처형을 정당화한 다음과 같은 말을 인용한다. "공화국에는 과학자가 필요 없다 La république n'pas besoin de savants." 바디우는 우리가 이 진술의 단서를 없애 진술을 줄여버리면 그것이 참이라는 사실이 드러난다고 주장한다. "La république n'pas de besoins[공화국에는 필요한 것이 없다]." 공화국은 평등과 자유라는 순수하게 정치적인 논리에 실체를 제공하며, 이것은 개인들의 요구를 충족시킬 '재화의 공급'을 고려하지 않고 자기 길을 가야 한다는 것이다.[7] 본래의 혁명적 과정에서 자유는 그 자체가 목적이 되며 그 자체의 발작에 사로잡힌다. 이런 식으로 경제 영역, (물질적) 생산 영역의 중요성을 차단하면서 바디우는 한나 아렌트에게 다가간다. 바디우와 마찬가지로 아렌트에게도 자유는 본래의 정치에 속하지 않는 재화와 용역의 공급, 가족의 유지,

---

* 프랑스의 화학자. 구체제의 세금 청부인으로 고발되어 단두대에서 처형 당하였다.

7 Alain Baidou, "L'Un se devise en Deux", 심포지엄 The Retrieval of Lenin , Essen, 2001년 2월 2~4일의 발표.

행정과 대립되는 것이다. 자유의 유일한 자리는 공동의 정치적 공간이다.

바로 이런 의미에서 레닌을 재평가하자는 바디우의(그리고 실뱅 라자뤼스의Sylvain Lazarus[8]) 호소는 언뜻 보기보다 모호하다. 그것은 실제로는 결국 정치투쟁이라는 스펙터클은 경제 영역을 참조해야만 제대로 독해할 수 있다는 마르크스의 핵심적 통찰을 버리자는 이야기에 다름 아니기 때문이다("마르크스주의가 **정치** 이론에서 어떤 분석적 가치가 있다면, 자유주의적 담론들은 사회적 관계를 암묵적으로 '비정치적'이라고 — 즉 자연과 같은 것이 되어버렸다고 — 말하는데, 바로 그 사회적 관계에 자유의 문제가 포함되어 있다고 주장한 것이 아닐까?"[9]). 바디우와 라자뤼스가 좋아하는 레닌이 『무엇을 할 것인가?』의 레닌이라는 것, 마르크스의 이른바 '경제주의'와 결별하고 '정치적인 것'의 자율성을 주장하는 레닌이라는 것은 놀랄 일이 아니다. 근대의 집중된 산업에 매혹되어 경제와 국가 기구를 재조직하는 (탈정치화된) 방법들을 상상하던 『국가와 혁명』의 레닌이 아니라는 것도 역시 놀랄 일은 아니다.

바디우, 자크 랑시에르Jacques Rancière, 에티엔 발리바르Étienne Balibar의 이런 '순수 정치', 마르크스주의적이라기보다는 자코뱅에 가까운 이런 태도는 그들이 강력하게 반대하는 앵글로색슨 '문화 연구'도 공유하는 것이다. '문화 연구'는 인정 투쟁에 초점을 맞추며, 경

---

8 Sylvain Lazarus, "La forme Parti", 심포지엄 The Retrieval of Lenin에서 한 발표.

9 Wendy Brown, *States of Injury*, Princeton, NJ: Princeton University Press 1995, p. 14.

제 영역을 격하시킨다. 다시 말해서 발리바르에서 랑시에르와 바디우를 거쳐 라클라우와 무페에 이르기까지 '정치적인 것'에 관한 프랑스의(또는 프랑스 지향의) 모든 새로운 이론들이 목표로 삼는 것은, 전통적인 철학적 용어로 표현하자면, (물질적 생산의) 경제 영역을 '존재론적' 위엄이 제거된 '존재의' 영역으로 환원하는 것이다. 이 지평에는 마르크스의 '정치경제학 비판'이 들어설 자리가 전혀 없다. 마르크스의 『자본론』에서 상품과 자본으로 이루어진 세계의 구조는 제한된 경험적 영역의 구조일 뿐 아니라, 일종의 사회적-초월적 선험, 사회적이고 정치적인 관계의 총체성을 만들어내는 모체이기 때문이다.

경제와 정치의 관계는 궁극적으로 '두 옆얼굴이냐 또는 꽃병이냐'라는 유명한 시각적 역설의 관계다. 그 그림에서는 얼굴 두 개가 아니면 꽃병 하나를 볼 수 있지, 둘 다 볼 수는 없다. 선택을 해야 하는 것이다.[10] 마찬가지로 정치적인 것에 초점을 맞추게 되면 경제 영역은 경험적인 '재화의 공급'으로 축소된다. 또 경제에 초점을 맞추면 정치는 겉모습들의 극장으로, 엥겔스가 말한 대로 '사람의 관리'가 사라지고 '사물의 관리'만 남는 발전한 공산주의(또는 기술관료주의)

---

10   Fredric Jameson, "The Concept of Revisionism", 심포지엄 The Retrieval of Lenin의 발표. 나는 심지어 이런 공통의 언어의 부재가 라캉이 '성 구분의 공식'에서 제시한 성차의 논리를 포함한다고 주장하고 싶은 유혹을 느낀다. '남성적' 정치 대 여성적 '경제'라는 것이다. 라캉의 욕망과 충동의 대립에 대해서도 같은 말을 할 수 있지 않을까? 두 항은 절대로 양립 불가능하다. 하나를 다른 쪽으로 번역하게 해주는 공통의 메타언어나 코드가 없다.

사회가 도래하면 사라질 덧없는 현상으로 축소된다.[11]

마르크스주의의 '정치적' 비판(정치를 밑바탕에 깔린 어떤 '객관적인' 사회경제적 과정의 '형식적' 표현으로 환원해버린다면, 본래의 정치 분야를 구성하는 개방성과 우연성을 잃는다는 주장)은 따라서 그 이면에 의해 보완되어

---

11 홀로코스트와 굴라크에도 똑같은 '꽃병/두 옆얼굴' 역설이 일어나는 것 아닐까? 홀로코스트를 궁극의 범죄로 격상시키면 스탈린의 공포정치의 반은 구속(救贖)된다. '평범한' 범죄라는 작은 역할로 축소되는 것이다. 반대로 굴라크가 근대의 혁명적 공포정치의 궁극적 결과라고 초점을 맞추면, 홀로코스트는 기껏해야 같은 논리의 다른 예 정도로 축소된다. 어떻게 된 일인지 홀로코스트나 굴라크 어느 한쪽을 은밀히 선호하지 않으면 진정으로 '중립적인' 전체주의 이론을 전개하는 것이 가능해 보이지 않는다.

슬로베니아의 공산주의 역사에는 나치의 강제수용소와 스탈린주의의 전시 재판 및 굴라크가 교차하는 외상적인 순간이 있었다. 1949년 슬로베니아의 수도 류블랴나에서는 보통 "다하우 재판"이라고 부르는 공개재판이 열렸다. 피고는 전에 공산주의자였던 사람들로서 나치에 체포당했지만 다하우 수용소에서 살아남았다. 그들 대부분은 제2차 세계대전 후 새로 국유화된 산업에서 중요한 자리를 차지했으나, 새로운 체제의 경제적 실패의 희생양이 되었다. 그들은 다하우의 게슈타포에게 협력하여 동료를 배반했다(그래서 살아남을 수 있었다는 것이다)는 이유로 고발을 당했다. 또 전후에도 서방의 비밀 정보부를 위해 계속 일을 하면서 사회주의 건설을 방해했다고 비난당했다. 그들은 강요에 의해 공개적으로 죄를 자백한 뒤 대부분 사형선고를 받고 그 직후 총살을 당했다. 일부는 아드리아 해에 있는 '골리 오톡[벌거벗은 섬]' — 유고슬라비아판 작은 굴라크라고 할 만하다. — 에 수감되었다. 그들은 완전한 절망에 사로잡혔다. 다하우에서 살아남은 뒤에도 그들은 자신들의 시련을 이야기할 동정적인 대타자를 발견할 수 없었다. 그들은 살아남았다는 이유로 유죄 선고를 받은 사람들이었다(기소는 이른바 생존자의 죄의식을 이용했음에 틀림없다). 이런 식으로 그들은 모든 상징적 지원을 박탈할 무시무시한 공허 속에 놓이게 되었으며, 그들의 인생 전체의 의미가 완전히 사라져버렸다……

야 한다. 경제 분야는 **그 형식 자체로** 정치로 환원될 수 없다는 것이다. 프랑스의 '정치적인 탈마르크스주의자들'이 경제를 몇 가지 실증적인 사회적 영역 가운데 하나로 환원할 때 놓치는 것이 바로 경제 형식의 이 수준이다. 바디우에게 역사, 사회, 경제, 국가, 심지어 당과 관련해서도 근본적으로 자율적인 이런 순수 '정치' 개념의 뿌리는 그가 말하는 '존재'와 '사건'의 대립이다. 여기에서 바디우는 '관념론자'로 남는다. 유물론적 관점에서 보자면 '사건'은 '존재'의 특정한 배치 상황 속에 '갑자기' 나타난다. '사건'의 공간은 두 존재 사이의 최소한의 '텅 빈' 거리, 이 간극을 통하여 빛나는 '다른' 차원이다.[12]

그래서 궁극적인 정치 전략가 레닌은 결코 생산의 과학적 재조직을 꿈꾸는 '기술 관료' 레닌과 분리될 수 없다. 레닌의 위대함은 그에게 이 두 수준을 함께 생각할 적당한 개념적 장치가 없었음에도, 그렇게 하는 것의 **긴급성**을 의식했다는 것이다. 불가능하지만 필요한 과제로 생각했다는 것이다.[13] 여기서 우리가 다루는 것은 라캉의 '……관계가 없다il n'y a pas de rapport……'의 또 다른 변형이다. 만일 라캉에게 성 관계가 없다면, 본래의 마르크스주의에는 **경제와 정치의 관계가 없다.** 두 수준은 뗄 수 없이 얽혀 있음에도 — 아니, 그렇게 얽혀 있기 때문에 — 똑같은 중립적 관점에서 두 수준을 파악하

---

12 이 점에 대한 더 자세한 설명은 *On Belief* 2장 참조.

13 루카치의 『역사와 계급의식(History and Class Consciousness)』의 성취는 그것이 이 두 영역을 합치는 데 성공한 소수 가운데 하나라는 점이다. 한쪽에는 상품 물신주의와 물화라는 주제가 있고, 다른 한편에는 당과 혁명 전략이라는 주제가 있다. 그래서 이 책이 심오하게 레닌주의적인 것이다.

게 해주는 '메타언어'가 없다는 것이다. 그럼에도 '정치적' 계급투쟁은 경제의 한복판에서 일어난다(갑자기 끝나버리는 『자본론』 3권의 마지막 문단이 계급투쟁을 다룬다는 사실을 기억하라). 그러나 동시에 경제 영역은 정치투쟁의 암호를 해독하는 열쇠 역할을 한다. 이 불가능한 관계의 구조가 뫼비우스의 띠의 구조인 것은 당연하다. 먼저 우리는 정치적 스펙터클로부터 그 경제적 하부구조로 나아가야 한다. 그다음에 두 번째 단계에서는 경제의 핵심에서 정치투쟁이라는 환원 불가능한 영역과 맞서야 한다.

이 점에서 레닌이 순수한 정치만이 아니라 경제주의에도 반대했다는 것은 오늘날 중요한 의미가 있다. (현재 남아 있는) 급진적 서클들의 경제에 관한 분열된 태도 때문이다. 한편으로는 투쟁과 개입의 장소인 경제를 버리는, 위에 언급한 순수한 '정치주의자들'이 있다. 또 한편으로는 오늘날의 전 지구화된 경제의 기능에 매혹되어, 본래의 정치적 개입의 가능성은 아예 미리 배제해버리는 경제주의자들이 있다. 오늘날 우리는 그 어느 때보다도 레닌에게로 돌아가야 한다. 그래, 경제는 핵심 영역이다. 전투는 거기에서 결정 날 것이며, 우리는 전 지구적 자본주의의 마법을 깨야 한다. 그러나 그 개입은 경제적이 아니라, 진정으로 정치적이어야 한다. 지금은 무자비하게 이윤을 추구하는 대기업이 악당으로 등장하는 할리우드의 '사회 비판적' 음모론 영화들(가령 「에너미 오브 스테이트」에서 「인사이더」까지)에 이르기까지 모두가 '반자본주의'인 상황에서 '반자본주의'라는 기표는 그 전복적 자극을 상실했다. 오히려 우리가 논의해야 할 것은 이 '반자본주의'의 자명한 대립물이다. 즉 정직한 미국인들이 간직한 민주주의적 내용물이 음모를 깰 수 있다는 믿음이다. **이것**이 오늘날 전 지구적 자본주의 세계의 단단한 핵심이며, 그 진정한 '주인-기표'다. 즉 민주주의인 것이다.

민주주의의 한계는 '국가'다. 민주적 선거 과정에서 사회체는 상징적으로 해체되어 순수한 수치상의 다중으로 환원된다. 선거인단은 하나의 신체, 구조화된 전체가 아니라, 형체 없는 추상적 다중, '국가'(바디우가 사용하는 이 용어의 두 가지 의미, 즉 다중의 대의적 통일체로서 국가와 자신의 기구들을 가진 국가라는 의미에서) 없는 다중이다. 따라서 핵심은 민주주의가 국가에 고유한 것으로서 그 기구들에 의해 유지되는 것이 아니라, 구조적으로 이 의존성을 **무시한다**는 것이다. 바디우가 국가는 그것이 대표하는 다중과 관련하여 늘 과잉이라고 말할 때, 이것은 민주주의가 구조적으로 간과하는 것이 바로 이 과잉이라는 뜻이다. 민주주의적 과정이 '국가'의 이런 과잉을 통제할 수 있다는 것이 민주주의의 착각이다.

그래서 반지구화 운동으로는 충분하지 않은 것이다. 어느 시점에서 우리는 '자유와 민주주의'를 자명한 것으로 언급하는 태도의 문제를 다루어야 할 것이다. 그것이 오늘날 레닌의 궁극적 교훈이다. 역설적으로 이 방법으로만, 즉 민주주의를 문제 삼아야만, 다시 말해 그 개념 자체에서 선험적인(헤겔이라면 그렇게 말했을 것이다) 자유민주주의가 사실 자본주의적인 사적 소유 없이는 생존할 수 없다는 점을 분명히 밝혀야만, 우리는 진정으로 반자본주의적으로 될 수 있다. 1990년 공산주의의 붕괴는 정치적 민주주의의 현실적인 경제적 기초기 '생산수단의 사적 소유, 즉 (계급 구별을 갖춘) 자본주의라는 마르크스주의의 가장 '통속적인' 명제가 옳다는 사실을 궁극적으로 확증해주지 않았는가? 정치적 민주화의 도입 이후 발생한 커다란 충동은 '사유화'였다. 어떤 방법으로, 어떤 대가를 치르더라도 새 소유자를 찾으려는 광적인 노력이었다. 새 소유자는 공산주의자들이 정권을 잡으면서 국유화하기 전 소유자의 후손일 수도 있고, 전 공산주의자일 수도 있고, 공산당 비밀정보부원일 수도 있고, 마피아일 수도 있고 …… 민주주의의 '기초'를 얻을 수만 있다면 누구여도 좋다.[14] 궁극적인 비극적 아이러니는 이 모든 것이 **너무 늦게** 일어나고 있다는 것이다. 제1세계 '탈산업화' 사회에서 개인 소유가 그 중심적인 규제적 지위를 잃기 시작하는 바로 그 순간에 일어나고 있다는 것이다.

따라서 두 겹의 싸움을 해야 한다. 첫째는, 그래, 반자본주의다. 그러나 자본주의의 **정치적** 형식(자유주의적 의회 민주주의)의 문제를 다루지 않는 반자본주의는 아무리 '급진적'이라 해도 충분하지 않다. 자유민주주의 유산 — 일부 좌파의 주장에 따르면 자본주의 때문에 위험해지기는 했지만, 이미 자율성을 얻었으며 자본주의를 비판하는 데 도움을 줄 수 있다. — 을 실제로 문제 삼지 않고도 자본주의를 훼손할 수도 있다는 믿음이야말로 오늘날의 핵심적인 유혹이다. 이 유혹은 그 대립물로 보이는 것과 엄격한 상관관계가 있다. '자본'에 대한 유사 들뢰즈적인 사랑하고-증오하는, 매혹시키고/매혹당하는 시적 묘사, 즉 '자본'을 모든 것을 탈영토화하고 삼키는 리좀적

---

14   Badiou, *D'un désatre obscur*, p. 30 참조.

괴물/뱀파이어로 묘사하는 것과 상관관계가 있다는 것이다. '자본'은 굴함이 없고, 역동적이고, 늘 죽었다 부활하고, 위기를 만날 때마다 더 강해지고, 디오니소스-피닉스처럼 다시 태어난다……. 이런 시적이고 (반)자본주의적인 마르크스 참조에서 마르크스는 **정말로** 죽는다. 그의 정치적 날카로움을 전유당하고 박탈당하기 때문이다.

마르크스는 자본주의의 혁명적인 '탈영토화' 효과에 매혹되었다. 자본주의는 그 무자비한 동력으로 인간 상호 작용의 모든 안정된 전통적 형식을 무너뜨렸다. 모든 견고한 것은 녹아 허공으로 사라진다. 그리하여 마침내 유대인의 시체도 아우슈비츠 가스 소각장의 연기로 사라진다……. 마르크스는 자본주의의 '탈영토화'가 철저하지 못하다고 비판했다. 또 여기에서 새로운 '재영토화'가 일어난다고 비판했다. 자본주의의 궁극적인 장애는 자본주의 자체라는 것이다. 다시 말해서 자본주의는 자신도 더 이상 억제하지 못하는 동력을 풀어놓는다는 것이다. 이 주장은 낡았기는커녕, 오늘날처럼 전 지구화의 막다른 골목이 늘어가는 상황 ─ 자본주의 본래의 적대적인 성격은 그 자본주의의 전 세계적 승리를 거짓으로 만들어버린다. ─ 에서 타당성을 얻는 것 같다. 그러나 문제는 이것이다. 공산주의(또는 다른 형식의 탈자본주의 사회)를 자본주의의 탈영토화 동력을 해방하고, 자본주의의 내재적인 구속을 풀어주는 구성체로 여전히 상상할 수 있는가?

마르크스의 근본적인 비전은 더 높은 수준의 새로운 사회질서(공산주의)가 가능하다는 것이었다. 생산성을 스스로 늘려가는 나선운동의 감재력을 유지할 뿐 아니라 더 높은 수준으로 높이고, 또 현실에서 완전히 실현할 수 있는 질서가 가능하다는 것이었다. 반면 자본주의에서는 그 내재적 장애/모순 때문에 사회적으로 파괴적인 경제적 위기에 의해 생산성이 계속 장애에 부딪힌다. 그러나 마르크스가 간과한 것은, 고전적인 데리다식 표현으로 하자면, 생산력의 완전한 전개를 '불가능하게 하는 조건'인 이 내재적 장애/적대가 동시에 그 '가능성의 조건'이기도 하다는 것이다. 우리가 그 장애, 자본주의의 내재적 모순을 제거한다면, 우리는 마침내 완전히 풀려나 그 방해물로부터 해방된 생산성으로 나아가는 동력을 얻는 것이 아니라, 자본주의에 의해 만들어지는 동시에 장애에 부딪히는 것으로 보였던 바로 이 생산성을 잃는다. 이 장애를 제거하면, 이 장애에 의해 가로막혔던 잠재력 자체가 사라진다……. 이것이 잉여가치와 잉여 향유 사이의 모호한 중첩에 초점을 맞춘 라캉의 마르크스 비판이 될 수 있을 것이다.[15]

이런 항상적인 자력 추진적 혁명화는 총체적인 생산적 동원을

---

15 이 점을 더 개진한 것으로는 Žižek, *The Fragile Absolute*, 3장 참조.

흔히 자본주의의 궁극적 생산물은 쓰레기 더미 — 쓸모없는 컴퓨터, 자동차, 텔레비전, 비디오 재생기…… — 라고 한다. 모하비 사막에 있는 유명한, 버려진 비행기 수백 대의 '안식처'를 보면 우리는 자본주의 동력의 이면의 진실, 그 비활성의 물체적 잔여물과 마주치게 된다. 바로 이런 배경에서 우리는 완전한 재활용(모든 잔여물이 다시 사용된다)이라는 생태적 꿈-관념을 설사 그것이 지구의 자연 균형을 유지한다는 맥락에서 표현된다 해도 궁극적인 자본주의의 꿈으로 읽어야 한다. 아무런 재료도 남기지 않는 데 성공하는 자본의 자력 추진적인 순환의 꿈이기 때문이다. 이것은 자본주의가 자신과 반대되는 것으로 보이는 이데올로기들도 전유할 수 있음을 보여주는 증거다.

하는 절정기의 스탈린주의에는 여전히 유효하지만, '침체된' 후기 '현실 사회주의'는 자본주의적 경쟁의 압박을 피하며 평화롭게 살 수 있는 사회로 자신을 정당화했다(적어도 행간에서는). 이것이 니키타 후르쇼프(미합중국을 방문했을 때 '여러분 손자들은 공산주의자가 될 것'이라고 예언했던 마지막 열광자)의 몰락 이후 1960년대 말부터 '현실 사회주의'가 자본주의와 전쟁에서 그 경쟁적 우위를 잃었다는 것이 분명해졌을 때 최후의 방어선이었다. 따라서 침체된 후기 '현실 사회주의'는 이미 어떤 면에서는 '인간의 얼굴을 가진 사회주의'였다. '현실 사회주의'는 조용히 위대한 역사적 과제들을 포기하고 자비로운 권태 속에 진행되는 일상생활의 안정을 제공했다. 오늘날 소멸한 사회주의를 향한 오스탈기는 주로 그런 자족적이고 제한된 생활 방식에 대한 보수적 노스탤지어로 이루어져 있다. 심지어 페터 한트케Peter Handke에서 요제프 보이스Joseph Beuys에 이르는, 노스탤지어에 젖은 반자본주의 예술가들도 사회주의의 이런 측면을 찬양한다. 압박감을 주는 동원도 광적인 상품화도 없다는 것이다. 동독 비밀경찰 책임자인 에리히 밀케Erich Mielke도 단순한 용어로 공산주의 체제가 자본주의의 자력 추진식 과잉의 논리에 대처할 능력이 없었음을 인정했다. "사회주의는 아주 좋다. 그래서 사람들은 더 많은 것을 요구한다. 원래 그런 거다."[16] 물론 이런 예기치 않은 변화는 원래의 마르크스주의 기획 자체의 약점에 대해서도 뭔가 이야기를 해준다. 생산력의 제

---

16 Ich liebe euch doch alle! Befehle und Lageberichte des MfS Januar-November 1989, Armin Mitter와 Stefan Wolle 편, Berlin: BasisDruck 1990, p. 120.

한 없는 동원이라는 목표의 한계를 드러내는 것이다.

오랫동안 '혁명'의 매혹적인 이미지가 지워져버렸던 혁명 전 쿠바 음악, 그 전통을 재발견하고 찬양하는 빔 벤더스Wim Wenders의 「부에나 비스타 소셜 클럽」(1999)이 오늘날의 ―'카스트로의'― 쿠바로 들어가는 통로를 여는 몸짓으로 인식되는 것은 어찌 된 일인가? 이 영화에서는 무엇보다도 회고적-반동적 태도, 오래전에 잊힌 혁명 전 과거의 흔적들(7,80대에 들어선 음악가들, 마치 시간이 수십 년 동안 정지해버린 듯한 아바나의 황폐해진 거리)을 발견하고 소생시키는 태도를 보는 것이 훨씬 더 논리적이지 않을까? 그러나 우리가 이 필름의 역설적 성취를 찾아야 하는 것은 바로 이 수준에서다. 이 영화는 혁명 전 나이트클럽의 음악적 과거에 대한 노스텔지어 자체를 혁명 후 쿠바의 현재의 일부로 묘사한다(이것은 늙은 음악가가 피델과 체의 낡은 사진들을 보고 논평하는 첫 장면부터 분명하다). 이 때문에 이 '비정치적' 영화가 모범적인 **정치적** 개입이 된다. 이 영화는 '혁명 전' 음악적 과거가 혁명 후 쿠바에 통합되어 있는 방식을 보여줌으로써 쿠바 현실에 관한 표준적 인식을 무너뜨리는 것이다. 물론 그 대가도 치르는데, 우리가 얻는 쿠바의 이미지는 시간이 정지한 나라의 이미지가 되는 것이다. 여기에서는 아무런 일도 일어나지 않는다. 산업 활동도 없다. 낡은 차들이 있고, 텅 빈 철로가 있다. 사람들은 그냥 걸어다니고, 가끔 노래를 하고 음악을 연주한다. 따라서 벤더스의 쿠바는 동유럽의 회고적 이미지의 라틴아메리카판이 된다. 역사 바깥, 오늘날 제2의 근대화라는 역동성 바깥에 있는 공간이 된다. 역설(또 어쩌면 이 영화의 마지막 메시지)은 이것이 혁명의 궁극적 기능이었다는 것이다. 사회적 발

전을 가속화하는 것이 아니라, 거꾸로 기껏 고생을 해서 시간이 정
지해버린 공간을 만들어냈다는 것.

파국과 혁명 사이에서

10

그들은 자신들이
무엇을 믿는지 모른다

자본주의는 단지 여러 역사 시대 가운데 하나가 아니다. 어떤 면에서는 한때 인기를 끌었던(그리고 지금은 잊힌) 프랜시스 후쿠야마 Francis Fukuyama의 말이 옳았다. 전 지구적 자본주의는 실제로 '역사의 종말'이다. 크리스토퍼 놀란Christopher Nolan의 뛰어난 네오-누아르 스릴러 「메멘토」(2000)는 무엇보다도 우리가 역사적 기억과 관련하여 오늘날 어디에 서 있는지를 보여주는 완벽한 비유다. 늘 그렇듯이 메멘토memento는 모리mori와 관련을 맺는다.* 이 영화는 아내가 자신이 보는 앞에서 강간 살해를 당하고, 이 외상의 결과 기괴한 정신병으로 고생하는 젊은 남자의 이야기다(살인범으로 여겨지는 자를 결국 죽이는 것에서부터 최초의 범죄로 거슬러 올라가며 플래시백으로 이야기가 전개된다). 주인공은 살인 이전의 과거 사건들은 기억할 수 있지만,

---

*   메멘토 모리(memento mori)는 '죽음을 기억하라'는 뜻의 라틴어다.

외상 이후에 일어난 일들은 자신의 정신에 잠깐 동안밖에 담아둘 수 없다. 따라서 그가 최근의 경험들을 조직하는 유일한 방법은 외부 물질에 기록을 하는 것이다(그는 늘 폴라로이드 사진을 찍고, 종잇조각에 메모를 하고, 심지어 중요한 자료는 몸에 문신을 한다). 그는 이 빈약한 자료의 도움을 받아 필사적으로 살인자를 추적하여 아내의 복수를 하려 한다. 끝은 모호하다. 범죄가 실제로 있었지만, 그 자신이 살인자였을 수도 있다. 또는 범죄가 아예 없었고, 그가 그냥 자신의 최근의 활동을 정당화하고 통합하기 위해 이런 외상적 참조점을 필요로 했던 것일 수도 있다.

이것은 어떤 면에서는 오늘날 우리 모두가 처한 곤경이 아닐까? 우리 모두가 낡은 역사적 과거의 기억, 그리고 과거와 함께 똑같은 거대 서사 속으로 집어넣을 수 없는 탈역사적 현재라는 두 가지 사이에서 분열되어 있는 것 아닐까? 그래서 현재는 우리의 기억에서 급속하게 증발해버리는, 혼란스럽게 이어지는 단편들로 경험되는 것이 아닐까? 간단히 말해서 우리의 탈역사 시대의 문제는 우리가 과거, 우리의 본래 역사(이에 관해서는 충분하고도 남을 만한 서사들이 있다)를 기억할 수 없다는 것이 아니라, 현재를 기억할 수 없다는 것이다. 우리가 현재 자체를 제대로 역사화-서사화하지 못한다는 것이다. 다시 말해서 현재와 관련하여 적절한 인식적 지도를 작성할 수 없다는 것이다. 우리는 어떤 파악하기 어려운 외상(홀로코스트처럼) — 우리 자신도 그것에 (공동) 책임이 있다는 것이 견딜 수 없는 진실인 그런 외상 — 을 참조하거나, 아니면 우리는 우리의 현재를 이해하려고 그런 외상을 구축한다.

그렇다면 정확히 어떤 의미에서 자본주의는 '탈역사적'인가? 이전의 역사에서는 지역적 일탈, 한정된 탈선으로 인식되어 말하자면 억제되었던 어떤 과잉이 자본주의에서는 돈이 더 많은 돈을 낳는 투기적 운동 속에서 사회적 삶의 원칙, 체제의 원칙 자체로 승격되었다. 이 체제란 늘 자신의 조건을 혁명해야만 살아남을 수 있다. 다시 말해서 **사물이 오직 자신의 과잉으로서만 생존할 수 있으며**, 늘 자신의 '정상적' 제약을 넘어버린다.

소비의 경우를 예로 들어보자. 근대 이전에는 온건한 소비와 그 과잉(폭식 등) 사이의 직접적 대립이 있었다. 그러나 자본주의에서는 과잉('쓸모없는 것들'의 소비)이 규칙이 된다. 즉 구매의 기본적 형태는 우리가 '실제로 필요로 하지 않는' 것들을 구입하는 행동이다. 물론 성장에는 생태학적 한계가 있다. 예를 들어 새 차가 수백 만 대씩 불어나는 중국의 급속한 발전은 현재의 세계적 배치 상황에서는 세계적인 생태학적 재앙을 일으킬 것이다. 그러나 자본주의가 자신에게 저항하는 것으로 보이는 영역들을 식민지로 만드는 능력, 자신의 발전 때문에 일어난 재앙을 추가 발전의 유인으로 만드는 능력을 과소평가하면 안 된다. 인간의 모든 재앙(병으로부터 전쟁까지)을 수익 높은 투자의 원천으로 바꾸는 것이 자본주의의 최고의 성취 가운데 하나라면, 왜 환경이라고 가만히 놔둘 것인가? 심각한 환경 재앙으로 우리가 자본주의에서 깨어나 헌신적으로 무성장, 무이윤을 추구하는 생산자들로 바뀔 것이라는 관념은 재앙을 위장된 축복으로 바꾸는 자본주의의 능력을 결정적으로 과소평가하는 것이다.[1] 바로 이런 이유 때문에 우리는 마르크스의 근본적인 통찰에 충실해야 한다. 고삐 풀린 자본주의적 팽창은 외적 요인 — 예를 들어 가용 환경 자원 — 에서 그 한계와 마주치는 것이 아니라 그 자체 내부에서 한계와 마주치는 것이다. 자본주의의 한계는 절대적으로 그 자체에 내재한다. 또는 마르크스 자신의 표현을 빌면 자본주의의 한계는 자본주의 자체다.[2]

---

1   사실 이미 '다음 산업혁명'은 자연환경을 자본주의적 투자와 혁신의 주요 분야로 삼을 것이라는 예측들이 나오고 있다 — Paul Hawken, Amory Lovins and Hunter Lovins, *The Natural Capitalism*: *The Next Industrial Revolution*, London: Earthscan 1999 참조.

2   이것이 바로 마이클 하트(Michael Hardt)와 안토니오 네그리(Antonio Negri)가 21세기를 위해 『공산당 선언』을 다시 쓰는 것을 목표로 삼은 책 『제국』(Cambridge, MA: Harvard University Press 2000)에서 하려고 한 일이다. 하트와 네그리는 세계화를 모호한 '탈영토화'로 묘사한다. 승리를 거두는 전 지구적 자본주의는 우리 사회생활의 모든 털구멍, 가장 내밀한 영역까지 스며들어 항존하는 동력을 만드는데, 이것은 이제 가부장적이거나 다른 위계적인 지배 구조에 기초하지 않으며, 대신 불안정하고 혼성적인 정체성을 제공한다. 그러나 모든 중요한 사회적 고리들을 이렇게 근본적으로 침식하게 되면 지니가 병에서 빠져나오게 된다. 자본주의 체제가 완전하게 통제할 수 없는 잠재적인 원심력을 풀어놓는 것이다. 바로 이러한 세계적 승리 때문에 자본주의 체제는 오늘날 그 어느 때보다 취약하다. 마르크스의 오래된 공식은 여전히 타당하다. 자본주의는 자기 무덤을 파는 것이다.

    하트와 네그리는 이것을 '국민-국가'에서 세계 '제국'으로 이행하는 과정으로 묘사한다. 그 제국은 고대 로마에 비유할 수 있는 초국가적 존재로서, 거기에서는 혼성적인 분산된 정체성들이 체현된다. 따라서 하트와 네그리는 오늘날의 '터보 자본주의'의 모순적 본질에 관하여 우리를 계몽하고, 또 그 동력 속의 혁명적 잠재력을 확인하려고 했다는 점에서 커다란 찬사를 받을 자격이 있다. 이런 영웅적 시도는 지구화의 파괴력을 제한하고 '복지국가'를 구출(구출할 만한 것이 남아 있다면)하려고 애쓰는 좌파 사람들의 표준적 관점과 대립된다. 이런 표준적인 좌파적 관점에는 지구화와 디지털화의 동력에 대한 매우 보수적인 불신이 섞여 있는데, 이것은 진보의 힘들에 대한 마르크스의 신뢰와 정반대되는 것이다.

그럼에도 우리는 하트와 네그리의 시도의 한계를 금세 느낄 수 있다. 사회경제적 분석에 관한 구체적 통찰의 결여가 다중, 탈영토화 따위의 들뢰즈식 용어의 속에 감추어져 있기 때문이다. 이 책의 말미에 니오는 세 가지 '실천적' 제안이 용두사미로 보이는 것도 놀랄 일은 아니다. 저자들은 세 가지 세계적 권리에 정치투쟁을 집중하자고 제안한다. 세계 시민의 권리, 최소 소득의 권리, 새로운 생산수단의 재전유(즉 교육, 정보, 커뮤니케이션에 접근하고 그것을 통제하는 것). 이동성, 다양성, 잡종화 등의 시인인 하트와 네그리가 보편적 인권이라는 고전적인 용어를 사용하여 이 세 가지 권리를 정리한다는 것은 역설적이다. 이 요구들의 문제는 공허한 형식과 불가능한 근본주의 사이에서 동요한다는 점이다.

세계 시민의 권리를 예로 들어보자. 물론 이론적으로는 이 권리가 승인되어야 한다. 그러나 이 요구를 전형적인 국제연합 스타일의 입에 발린 형식적 선언보다 더 진지하게 받아들인다면, 이것은 바로 국경의 철폐를 의미하게 된다. 현재의 조건에서 그런 단계로 나아간다면 인도, 중국, 아프리카에서 미합중국과 서유럽으로 값싼 노동력이 유입될 것이며, 이것은 이민자에 대한 대중의 반발을 촉발할 것이다. 이런 반발은 매우 격렬하여 하이더 같은 사람이 다문화를 수용하는 관용의 모범처럼 보이게 될 것이다. 나머지 두 요구에도 같은 이야기를 할 수 있다. 예를 들어 최소 소득에 대한 보편적(세계적) 권리를 보자. 이것은 물론 좋은 이야기다. 그러나 그런 충격적인 변화에 필수적인 사회경제적 그리고 이데올로기적 조건들을 어떻게 만들어야 하는가? (그런데 이런 두 가지 독법의 대립은 매우 칸트적인 것이다. 만일 우리가 『제국』의 세 가지 요구 가운데 어느 것을 형식적 선언으로 읽는다면, 우리는 그것을 **규제적** 원리로 생각하게 된다. 반면 그것을 문자 그대로 받아들여 그 직접적 현실화를 요구하면 우리는 그것을 **구성적** 원리로 강제하게 된다.) 이런 비판은 오직 사소한 경험적 세목만을 겨냥한 것이 아니다. 『제국』의 주된 문제는 현재의 전 지구적인 사회경제적 과정이 그런 근본적 조치에 필요한 공간을 창조하는(실제로 창조한다면) 방식의 근본적 분석이 부적절하다는 것이다. 하트와 네그리는 오늘날의 조건에서 프롤레타리아 혁명의 전망이 자본주의 생산 양식에 내재한 적대로부터 나타난다는 마르크스의 주장을 되풀이하지 못한다. 이런 점에서 『제국』은 여전히 마르크스주의 비전에 속한 책이나.

본주의 아래에서, 헤겔식으로 표현하자면, 진정으로 기존의 자본주의가 그 개념의 수준에 이르고 있는지도 모른다. 어쩌면 우리는 인간의 해부가 원숭이 해부의 열쇠를 제공한다는 마르크스의 오래된 반진화론적 격언(그런데 이 말은 사실 헤겔로부터 그대로 가져온 것이다)을 되풀이해야 할지도 모른다. 사회구성체의 내재적인 개념적 구조를 전개하려면 가장 발전된 형태로부터 시작해야 한다는 것이다. 마르크스는 자본주의의 기본적 적대를 사용가치와 교환가치의 대립에서 찾았다. 자본주의에서 이 대립의 잠재력은 완전하게 실현되며, 교환가치 영역은 자율성을 얻고, 자력 추진적인self-propelling 투기 자본이라는 유령으로 변한다. 이 유령은 실존하는 사람들의 생산 능력이나 요구를 마음대로 처분할 수 있는 자신의 일시적인 구현체로 이용한다. 마르크스는 이 간극으로부터 경제 위기라는 개념 자체를 끌어냈다. 돈이 더 많은 돈을 낳는다는, 스스로 만들어낸 착각의 신기루를 현실이 따라잡을 때 위기가 발생한다는 것이다. 그런 투기적 광기는 무한정 계속될 수 없다. 점점 더 강력한 위기로 폭발할 수밖에 없다. 마르크스에게 이 위기의 궁극적 뿌리는 사용가치와 교환가치 사이의 간극이다. 교환가치의 논리는 진짜 사람들의 진짜 요구와 관계없이 그 자신의 길을 가고 그 자신의 미친 춤을 춘다.

이런 분석은 오늘날 그 어느 때보다 타당성을 지니는 것으로 보일 수도 있다. 현재 가상 세계와 현실 세계 사이의 긴장은 거의 손에 잡힐 정도로 견딜 수 없는 강도에 이르렀다. 한편으로 선물이나 합병 등에 그 나름의 내재적 논리를 따라 광기 어린 유아론적 투기가 이루어진다. 한편 현실은 환경 재앙, 궁핍, 제3세계 사회생활의 붕괴,

광우병의 형태로 우리를 따라잡는다. 이런 현상이야말로 사이버 자본가들이 오늘날 모범적인 자본가로 보일 수 있는 이유이며, 빌 게이츠Bill Gates가 스스로 "마찰 없는 자본주의"라고 부르는 것의 틀을 제공하는 사이버 공간을 꿈꿀 수 있는 이유다.

지금 우리 앞에 있는 것은 현실과 가상 사이의 간극, 실제 생산과 '자본'의 가상적/유령적 영역 사이의 간극, 경험적 현실과 사이버 스페이스의 '가상현실' 사이 간극의 두 가지 판본 사이에 존재하는 이데올로기적인 단락이다. "마찰 없는 자본주의"라는 구호의 진정한 공포는 실제로 '마찰'이 계속되지만, 우리의 '포스트모던적' 탈산업화 세계 바깥의 저편 세계로 눌려 들어가 눈에 보이지 않게 된다는 것이다. 그래서 디지털화된 커뮤니케이션, 과학기술적 장치 등의 '마찰 없는' 세계가 늘 바로 모퉁이만 돌면 전 지구적 재앙이 있다는, 언제 그것이 폭발할지 모른다는 생각에 시달리는 것이다.

매혹적인 스크린 속의 나와 스크린 밖의 '나'라는 비참한 육체 사이의 사이버 스페이스 간극은 자본의 투기적 순환이라는 '실재'와 궁핍한 대중이라는 칙칙한 현실 사이의 간극을 직접적 경험으로 번역하는 것처럼 보인다. 오늘날의 시장에서 우리는 유해한 속성을 박탈당한 일련의 제품들을 본다. 카페인 없는 커피, 지방 없는 크림, 알코올 없는 맥주……. '가상현실'은 그저 그 실체를 박탈당한 제품을 제공하는 이런 과정을 **일반화**할 뿐이다. 이것은 그 실체가 박탈된, '실재'의 단단한 저항적 핵이 박탈된 **현실 자체**를 제공한다. 카페인 없는 커피가 진짜 커피가 아니면서도 진짜 커피 같은 냄새와 맛이 나는 것처럼, '가상현실'도 현실이 아니면서 현실로서 경험된다.' '가

상현실'의 경우 차이는 양에만 있는 것이 아니다. 카페인 없는 커피
는 여전히 현실의 일부이지만, '가상현실'은 현실이라는 개념 자체를
중단시킨다······.[4] 그러나 조만간 가상의 게임을 따라잡을 그 '현실'
에 의지하는 것이 정말로 자본주의를 진정으로 비판하는 유일한 방
법일까? 자본주의의 문제가 이런 유아론적 미친 춤이 아니라 그 정
반대라면 어쩔 것인가? 자본주의가 '현실' 자체와 거리가 있음을 계
속 부인하고, 현실 속 사람들의 실제적 요구에 봉사한다고 내세우면
어쩔 것인가? 마르크스의 독창성은 두 카드를 동시에 쥐고 있었다
는 것이다. 자본주의 위기의 기원은 사용가치와 교환가치 사이의 간
극이라는 것, **그리고** 자본주의는 생산성의 자유로운 전개를 제약한
다는 것이다.

　해체주의 또는 들뢰즈식의 자본의 시poetry에서 문제는 상품 물
신숭배와 물화라는 비판 철학이 아니라, 기존의 자본주의에 관한 현
실적인 경제적 분석을 제공하고자 하는 마르크스의 의도를 완전히

3　나는 이 일련의 항목에 주체 자체도 포함하고 싶은 유혹을 느낀다. 이
　른바 포스트모던의 '프로테우스처럼 갖가지 모습으로 변신하는 주체'야
　말로 주체를 주체로 만들어주는 근본적 (자기 관계적) 부정성을 박탈당한
　'주체 없는 주체(또는 오히려 주체성)'가 아닐까?

4　같은 맥락에서 증상으로부터 라캉이 병증(病症, le sinthome)이라고 부르
　는 것으로 이행하는 것도 증상의 일반화를 거친다. 증상이란 사물들의
　'정상적' 흐름을 교란하고 그 억압된 진실을 빛 속에 드러내는 예외이다.
　반면 병증은 **오직 예외들**(교란들, 불균형들)**만 있다**고, 다시 말해 '뭔가 잘
　못되었으며', 원초적 '공허'의 균형이 교란되었음을 현실의 '밀도' 자체가
　보여준다고 우리가 인정할 때 나타난다. '아무것도 없다기보다는 뭔가가
　있다'는 사실은 가장 근본적인 의미에서 **병리적** 현상이다.

중단시킨다는 것이다. 데리다의 『마르크스의 유령들』[5]을 예로 들어 보자. 여기에는 한쪽에는 데리다의 '공식적'인 반자본주의 주장(전 지구화된 자본주의에 대항하여 '새 인터내셔널'을 만들자는 호소), 또 한쪽에는 모든 실재하는 존재론적 구성물 — 자본의 환영에 공간을 열어주는 원초월적proto-transcendental 선험으로서 — 의 간격을 메워야 하는 환원 불가능한 환영에 대한 그의 분석, 이 둘 사이의 긴장이 포함되어 있지 않은가? 이 때문에 데리다는 결국 어쩔 수 없이 다음과 같은 결론을 내리는 것 아닌가? 즉 마르크스의 자본주의 비판과 공산주의 사회라는 혁명 기획은 결국, 소외되지 않은 인류, 다시 말해 집단적인 '일반 지성'[6]이 전체적으로 스스로 투명한 과정으로서 그 인류의 재생산을 조절하는 그런 소외되지 않은 인류라는 실재하는 존재론적인 틀 내에서 환영과 차연差延, différance의 영역을 축소(또는 오히려 포함)하려는 시도를 구성한다는 결론 말이다. 간단히 말해서 데리다의 결론은 **자본은 차연**이라는 것 아닌가? 결코 완성(그 순환의 완전한 원)에 이르지 않는 운동이며, 늘 마지막 지불 완료를 **미루는** 운동 아닌가?

자본주의는 되풀이하여 '미래로부터 빌려와' 팽창한다. '완전한 상환'이라는 미래의 정해지지 않은 순간을 의지하여 팽창한다는 것이다. 이 미래의 순간은 IMF(국제통화기금)가 제2, 제3세계 국가들의 채무 변제 시한을 계속 연장해주듯이 계속 연기된다. 여기에는 미래

---

5   Jacques Derrida, *Specters of Marx*, New York: Routledge 1993 참조.
6   Marx, Grundrisse, p. 706.

의 어느 순간에는 이런 채무들이 상환될 것이라는 허구의 관념이 따른다(아무도 이것을 믿지 않지만 그럼에도 효과가 있다). 장기적으로는 현실이 자본의 투기적 운동을 따라잡을 수밖에 없다는 관념을 비판하면서, 장기적으로 우리는 모두 죽을 것이라고 신랄하게 덧붙인 사람은 존 메이너드 케인스John Maynard Keynes였다. 그러나 실제 경제생활은 이런 완전한 지불 완료의 끝없는 지연이다. 따라서 가라타니 고진이 마르크스의 『자본론』을 다른 면에서는 뛰어나게 데리다식으로 읽어내면서도 자본주의는 이미 자체의 해체이며, 이제는 과잉과 간섭에 의해 중단되는 안정된 자기중심적 체제가 아니라 끝없는 자기혁명을 통하여 자신을 유지하는 체제, 그 불안정성이 바로 그 힘인 체제, 어떤 면에서는 자신과 관련하여 과잉인 체제(이것은 결국 마르크스가 『공산당 선언』에서 정식화한 것을 해체주의식으로 풀어쓴 것에 지나지 않는다)라고 주장할 때, 그는 결국 자본주의는 그 자체의 구조적 불균형에 의해 유지되는 자기 준거적 체제라는 순수하게 형식적인 정의에 도달하게 된다.

자기 준거적인 형식적 체계는 끊임없는 내적인 미끄러짐(자기 차이화) 때문에 역동적이다. 그것은 체계를 체계화하는 결정적인 메타 수준이나 중심을 유지할 수 없다. 오히려 니체가 한때 주장했던 '주체들의 다양성'처럼, 이 체제는 여러 개의 중심을 갖는다……. 간단히 말해서, 자기 준거적인 형식적 체제는 언제나 불균형이며 과잉이다.[7]

---

7   Kojin Karatani, *Architecture as Metaphor*, Cambridge, MA: MIT Press 1995, p. 117.

그렇다면 이런 좌표 내에서 근본적인 반자본주의는 어떻게 가능한가? 반자본주의 투쟁을 두 환영 사이의 투쟁, 자본의 '나쁜' 환영과 정의나 민주주의의 도래에 대한 메시아적 약속이라는 '좋은' 환영 사이의 투쟁으로 보는 관념은 충분히 힘이 있는가? 우리가 이 틀안에 머무는 한, 우리는 해체주의적인 보충의 논리를 이런 대립 자체에 적용하여, 메시아적인 약속이라는 '좋은' 환영은 언제나—이미 자본의 '나쁜' 환영에 오염되어 있다고 주장할 수밖에 없지 않을까? 자본주의는 자신의 과잉을 만들어내고/포함하는 질서이며, 따라서 이미 자신의 차연이며, 전복할 어떤 고정된 중심이 없다는 표준적인 해체주의적 관념은 그러므로 마르크스가 매우 설득력 있게 — 또 여기서 나는 유혹적으로, 라고 덧붙이고 싶은데 — 자본에 내재하는 '신학적 변덕'이라고 묘사하는 것을 혼란에 빠뜨린다. 마르크스는 계급투쟁의 이론, 자본주의는 자신도 더는 통제할 수 없는 과잉을 무자비하게 생산한다는 이론을 동원하여 그것을 묘사했다.

화폐에서 자본으로 이행하는 과정에 대한 마르크스의 고전적 묘사를 자세히 살펴보자. 여기에는 헤겔적이고 기독교적인 배경에 대한 암시가 분명하게 드러난다. 첫째로 시장 교환이라는 단순한 행동이 있다. 사기 위해 파는 것이다. 나에게 유용한 어떤 것을 사려고 내가 소유하거나 만든 제품을 판다. "상품의 단순한 순환 — 사려고 파는 것 — 은 순환과는 관련이 없는 목적, 즉 사용가치의 전유, 필요의 충족이라는 목적을 달성하는 수단이다."[8] 자본이 등장하면서 벌어지는

---

8   Karl Marx, *Capital*, 1권, New York: International Publishers 1867,

일은 단순하게 C-M-C(상품-화폐-상품)가 M-C-M(화폐-상품-화폐), 어떤 상품을 다시 팔아서 (더 많은) 돈을 도로 챙기려고 그 상품에 돈을 투자하는 순환으로 역전되는 것이 아니다. 이 역전의 핵심적 효과는 순환의 **외면화**(객관화)다. "반대로 화폐가 자본으로 순환되는 것은 그 자체가 목적이다. 가치의 팽창은 오직 이런 항상적으로 갱신되는 운동 안에서만 일어나기 때문이다. 따라서 자본의 순환에는 한계가 없다."[9] 여기서 핵심은 비밀 장소에 보물을 쌓아두는 자본가 겸 전통적 구두쇠와 보물을 순환시켜 늘려나가는 자본가 사이의 차이다.

오로지 이윤을 내는 불안하고 끝도 없는 과정이야말로 그가 목표로 삼는 것이다. 부를 향한 이런 끝없는 탐욕, 교환가치를 이렇게 열정적으로 쫓는 태도는 자본가와 구두쇠에게 공통된 것이다. 그러나 구두쇠가 단지 미친 자본가라면, 자본가는 합리적 구두쇠다. 구두쇠는 자신의 돈을 순환에서 구출하여 교환가치의 끝없는 증대를 추구하지만, 그보다 명민한 자본가는 돈을 늘 새로 순환에 던져넣어 그것을 추구한다.[10]

---

p. 253.

9 같은 책, p. 254. 우리가 어떤 실체를 가진 최고의 '선'의 참조에 근거한 근대 이전의 윤리로부터 근대의 대표라고 할 수 있는 칸트의 윤리로 이행하는 것은 바로 이렇게 그 자체가 목적인 순환의 보편적 형식으로 이동하는 것과 더불어 이루어졌다. 칸트의 윤리에서 중요한 것은 결국 의무의 형식뿐이다. 즉 여기에서는 의무가 의무 자체를 위해 완수되어야 한다. 따라서 칸트의 윤리는 근대과학의 갈릴레오-뉴턴적 우주에 내재하는 윤리라는 라캉의 강조에, 칸트의 윤리는 또 그 자체가 목적인 자본주의적 순환 논리에 내재하는 윤리라는 통찰이 보태져야 한다.

10 같은 책, pp. 254~255.

그럼에도 구두쇠의 이런 광기는 '정상적' 자본주의 또는 그 병적 일탈의 도래와 더불어 그냥 사라지는 것이 아니다. 그것은 오히려 자본주의에 **내재**하는 것이다. 구두쇠는 경제적 **위기**가 닥칠 때 승리의 순간을 맛본다. 위기가 오면 가치를 잃는 것은 예상과는 달리 돈이 아니며, 우리는 상품의 '진짜' 가치에 의지하게 된다. 상품 자체('진짜 [사용]가치'의 구현체)는 쓸모가 없어진다. 그것을 살 사람이 없기 때문이다. 위기 때는 다음과 같은 일이 벌어진다.

> 돈이 그 단순하게 명목적인 형태, 즉 계산용 돈에서 갑자기 또 즉시 경화(금속화폐)로 바뀐다. 불경스러운 상품들은 이제 그 자리를 대신할 수 없다. 상품의 사용가치는 무가치가 되고, 그들의 가치는 그들 자신의 가치 형식에 아랑곳하지 않고 사라져버린다. 번영에 취하여 자신을 오만하게 확신하던 부르주아는 돈이 순수하게 가공의 창조물이라고 선언했으며 "상품만이 돈이다"라고 말했다. 그러나 이제 세상의 시장에 그 반대의 외침이 울려퍼진다. 오직 돈만이 상품이다……. 위기 때는 상품과 그 가치 형식인 돈의 적대는 절대적 모순의 수준으로 올라가버린다.[11]

이렇게 돈을 유일하게 진정한 상품의 지위로 올리는 과정("자본가는 아무리 외관이 상스러워 보이더라도, 아무리 고약한 냄새가 나더라도, 모든 상품이 믿음에서나 진실에서나 화폐라는 것, 내적으로 할례 받은 유대인이라는 것

---

11   같은 책, pp. 236~237.

을 알고 있다"[12])에서 마르크스가 정확히 바울과 같은 정의, 즉 기독교인이 "내적으로 할례를 받은 유대인"이라는 정의에 의지한다는 것은 대단히 중요하다. 기독교인은 외적인 진짜 할례가 필요 없다(즉 사용가치를 지닌 일반적인 상품은 버리고 오직 화폐만 상대한다). 그들은 이 일반적인 상품들 각각이 이미 '내적으로 할례를 받았다'는 것, 그 진짜 실체는 화폐라는 것을 알기 때문이다. 화폐가 자본으로 이행하는 과정을 마르크스가 '실체가 주체로 이행한다'는 정확한 헤겔식 용어로 묘사한다는 것은 훨씬 더 중요하다.

그러나 사실 여기서는[자본에서는] 가치가 이 과정의 적극적 요인이다. 가치는 항상 번갈아 화폐와 상품의 형식을 취하면서도, 동시에 그 양이 변한다. 그 자체로부터 잉여가치를 벗어 던져버림으로써 스스로 달라지는 것이다. 바꿔 말하면 원래의 가치가 자연발생적으로 팽창한다. 가치가 잉여가치를 덧붙이는 운동은 가치 그 자체의 운동이며, 따라서 그 팽창은 자동적 팽창이다. 그것은 가치이기 때문에 그 자체에 가치를 덧붙일 수 있다는 신비한 특질을 획득했다. 이것은 살아 있는 후손을 낳는다. 또는 적어도 황금 알을 낳는다……
C-M-C라는 단순한 순환에서 상품의 가치는 기껏해야 그 사용가치로부터 독립된 형식, 즉 화폐의 형식에 이르렀다. 그러나 이제 M-C-M 순환, 즉 자본의 순환에서는 똑같은 가치가 갑자기 그 나름의 동력을 부여받아 그 나름의 삶의 과정을 겪어나가는 독립된 실체로

---

12   같은 책, p. 171.

나타난다. 이 과정에서 화폐와 상품은 가치가 입었다 벗었다를 반복하는 형식일 뿐이다. 아니, 그 이상이다. 가치는 이제 단지 상품들의 관계를 나타내는 데 그치지 않고, 말하자면 가치 그 자체와 사적인 관계를 맺는다. 가치는 최초의 가치인 자신을 잉여가치인 자신과 구별한다. 아버지가 자신을 아들인 자신과 구별하는 것과 같다. 그러나 둘 다 하나이며 같은 나이다. 오직 10파운드의 잉여가치에 의해서만 100파운드의 원래 투여된 돈이 자본이 되기 때문이다. 이런 일이 발생하면, 아들을 낳고 아들에 의해서 아버지가 생기자마자, 그들의 차이는 사라지고, 그들은 다시 하나가 되어 110파운드가 된다.[13]

간단히 말해서 자본은 이제 단순한 부의 실체, 부의 보편적 화신이 아니라, 순환을 통하여 더 많은 가치를 만들어내는 가치, 그 자체를 매개-규정하며, 소급적으로 그 자신의 전제를 규정하는 가치다. 첫째로 화폐는 상품 교환의 단순한 수단으로 나타난다. 우리는 무한히 물물교환을 하는 것이 아니라 우선 제품을 모든 상품의 보편적 등가물과 교환하며, 그 보편적 등가물을 나중에 우리한테 필요한 어떤 상품으로도 교환할 수 있다. 이렇게 일단 자본의 순환이 시작되면, 관계는 역전되어 수단이 목적으로 바뀐다. 사용가치의 '물질적'인 영역을 통한 이행(개인의 특정한 요구를 충족시키는 상품의 생산)은 본질적으로 자본 자체의 자기운동의 계기로 규정된다. 이 순간부터 진정한 목적은 개인의 요구의 충족이 아니라 단지 더 많은 화폐, 순환 자

---

13   같은 책, pp. 171~173.

체의 무한 반복이 된다……. 따라서 이 자기 규정의 비밀스런 순환 운동은 성부와 그의 아들(성자)의 동일성의 교리, 원죄 없는 잉태 ― 성부 혼자 직접(여성 배우자 없이) 외아들을 낳고 이렇게 해서 궁극적인 단일 부모 가족을 형성한다. ― 라는 기독교의 중심 교리와 같은 것이 된다.

그렇다면 자본은 진정한 '주체/실체'일까? 그렇기도 하고 아니기도 하다. 마르크스에게, 자기를 낳는 이 순환 운동은, 프로이트의 용어로 표현하자면, "실체 없는 순수한 주체성"으로서 프롤레타리아에 기생하는 자본주의의 '무의식적 환상'이다. 이런 이유 때문에 자본의 모험적인 자기 산출의 춤에는 한계가 있다. 이것은 그 자체의 붕괴 조건을 만든다. 이런 통찰을 통하여 우리는 위의 인용문의 핵심적인 해석 문제를 풀 수 있다. 즉 처음의 '**그러나 사실**In truth, however'을 어떻게 읽느냐 하는 문제다.

물론 첫째는 어떤 그릇된 외관이나 경험에 맞서 이런 사실을 주장해야 한다는 뜻일 수 있다. 즉 자본 순환의 궁극적 목적은 여전히 인간 요구의 충족이며, 자본은 더 효율적인 방법으로 이런 만족을 가져다주는 수단에 불과하다는 일상의 경험에 맞서는 것이다. 그러나 이 '사실'이 자본주의의 현실은 **아니다**. 현실에서 자본은 자신을 낳지 않고 노동자의 잉여가치를 착취한다. 따라서 (자본이 사람들의 요구를 효율적으로 충족시키는 단순한 수단이라는) 주관적 경험과 (착취라는) 객관적인 사회적 현실의 단순한 대립에 제3의 수준이 빠져선 안 된다. 즉 '객관적 기만', 부인된 '무의식적' 환상(자본의 자기 자신을 낳는 신비한 순환 운동)인데, 이것이 자본주의 과정의 사실(현실은 아니지만)이다. 다시 라캉을 인용하자면, 사실truth은 허구의 구조를 지니고 있다. 자본의 '사실'을 공식으로 정리하는 유일한 길은 그 '원죄 없는' 자기 생산 운동이라는 이 허구를 묘사하는 것이다. 우리는 또 이런 통찰을 통하여 위에 언급한 마르크스의 자본주의 분석의 '해체주의적' 전유 방식의 약점을 찾아낼 수 있다. 그런 전유에서는 이 운동의 특징인 무한한 지연 과정만을 강조하는 것이 아니라 그 근본적인 미결 상태, 그 자기 차단도 강조하지만, 그럼에도 그 전유의 '해체주의적'인 개작된 이야기는 여전히 자본의 **환상**을 묘사한다. 개인들이 자기가 뭘 믿는지도 모르면서 믿는 것을 묘사하는 것과 같다.[14]

이 모든 것은 오늘날 경제 분석의 긴급한 과제가 다시 한 번, '탈산업화' 사회의 다수 이데올로기의 유혹에 굴복하지 않고 마르크스의 '정치경제학 비판'을 되풀이하는 것임을 의미한다. 핵심적인 변화는 사적 소유의 지위와 관계가 있다. 권력과 통제의 궁극적 요소는 이제 투자 사슬의 마지막 고리, 생산수단을 '진짜로 소유한' 회사나 개인이 아니다. 오늘날 이상적인 자본가는 완전히 다른 방식으로 기능한다. 빌린 돈으로 투자를 하고, 아무것도 '진짜로 소유하지' 않고,

---

14　따라서 이런 식으로 마르크스의 정치경제학 비판을 해체주의적으로 읽는 것은 세계적인 차원에서 상품 물신숭배를 생각하는 위대한 마르크스주의 전통과 대립된다. 자본주의의 계급과 상품 구조는 경제의 특정 '영역'에 제한된 현상이 아니라, 정치에서부터 예술과 종교에 이르기까지 사회적 총체성을 중층 결정하는 구조화 원리이기도 하다. 또 오늘날의 다문화주의적인 진보 정치도 자본주의의 이러한 세계적 차원을 피해 간다. 그 결과 그들의 '반자본주의'는 오늘날의 자본주의가 성차별/인종차별적 억압 등을 낳는다는 수준으로 축소된다.

심지어 빚을 지고 있다. 그럼에도 상황을 통제한다. 한 회사는 다른 회사가 소유하며, 그 회사는 다시 은행으로부터 돈을 빌리고, 은행은 궁극적으로 우리 같은 보통 사람들이 소유한 돈을 조작할 수도 있다. 빌 게이츠에게 '생산수단의 사적 소유'는 적어도 이 용어의 일반적인 의미에서는 아무런 의미가 없다.[15]

자본주의의 이런 가상화의 역설은 궁극적으로 소립자 물리학에서 전자의 역설과 똑같다. 우리 현실에서 각각의 원소의 질량은 정지한 질량에 그 운동의 가속화가 제공하는 잉여를 더해 얻어진다. 그러나 정지한 전자의 질량은 0이다. 그 질량은 오로지 그 운동의 가속화에서 생기는 잉여로만 이루어진다. 마법적으로 회전을 하여 자체 과잉이 되었을 때에만 어떤 기만적인 실체를 얻는 무無를 다루는 것 같다. 오늘날 가상virtual 자본가도 비슷하게 기능하지 않을까? 그의 '순가치'는 0이지만, 미래로부터 빌려온 잉여만을 가지고 직접적인 기능을 하는 것이 아닐까?[16]

---

15 소유(소유권)의 이런 위기에 관하여 주로 참조할 수 있는 책은 물론 Jeremy Rifkin의 *The Age of Access*, New York: J.P. Tarcher 2001이다. 그러나 더 근본적인 통찰을 보려면 리프킨이 '새로운 패러다임'이라는 진부한 표현을 가지고 장난치는 이 책 말고, Immanuel Wallerstein, *The End of the World as We Know It*, Minneapolis: University of Minnesota Press 2001을 참조하라.

16 이런 설명할 수 없는 과잉의 비유는 수많은 코미디 영화에서도 발견된다. 이런 영화를 보면 작은 도시에 들어가 홀로 남게 된 주인공은 비싼 차를 그 지역 정비공에게 맡기지만, 정비공이 차 전체를 분해해버리는 바람에 아연하게 된다. 그러나 하루 이틀 뒤에 정비공은 차를 다시 조립하며, 놀랍게도 차는 완벽하게 굴러간다. 그러나 늘 부품이 한두 개 남는다. 정비공이 차를 조립할 때 넣을 곳을 찾지 못해 남긴 부품이다…….

파국과 혁명 사이에서

11

"문화 자본주의"

이런 가상 자본주의가 논리적 결론에 이르면 우리는 가장 순수한 상태의 '주인-기표'와 만나게 된다. 모든 것을 '하청' 주는 회사를 상상해보라. 예를 들어 나이키가 물질적 생산(인도네시아나 중앙아메리카 하청업자들에게), 제품의 유통, 판매 전략과 광고만 하청주는 것이 아니라 디자인까지도 엄선한 최고의 디자인 회사에 '하청'을 주고, 나아가서 은행에서 돈까지 빌린다고 상상해보자. 그러면 나이키는 '그 자체로는 무無'가 될 것이다. "나이키"라는 순수한 상표명, 어떤 '생활 방식'과 관련된 문화적 경험을 의미하는 '텅 빈' '주인-기표'만 빼면 무일 것이다. 이것이 우리의 일상생활에서 로고의 물신화된 역할에 반대하는 논쟁이 잘못 흘러가는 지점이다. 다양한 로고들의 효율이 언어 그 자체와 관계된 어떤 간극(주인 기표와 '정상적' 기표들의 사슬 사이의 간극)에 기생하는 방식을 간과하기 때문이다. '생활 방식'에 관한 내포를 우회해서 현실을 곧바로 가리키는 용어를 가진 언어 같은 그런 것은 없다.

최근에 과일 주스(그리고 아이스크림) 시장에서 새로운 두 상표가 자리를 잡았다. "숲 과일"과 "멀티비타민"이다. 둘 다 분명하게 확인 된 맛과 관련이 있지만, 중요한 점은 상표와 그것이 가리키는 것 사 이의 관련은 궁극적으로 우연적이라는 것이다. 상표는 그것이 가리 키는 내용에 직접적으로 근거를 둘 수 없다. 숲의 과일의 다른 조합 은 다른 맛을 낼 것이며, 똑같은 맛을 인공적으로 만드는 것도 가능 하다(물론 '멀티비타민' 주스에 대해서도 같은 이야기를 할 수 있다). 따라서 집 에서 만든 진짜 숲의 과일 주스를 먹는 아이가 어머니에게 이렇게 불평하는 모습을 쉽게 상상할 수 있다. '이건 내가 원하는 게 아니에 요! **진짜** 숲 과일 주스를 주세요!' 이것을 상품 물신숭배 내에서 고 정된 명칭이 기능하는 방식의 한 예로 치부해버리고 무시하는 것은 너무 쉬운 일이다. 그런 예들이 드러내는 것은 언어 '그 자체'와 관련 된 간극이다. 하나의 단어가 실제로 의미하는 바(이 경우에는 '멀티비타 민'으로 인식되는 맛)와 그것이 문자 그대로 기능할 경우 그 의미가 되 는 것(다수의 비타민을 풍부하게 넣은 모든 주스) 사이에는 늘 간극이 있다. 자율적인 '상징적 효능'은 워낙 강력해서 가끔 초자연적인 신비처럼 보이는 효과를 만들기도 한다. 나는 처음으로 "주파 잉글레제zuppa inglese[셰리 트라이플 — 말 그대로는 '영국 수프']"라는 이탈리아 아이스크 림을 먹었을 때 내가 어떤 반응을 보였는지 분명하게 기억이 난다. 나는 이 '영국 수프'가 어떤 맛인지(또는 어떤 맛이어야 하는지) 전혀 알 지 못하면서도, 인지 효과는 즉각적이었고 자발적이었다. 나는 즉시 내가 핥는 것이 주파 잉글레제의 맛임을 '알았던' 것이다……

제레미 리프킨은 상품화의 이런 새로운 단계를 "문화 자본주의"라고 불렀다.[1] '문화 자본주의'에서 대상과 그 상징-이미지의 관계는 뒤바뀐다. 이미지는 제품을 나타내지 않는다. 오히려 제품이 이미지를 나타낸다.[2] 우리는 한 제품, 예를 들어 유기농 사과를 산다. 그것이 건강한 생활 방식의 이미지를 나타내기 때문이다. 이런 역전은 모차르트의 「피아노 협주곡 20번」의 경우처럼 부차적 연상이 궁극적 판단 기준이 될 때 극단에 이르게 된다. 이 협주곡의 제2악장이 인기 있는 스웨덴의 감상적인 사랑 이야기 「엘비라 마디간Elvira Madigan」(1967)의 사운드트랙으로 사용된 1960년대 이후, 심지어 이 협주곡의 '진지한' 레코드에도 보통 이 영화의 제목이 덧붙곤 했다. 모차르트, 「피아노 협주곡 20번」(「엘비라 마디간」). 그래서 우리가 CD를 사서 들을 때, 우리가 사는 경험은 싱거운 로맨틱 멜로드라마의 경험이 되고 만다……. 같은 맥락에서 아주 많은 사람들이 여전히 '진짜' 상점을 계속 찾는 주된 이유는 제품 자체를 '보고 느낄' 수 있어서가 아니라, '이것저것 구경하는 것을 여가 활동으로 즐길' 수 있기 때문이다.[3]

1　Jeremy Rifkin, *The Age of Access*. 비슷한 맥락에서 게르하르트 술체는 Erlebnisgesellschaft, 즉 "경험[체험] 사회"라는 개념을 제안했다. 이 사회에서 지배적인 규범은 쾌락과 양질의 삶의 경험이다. Gerhard Shculze, *Die Erlebnisgesellschaft*, *Kultursoziologie der Gegenwart*, Frankfurt and New York: Campus Verlag, 1992 참조.

2　Faut Firat와 Alladi Venkatesh, Rifkin, *The Age of Access*, p. 173에서 인용.

3　같은 책, p. 35에서 재인용.

유기농 사과를 사는 예가 보여주듯이, 자연 자원의 무자비한 자본주의적 착취에 대항한 생태학적 저항은 이미 경험의 상품화에 포획되어 있다. 생태학은 자신을 스스로 우리 일상생활의 디지털화/가상화에 대한 항의로 인식하고, 감각적인 물질적 현실 ― 그 예측 불가능한 연약함이나 실질 ― 의 직접적 경험으로 돌아가는 것을 옹호하지만, 생태학 자체에는 이미 새로운 생활 방식이라는 상표가 붙어 있다. 우리가 '유기농 먹거리' 등을 구매할 때 진짜로 구매하는 것은 이미 어떤 문화적 경험, '건강한 생태학적 생활 방식'의 경험이다. '현실'로의 모든 귀환에도 같은 이야기를 할 수 있다. 최근 미합중국의 모든 주요 채널에 나온 한 텔레비전 광고는 컨트리음악을 틀어놓고 춤을 추며 바비큐 파티를 하는 보통 사람들 한 무리를 보여준다. 여기에 이런 문구가 따라나온다. "쇠고기. 진짜 사람들을 위한 진짜 음식." 아이러니는 여기서 어떤 생활 방식('진짜' 민초 노동계급 미국인의 생활 방식)의 상징으로 제시되는 쇠고기가 '인공적인' 여피들이 소비하는 '유기농' 음식보다 화학적, 유전적 조작을 훨씬 더 많이 거쳤다는 점이다.

결국 '국민' 자체가 경험적 상품으로 바뀌고 있다. 우리는 우리 자신이 '국민'에 참여하게 해주는 물건들을 산다…… 나는 심지어 한 걸음 더 나아가 국민이 '상상의 공동체'라는 베네딕트 앤더슨 Benedict Anderson의 명제를 따르는 모험을 하고 싶은 유혹마저 느낀다.[4] 국민이 그 출발부터 '인공적' 구성체라면 어쩔 것인가? 근대 민족(근대 이전의 '유기적' 공동체와 대립되는)의 등장은 자본주의, 즉 상품

---

4   Benedict Anderson, *Imagined Communities*, London: Verso 1991 참조.

생산의 등장과 맞물려 있지 않았던가? 시장경제 뒤에 우리를 따라다니기 시작한 '공동체'의 죽지 않은 유령인 '국민'이 '살아 있는' 유기적 공동체들을 죽이지 않았던가? 국민은 그 물질적 기초가 대중매체일 뿐, 그 구성원들이 직접 서로를 아는 것이 아니라는 의미에서 '상상의 공동체'일 뿐 아니라, 해소 불가능한 적대와 내적인 분열이라는 사회적 현실의 '가공의 보완물'이라는 더 근본적인 의미에서 '상상의 공동체'이기도 하다. 따라서 국민은 처음부터 물신으로 기능했다. 문제는 '국민적 대의'를 믿는 것이 아니라, 이 믿음을 우리가 이기적인 목적을 추구하기 위한 소도구로 이용하는 것이다('이것은 정말로 우리 국민을 위해서 하는 일이다').

상품 물신주의만이 아니라, 문자 그대로의 의미에서 상품화된 물신주의 자체의 궁극적 예가 오늘날의 일본이다. 일본에서는 자동판매기에서 코카콜라 캔이나 미리 포장된 음식뿐 아니라 소녀들이 입던 것이라고 보장하는 팬티까지 살 수 있다. 우리가 오늘날 목격하는 것, 즉 '포스트모던적' 자본주의의 규정적 특징은 우리 경험 자체의 직접적 상품화다. 우리가 시장에서 사는 것 가운데 우리가 소유하고 싶은 제품(물질적 대상)은 점점 줄어들고, 삶의 경험은 점점 늘어난다. 섹스, 먹기, 소통하기, 문화적 소비, 라이프 스타일에 참여하기 등의 경험들이다. 물질적 대상은 점차 이런 경험을 위한 소도구 역할만 하는 경우가 늘고 있다. 물품은 우리가 진정한 '경험적 상품'을 사도록 유혹하기 위해 점차 무료로 제공되고 있다.[5] 마치 1년 사용 계

---

5   Ritkin, *The Age of Access*, p. 35.

약을 하면 휴대전화를 무료로 주는 것과 마찬가지다.

문화적 생산이 경제를 지배하게 되면서 물품은 점차 소도구의 특질을 지니게 된다. 상품은 정교한 문화적 의미를 표현하기 위한 무대나 배경에 그치게 된다. 상품은 물질적 중요성을 잃고 상징적 중요성을 띠게 된다. 상품은 점점 더 사물이 아니라, 체험의 수행에 편의를 주기 위한 도구가 되어간다.[6]

이것이 흐름이다. 이런 흐름은 '이 DVD 플레이어를 사면 DVD 다섯 장을 공짜로 준다!'에서부터 '우리에게서 DVD를 정기적으로 사겠다고 약속하면(또는 더 좋은 것으로, 디지털 영화를 자유롭게 시청할 수 있는 이용권을 사면), DVD 플레이어를 공짜로 주겠다!'까지 나타난다. 또는 마크 슬루카Mark Slouka의 간결한 관찰을 인용하여 이렇게 말할 수도 있다. "하루에 더 많은 시간을 합성적 환경에서 보내게 되면서…… 삶 자체가 상품이 되었다. 누군가가 우리 대신 삶을 만들고, 우리는 그들에게서 그것을 산다. 우리는 우리 자신의 삶의 소비자가 된다."[7] 여기에서 시장 교환의 논리는 일종의 헤겔적인 자기 관계적 동일성에 이른다. 우리는 이제 사물을 사는 것이 아니라 궁극적으로 우리 자신의 삶(의 시간)을 산다. '자기' 자체를 예술 작품으로 바꾼다는 푸코의 관념이 예기치 않은 곳에서 확인이 되는 것이다. 나는 헬

---

6   같은 책, p. 173.
7   같은 책, p. 171에서 재인용.

스클럽에 가서 내 몸의 건강을 산다. 초월적 명상 강좌에 등록하여 영적 깨달음을 산다. 내가 사귀고 싶은 사람들이 자주 찾는 레스토랑에 가서 나의 공적 페르소나를 산다.

이런 변화는 자본주의 시장경제와 결별한 것처럼 보이지만, 반대로 이것이 시장경제 논리를 필연적인 정점으로까지 가져간 것이라고 주장할 수도 있다. 산업적 시장경제는 상품의 구매와 그 소비 사이의 시간적 간극을 포함한다. 판매자의 입장에서 보자면 상품을 파는 순간 일이 끝난다. 그 뒤에 일어나는 일(구매자가 그것으로 하는 일, 상품의 직접적 소비)에는 관심이 없다. 그러나 경험의 상품화에서는 이 간극이 메워진다. **소비 자체가 구매한 상품이다.** 그러나 이 간극을 메울 가능성은 근대 사회와 그 공동체의 매우 명목론적인 논리 자체에 이미 기입되어 있다. 즉 구매자는 그 사용가치를 보고 상품을 구입하기 때문에, 또 이 사용가치는 다양한 구성 요소들로 나눌 수 있기 때문에(내가 랜드로버 자동차를 한 대 샀다면, 그것은 나 자신이나 다른 사람을 태우고 다님과 **동시에** 랜드로버와 관련된 어떤 생활 방식에 참여했다는 신호를 보내는 것 두 가지를 다 포함한다), 논리적으로 그 다음 단계는 이런 구성 요소들을 상품화하여 직접 판매하는 것이다(자동차를 구매하는 대신 빌리는 등). 따라서 이 모든 것의 마지막에는 주체적 경험이라는 유아론적 사실이 있다. 개별적 소비라는 주체적 경험이 전체 생산과정의 궁극적 목표이기 때문에, 사물을 우회하여 이 경험을 직접 상품화하고 판매하는 것이 논리적이다. 어쩌면 경험의 이런 상품화를 주체성의 지배적 양식의 변화(대상을 소유하는 데 초점을 맞추는 고전적인 부르주아적 주체로부터 경험의 풍요에 초점을 맞추는 '포스트모던적' 프로메테우스 같은 주체로)

의 결과로 해석하는 대신, 오히려 이런 프로테우스적 주체 자체를 경험의 상품화의 결과로 생각해야 한다.[8]

물론 이렇게 되면 우리는 '물화'와 '상품 물신주의'라는 고전적인 마르크스주의적 주제를 완전히 다시 정리할 수밖에 없다. 물신을 구체적 대상으로, 즉 안정적 현존으로 자신의 사회적 매개를 가려버리는 그런 구체적 대상으로 보는 한에서 그렇다는 말이다. 역설적으로 물신주의는 바로 물신 자체가 '비물질화'될 때, 유동적이고 '비물질적인' 가상적 존재가 될 때 그 절정에 이른다. 화폐 물신주의는 화폐가 전자 형태로 이행하여 물질성의 마지막 흔적이 사라졌을 때 절정에 이른다. 전자화폐는 그 가치를 직접적으로 구현하는 '진짜' 화폐(금, 은), 그리고 내재적 가치가 없는 '단순한 기호'이지만 여전히 그 물질적 존재에 집착하는 종이 화폐에 이어 나온 세 번째 형태의 화폐다. 오직 화폐가 순수하게 가상적 준거가 되는 이런 단계에서만 화폐는 마침내 파괴할 수 없는 유령적 현존이라는 형태를 띠게 된다. 내가 너에게 천 달러 빚을 지면, 내가 아무리 많은 물질적 지폐를 태워버린다 해도, 나는 여전히 너에게 천 달러를 빚지고 있는 것이다. 빚은 가상적 디지털 공간 어딘가에 기입되어 있기 때문이다……. 전쟁도 마찬가지 아닐까? 2001년 9월 세계무역센터 쌍둥이 타워의 폭발과 붕괴는 21세기의 전쟁을 예고하기는커녕 외려 21세기 전쟁의 마지

---

8 '프로테우스적 주체' 등장의 잠재적으로 해방적인 측면을 주장하려는 시도로는 Robert Lifton, *The Protean Self: Human Resilience in an Age of Fragmentation*, Chicago: University of Chicago Press 1999 참조.

막 놀라운 외침이었다. 우리를 기다리는 것은 훨씬 더 초자연적인 전쟁이다. 공격이 눈에 보이지 않는, 유령 같은 '비물질적' 전쟁이기 때문이다. 바이러스, 독은 어디에나 있을 수도 있고 아무 데도 없을 수도 있다. 눈에 보이는 물질적 현실의 수준에서는 아무런 일도 일어나지 않는다. 큰 폭발도 없다. 그러나 우리가 아는 세계는 붕괴하기 시작한다. 삶은 해체된다……. 우리는 편집증적 전쟁이라는 새로운 시대에 들어서고 있다. 이 시대에 우리의 가장 큰 과제는 적과 그 무기를 확인하는 것이 된다. 오직 이런 철저한 '탈물질화'와 더불어 『공산당 선언』에 나오는 마르크스의 유명한 명제, 즉 자본주의에서는 "견고한 모든 것이 녹아 허공으로 사라진다"[9]는 명제가 마르크스 자신이 염두에 두었던 것 이상으로 문자 그대로의 의미를 얻게 된다. 우리의 물질적이고 사회적인 현실은 '자본'의 유령적/투기적 운동에 지배당할 뿐 아니라, 이 현실 자체가 점차 '유령화된다'(과거의 자기 동일적인 '주체' 대신 '프로테우스 같은 자기'가 나타나고, 소유한 대상의 안정성 대신 그 경험들의 덧없는 유동성이 등장한다). 간단히 말해서 견고한 물질적 대상과 유동적인 관념 사이의 일반적 관계가 역전된다(대상들은 점차 유동적 경험들로 해체되고, 유일하게 안정적인 사물은 가상적인 상징적 계약이 된다). 오직 이런 지점에 이르렀을 때에만 데리다가 자본주의의 유령적 측면이라고 부른 것[10]이 완전히 현실이 된다.

그러나 리프킨의 비전은 설득력 있게 들리기는 해도, 여기에는

---

9   Karl Marx and Friedrich Engels, *The Communist Manifesto*, Harmondsworth: Penguin 1985, p. 83.

10   Derrida, *Specters of Marx* 참조.

한계가 있다. 리프킨은 '산업적' 질서로부터 그가 되풀이해 강조하듯이 시장과 소유권이 더는 핵심적 역할을 하지 않는 '탈산업적' 질서로 너무 빠르게 넘어간다. 그러나 **시장이 여전히 여기 존재한다**는 명백하고도 도처에서 확인 가능한 사실은 어쩔 것인가? 첫째로 '문화 자본주의'가 '대상'이 아니라 시장 '경험'에 초점을 맞춘다고 하지만, 그럼에도 복잡한 물질적 기반(음식, 기계 등)에 의존할 수밖에 없다. 둘째로 경험 자체도 여전히 팔아야 하며, 따라서 시장에 내놓아야 한다. 그것을 **소유**한 사람들이 있는 것이다(상품명의 판권 등의 외관으로). 따라서 이제는 시장과 소유권이 핵심적 역할을 하지 않는다고 주장하는 대신 오히려 소유권의 성격이 변하는 중이라고 주장해야 한다. 이제 물질적 대상 소유의 중요성은 점점 낮아지고, 경험의 '비물질적' 형식(판권, 로고……)의 소유권의 중요성이 높아진다.

핵심적인 통찰은 **'문화 자본주의'가 총체성이 아니라는 것**이다. 우리가 그것을 총체성 속에서 파악하려면 양극을 포함해야 한다. 문화적 경험의 생산만이 아니라 '진짜' 물질적 생산도 포함해야 하는 것이다. '후기 자본주의'의 특징은 문화적 경험 자체의 생산과 그 (일부분은 보이지 않는) 물질적 기초 사이의 분열, (극적 경험의) '스펙터클'과 그것의 은밀한 상연 메커니즘들 사이의 분열이다. 물질적 생산은 사라지기는커녕 여전히 여기에 존재하며, 상연물 제작을 지탱하는 메커니즘으로 기능이 변화되었다. 오늘날의 이데올로기적 인식에서는 성이 아니라 노동 자체(문화적 생산이라는 '상징적' 활동에 대립되는 육체노동)가 공공의 눈으로부터 감추어져야 할 외설적 상스러움의 장소로 보인다. 리하르트 바그너Richard Wagner의 「라인의 황금Rheingold」과

프리츠 랑Fritz Lang의 「메트로폴리스Metropolis」까지 거슬러 올라가는 전통, 노동이 지하로, 어두운 동굴로 내려가는 전통은 오늘날 중국의 굴라크로부터 인도네시아나 브라질의 조립 라인에 이르기까지 제3세계 공장에서 땀 흘리는 수백만의 노동자가 '보이지 않는 상태'에서 절정에 이르렀다. 그 덕분에 서방은 '사라지는 노동계급' 운운하는 여유를 부리게 되었지만, 사실 주위에서 그 흔적을 쉽게 찾아낼 수 있다. 청바지에서 워크맨에 이르기까지 대량 생산품의 작은 라벨에 찍힌 "(중국, 인도네시아, 방글라데시, 과테말라)……제조"라는 문구만 보면 알 수 있다.

이런 전통에서 핵심이 되는 것은 노동을 **범죄**와 똑같이 여긴다는 것이다. 노동, 힘든 일은 공중의 눈에 드러나지 말아야 할 상스러운 범죄적 활동이라는 관념이다. 할리우드 영화에서 강도 높은 생산 과정을 볼 수 있는 유일한 장소는 액션 영화의 주인공이 범죄집단 두목의 비밀 영토로 침투해, 강도 높은 노동 현장(마약을 증류하거나 포장하고, 뉴욕을 파괴할 로켓을 만들고……)을 발견할 때다. 제임스 본드 영화에서는 범죄집단 두목이 본드를 잡은 뒤에 대개 비밀 공장을 견학시킨다. 이것이 할리우드가 공장 생산의 자랑스러운 사회주의 리얼리즘적 재현에 가장 가깝게 다가간 상태가 아닐까? 물론 본드 개입의 기능은 이 생산 현장을 폭파시켜 불덩이로 만들어, 노동계급이 사라지고 있는 세계에서 우리 존재의 일상적인 외관으로 우리를 돌아가게 해주는 것이다.[11]

11　이런 긴장에 관한 더 자세한 설명은 Slavoj Žižek, *Did Somebody Say*

오늘날 두 초강대국인 미합중국과 중국은 '자본'과 '노동'으로 점차 더 많은 관계를 맺고 있다. 미합중국은 관리 기획, 금융, 서비스 등의 나라로 바뀌어가는 반면, 그곳의 '사라지는 노동계급'(주로 서비스 경제에서 일하는 이주한 멕시코계 미국인 등을 제외하면)은 중국에 다시 나타나고 있다. 중국에서는 장난감에서 전자제품에 이르기까지 미합중국 제품의 대다수가 자본주의적 착취의 이상적인 조건에서 제조되고 있다. 파업도 없고, 노동력의 자유로운 이동도 제한되어 있고, 임금은 낮고……. 중국과 미합중국의 관계는 적대적이기는커녕, 긴밀한 공생 관계를 이루고 있다. 역사의 아이러니는 중국이 '노동자들의 국가'라는 칭호를 얻을 자격이 충분하다는 것이다. 중국은 미국 자본을 위한 노동계급의 국가인 것이다. 리프킨은 '문화적 자본주의'에서 경험의 사이버 상품화가 인류의 20퍼센트에게만 영향을 준다는 사실을 알고 있지만, 이 20퍼센트와 나머지 80퍼센트 사이의 이런 **구조적 상호 의존성**을 더 파고들지는 않는다.

그렇다면 제3세계의 육체노동 착취 공장만이 아니라 수만 명의 인도인들이 서양 회사들을 위해 소프트웨어의 프로그램을 짜고 있는 방갈루루 등지의 **디지털** 착취 공장의 위치는 어떻게 설정할 것인가? 이 인도인들을 '지식 프롤레타리아'로 명명하는 것이 적당할까? 그들은 제3세계의 최후의 복수일까? 독일이 수십 년 동안 수십만 명의 이민 육체노동자들을 수입한 뒤 이제 이민 지식인 노동자가 적어도 수만 명 — 주로 컴퓨터 프로그래머 — 은 필요하다는 것을 발견

Totalitarianism?, London and New York: Verso 2001 3장 참조.

했다는 (적어도 보수적인 독일인들에게는) 편치 않은 사실의 결과는 무엇일까? 오늘날 마르크스주의를 무력하게 만드는 문제는 '비물질적 생산'(사이버 노동자들)의 점증하는 중요성을 어떻게 할 것이냐 하는 것이다. 오직 '진짜' 물질적 생산에만 참여하는 사람들만이 노동계급이라고 주장할 것인가, 아니면 이런 '상징적 노동자들'도 오늘날의 (진짜) 프롤레타리아라고 받아들이는 운명적인 걸음을 내디딜 것인가? 우리는 이 걸음을 내딛는 데 저항해야 한다. 왜냐하면 그 걸음을 내딛는 것은 비물질적 생산과 물질적 생산의 분리, 사이버 노동자들과 물질적 노동자들(미합중국이나 인도의 프로그래머들과 중국이나 인도의 착취 공장들) 사이에 나타나는 노동계급의 분열(대체로 지리적으로 나뉘어 있다)을 흐리기 때문이다.

어쩌면 오늘날 순수 프롤레타리아를 대표하는 것은 비고용(무직) 상태의 사람일지도 모른다. 실업자의 실질적인 결의는 여전히 노동자와 다름없지만, 그것을 실현할 길도 포기할 길도 막혀 있으며, 그래서 일을 할 수 없는 노동자의 잠재력이라는 면에서는 중지 상태에 있다. 어쩌면 오늘날 우리는 어떤 의미에서는 '모두 무직'인지도 모른다. 일자리는 갈수록 단기적 계약에 기초하는 경향이 있으며, 그래서 무직 상태가 일반적이고, 기본적 수준이며, 임시직이 예외다. 따라서 노동자들에게 그들의 시대는 끝났으며, 그들의 존재 자체가 낡은 것이고, 그들이 기댈 수 있는 것은 순수하게 인도주의적인 동정심이라고 말하는 '탈산업화 사회'의 옹호자들에게 이런 답을 주어야 한다. 오늘날 자본의 세계에서는 노동자들을 위한 공간이 점점 줄어들며, 우리는 이 사실로부터 유일하게 논리적인 결론을 끌어내야 한다. 만일 오늘날의 '탈산업적' 사회가 그 자체를 재생산할 노동자들을 점점 덜 필요로 하게 되면(어떤 계산으로는 노동력의 20퍼센트), 그렇다면 **과잉인 것은 노동자들이 아니라 '자본' 자체다.**

리프킨의 시야의 이런 한계는 그가 우리의 위기에 제시한 해법의 약점도 설명해준다. 리프킨 책의 뛰어난 1부와 포스트모던적 '뉴에이지'로 '퇴행'하는 2부 사이의 어긋남은 눈에 금방 드러난다. 리프킨의 전제는 문화가 인간 존재의 공동 토양이며, 이것이 경제에 앞선다는 것이다. 우리가 물품을 생산하고 교환할 수 있으려면 문화적 이해라는 공동의 공간을 공유해야 하며, 모든 물질적 생산은 궁극적으로 이 공간에 기생한다. 그 결과 시장이 문화를 식민화하고 삼키려 위협할 때, 시장은 자기도 모르는 새에 자신의 자원을 고갈시키는 셈이다. 따라서 우리는 시민사회와 공동체 생활에 새로 활력을 불어넣고, 이들이 시장의 힘에 대항하는 자율성을 갖고 있음을 인정하여 시장과 문화 사이의 새로운 균형을 발견해야 한다. 우리는 상품에 접속할 뿐 아니라, 우리가 공유한 문화적 내용에 훨씬 더 많이 접속해야 하는 것이다……. 이 유사 해법은 대립하는 원리들 사이에 균형을 확립할 필요성을 강조하는 유사 '동양 뉴에이지'의 이야기를 떠올리게 한다. 이 경우에는 대립하는 원리가 시장경제와 그것의 문화적 기초일 뿐이다.

리프킨만이 아니다. 다른 많은 분석가들도 현재와 같은 전 지구화의 확대가 점진적으로 사회적 고리들을 해체한다는 점을 지적한다. 시민사회나 정치조직의 낡은 '유기적' 형식들이 점차 시장 모델을 기초로 하여 조직된 상호 작용의 형식들로 대체된다는 것이다. 이런 태도의 궁극적 결과는 일부 신자유주의 이데올로그들이 제시하는 관념, 즉 의사 결정의 정치적 논리 자체가 경제적 논리로 대체되어야 한다는 것이다. 우리는 어떤 제품이나 서비스를 구매할 때 경쟁품들 가운데 하나를 표로 '찍는' 것이기 때문에, 우리 사회의 진정한 선거는 매일 이루어지고 있다. 이와 같은 맥락에서 국가 기구도 한 사회가 경쟁자들 가운데 하나를 선택하여 구매한 '소비스 조직'에 불과한 것으로 다루어야 한다는 것이다. (이런 입장을 논리적으로 밀고 나가면 국민 공동체의 상징인 국기도 여느 회사 로고나 다름없는 것으로 바뀌지 않을까?) 그러나 시장이 사회생활의 선先시장pre-market 형식의 역할을 할 수 없다는 사실은 점점 분명해진다. 쇼핑몰이 정식 정치 집회를 대체할 수는 없다. 여론조사가 진짜 투표 참여의 대체물 역할을 할 수는 없다. '영적 성장'에 관한 유료 강좌가 진정한 교육적 상호 작용을 대체할 수는 없다.

나아가서, 이른바 '대문 달린 공동체' — 주변으로부터 고립된 주거 구역으로 상층 계급의 게토라 할 만하다. — 의 등장은 제1세계와 제3세계가 이제 별도의 정치적 개체로 단순하게 대립할 수 없음을 보여주는 것이 아닐까? 이런 공동체는 모든 정치적 개체(국가, 도시) 내부에서 점점 늘어나고 있다. 따라서 10년 전 프랜시스 후쿠야마Francis Fukuyama가 '역사의 종말'에 관한 유사 헤겔적인 명제를 내놓았을 때, 비록 그가 생각한 방향에서는 아니지만 그는 옳았다. 다시 말해 역사의 진정한 대립물이 자연인 한에서, '역사의 종말'은 사회적 과정 자체가 점점 더 '자연화'한다는 뜻이며, 그 과정이 새로운 형태의 '운명'으로, 냉혹적이고 통제 불가능한 힘으로 성험된다는 뜻이다. 이런 위협에는 다양한 반응들과 더불어 증상들이 있다. 보수적인 민초 조직들로부터 시민사회의 부활을 목표로 삼는 더 자유주의적인 시도에 이르기까지 낡은 형태의 '유기적' 공동체 생활을 소생시키려는 필사적인 시도들이 이루어진다. 더 강력한 국가 통제를 요구하고, '법과 질서'를 유지하려는 폭력적 조치에 의존하기도 한다. 이런 반응들은 단순히 반응인 한에서는 실패할 수밖에 없는 운명이다. 시장 논리 자체에 도전하는 대신, 단순히 피해 축소를 위한 방법 모색으로 물러서기 때문이다.

파국과 혁명 사이에서

12

사이버 스페이스 레닌?

그렇다면 이 모든 것에서 레닌은 어디에 있는가? 지배적인 통념에 따르면 레닌은 10월혁명 뒤에 대중의 창조적 능력에 대한 믿음을 잃고 과학과 과학자들의 역할을 강조하고, 전문가의 권위에 의존하게 되었다. 레닌은 "정치가 뒷전으로 물러나고…… 엔지니어와 농경학자들이 주로 발언을 하는 아주 행복한 시대의 서막"을 환영했다.[1] 기술관료적 탈정치인가? 사회주의가 독점 자본주의의 영토를 가로질러 달릴 길을 내는 방법에 관한 레닌의 구상은 오늘날에는 위험할 정도로 순진하게 들린다.

자본주의는 은행, 신디케이트, 우체국, 소비조합, 사무직원 노동조합의 형태로 회계 **기구**를 만들어냈다. 커다란 은행이 없으면 사회주의

---

1   Neil Harding, *Leninism, Durham, NC*: Duke University Press 1996, p. 168에서 재인용.

도 불가능하다……. 여기서 우리의 임무는 단지 이런 훌륭한 기구에서 **자본주의적으로 왜곡된** 부분을 **쳐내고**, 그것을 더 크게, 더 민주적으로, 더 포괄적으로 만드는 것이다……. 그것은 전국적인 **부기**가 될 것이며, 물자의 생산과 분배를 처리하는 전국적인 **회계**가 될 것이며, 말하자면 사회주의 사회의 **뼈대**의 본질에 속하는 뭔가가 될 것이다.[2]

이것은 모든 사회생활을 투명한 방법으로 규제하는 **일반 지성**, '사람 관리'가 '사물 관리'로 대체된 탈정치적 세계에 관한 마르크스의 관념을 가장 급진적으로 표현한 것 아닐까? 물론 이 인용문에 반대하여 '도구 이성 비판'과 '관리된 세계verwaltete Welt'의 노래를 부르는 것, 바로 이런 형태의 전체적 사회 통제에 '전체주의'의 가능성이 기입되어 있다고 이야기하는 것은 쉬운 일이다. 스탈린 시대에 사회적 관리 기구가 실제로 '**훨씬 더 커졌다**'고 비꼬는 것도 쉽다. 나아가서 이런 탈정치적 비전은 계급투쟁의 영구성('모든 것이 정치적이다')이라는 마오의 개념과 정면으로 대립하는 것이 아닐까?

그러나 정말로 그렇게 분명할까? 중앙은행이라는 (분명히 낡은) 예를 오늘날 '일반 지성'의 완벽한 후보라고 할 수 있는 월드와이드웹World Wide Web, www으로 바꾸면 어떨까? 도로시 세이어스Dorothy Sayers는 아리스토텔레스의 『시학』이 사실 선구적인 추리소설 이론이라고 주장했다. 가엾은 아리스토텔레스는 추리소설을 몰랐기 때문에 어쩔 수 없이 자신이 알고 있는 비극의 예만 들었다는 것이

_____

2   같은 책, p. 146.

다……[3] 마찬가지로 레닌은 사실 월드와이드웹의 역할에 관한 이론을 개진한 것이라고 말할 수도 있다. 다만 그는 월드와이드웹을 몰랐기 때문에 불쌍한 중앙은행만 언급해야 했다. 그렇다면 우리는 이렇게 말할 수 있을까? "월드와이드웹이 없으면 사회주의도 불가능하다……. 여기서 우리의 임무는 단지 이런 훌륭한 기구에서 **자본주의적으로 왜곡된** 부분을 **쳐내고,** 그것을 더 크게, 더 민주적으로, 더 포괄적으로 만드는 것이다." 이런 맥락에서 나는 낡고, 불명예스럽고, 반쯤은 잊힌, 마르크스의 생산력과 생산관계 사이의 변증법을 되살리고 싶은 유혹을 느낀다. 아이러니하게도 '현실적으로 존재하는 사회주의'를 땅에 묻어버린 것이 바로 이 변증법이라고 주장하는 것은 이미 상투적인 일이 되었다. 사회주의는 산업적 경제로부터 탈산업적 경제로의 이행을 감당할 수 없었다는 것이다.

1988년 류블랴나 학생 라디오가 인터뷰한 늙은 공산주의자 비밀정보부원은 옛 유고슬라비아에서 사회주의 해체의 희비극적 피해자의 한 사람으로 꼽을 수 있을 것이다. 공산주의자들은 자신들이 권력을 잃고 있다는 사실을 알았기 때문에 필사적으로 모든 사람의 비위를 맞추려고 했다. 학생 기자들이 이 늙은 간부에게 성생활에 관한 도발적인 질문을 던지자, 그는 필사적으로 자신이 젊은 세대와 함께하고 있다는 사실을 증명하려 했다. 그러나 그가 사용할 수 있는 유일한 언어는 부자연스러운 관료적 언어였기 때문에, 그 결과

---

3 Dorothy L. Sayers, "Aristotle on Detective Fiction", in *Unpopular Opinions*, New York: Harcourt, Brace and Company 1947, pp. 222~236.

는 엄청나게 외설적인 혼합물이 되어버렸다. 예를 들어 이런 식이다. "성은 나의 일상적인 활동의 중요한 구성 요소다. 아내의 허벅지 사이를 만지는 것은 사회주의 건설이라는 나의 사업에 크고 새로운 인센티브를 준다." 독일민주공화국을 동유럽 사회주의 블록의 실리콘 밸리로 만들겠다는 기획을 정리한 1970년대와 1980년대 초의 동독의 공식 자료를 읽어보면 형식과 내용 사이에 똑같은 희비극적 간극이 벌어진다는 인상을 피할 수 없다. 그들은 디지털화가 미래의 길임을 충분히 인식하고 있었지만, 산업 계획이라는 낡은 사회주의적 논리의 맥락에서 이 문제에 접근했다. 그들이 사용한 말 자체가 실제로 무슨 일이 진행되고 있는지, 디지털화의 사회적 결과가 무엇인지 그들이 이해하지 못한다는 사실을 드러냈다.

그러나 자본주의가 디지털 세계를 위한 생산관계의 '자연스러운' 틀을 진정으로 제공할 것인가? 월드와이드웹에는 또한 자본주의 자체에 대해서도 폭발적 잠재력이 있는 것이 아닐까? 마이크로소프트 독점의 교훈은 바로 레닌주의적인 것이 아닐까? 국가 기구를 통하여 이런 독점과 싸우는 대신(법원에서 명령한 마이크로소프트의 분리를 기억하라), 단순히 그것을 국유화하는 것, 그것을 자유롭게 접근 가능하게 만드는 것이 더 '논리적'이지 않을까?[4] 따라서 오늘날, 나는 레닌의

4　이런 맥락에서 국가의 역할 축소라는 신화를 폭로해야 한다. 오늘날 우리가 목격하는 것은 국가 기능의 변화다. 국가는 복지 기능에서 부분적으로 후퇴한 반면, 사회적 규제의 다른 영역에서는 기구를 강화하고 있다. 이제는 창업자들을 위해 국가가 법과 질서만이 아니라 전체적 기반 시설을 보장해주는데(물과 에너지의 사용, 운송 수단, 환경 기준, 국제적 규제 등), 국가에 대한 의존도는 백 년 전에 비해 훨씬 더 심해졌다.

유명한 구호인 '사회주의 = 전력 공급 + 소비에트의 권력'을 다음과 같이 고쳐서 이야기하고 싶은 유혹을 느낀다. '사회주의 = 자유로운 인터넷 접근 + **소비에트의 권력.**' (두 번째 요소가 핵심적이다. 그것이 인터넷이 그 해방적인 잠재력을 실현할 수 있는 유일한 사회 조직을 구체적으로 표현하기 때문이다. 그것이 없다면 우리는 형태만 새롭게 바뀐 조악한 과학기술적 결정론에 머물게 될 것이다.)

이른바 새로운 (디지털) 산업의 핵심적인 모순은 따라서 이윤의 논리가 승리를 거둘 수 있는 유일한 형식인 (사적) 소유의 형식을 유지하는 방식이다(냅스터 문제를 생각해보라. 냅스터는 저작권이 있는 팝음악 음원을 무료로 유통할 수 있는 소프트웨어를 제공하는 조직이었다). 생명공학의 복잡한 법적 문제들도 같은 방향을 가리키지 않는가? 새로운 국제 무역 협정의 핵심적 요소는 '지적 재산권의 보호'다. 커다란 제1세계 회사가 제3세계 회사를 합병으로 접수할 때마다, 그들은 가장 먼

최근 캘리포니아에서 일어난 전기 공급 중단 사태는 이 점을 아주 강력하게 보여준다. 2001년 1월과 2월에 두 주 동안 전기 공급의 사유화(규제 철폐)는 전 세계에서 가장 높은 수준으로 발전한 '탈산업적' 풍경 가운데 하나로 꼽히는 캘리포니아 남부를 정기적으로 단전이 이루어지는 제3세계 국가로 바꾸어 놓았다. 물론 규제 철폐의 옹호자들은 그것이 철저하지 못했다고 주장함으로써 다음과 같은 낡은 가짜 삼단논법에 빠져들었다. '내 약혼녀는 절대 약속에 늦지 않는다. 늦는 순간 그녀는 그때부터 내 약혼녀가 아니기 때문이다.' 규제 철폐는 그 정의상 효과가 있다. 따라서 효과가 없다면 그것은 진정한 규제 철폐가 아니었기 때문이다. 그런 식이다……. 최근의 광우병 파동(이것은 가까운 미래에 우리를 기다리고 있는 수십 개의 비슷한 현상을 예고하는 것 같다) 역시 농업과 관련하여 국가와 세계 차원에서 엄격한 제도적 통제가 필요하다는 것을 보여주는 것이 아닐까?

저 연구 부서를 폐쇄한다. 여기에서 소유의 개념이 특별한 변증법적 역설을 드러내는 현상들이 등장한다. 인도의 지역 공동체들은 어느 날 그들이 수백 년 동안 사용해오던 의학적 관행과 재료가 이제 미국 회사들의 소유이기 때문에, 그 미국 회사들로부터 그것들을 구입해야 한다는 것을 알게 되었다. 이제 생명공학 회사들은 유전자 특허를 내기 때문에, 우리 모두 우리 자신의 일부, 우리의 유전적 구성요소가 이미 다른 사람들의 소유로서 저작권의 보호를 받는다는 사실을 확인하고 있다.

그러나 사적 소유와 생산수단의 이런 위기가 어떤 결과를 보장하는 것은 결코 아니다. 여기에서 우리는 스탈린주의 사회의 궁극적 역설을 고려해야 한다. 자본주의 ─ 이것은 원칙적으로 평등하며, 직접적인 위계적 구분이 없지만 그럼에도 계급사회다. ─ 와는 반대로 '성숙한' 스탈린주의는 정확하게 규정된 위계적 집단들(최고위 노멘클라투라, 기술 정보 집단, 군대……)로 표현되는 계급 없는 사회다. 이것은 스탈린주의에서조차 고전적인 마르크스의 계급투쟁 관념이 그 위계와 지배를 묘사하는 데 부적절하다는 것을 의미한다. 소련에서는 1920년대 말부터 핵심적인 사회적 구분의 기준은 재산이 아니라 권력 메커니즘과 특권적인 물질적·문화적 생활조건(식량, 편의시설, 의료, 여행의 자유, 교육)에 직접 접근할 수 있는 능력이었다. 레닌의 '중앙은행 사회주의'라는 비전을 오늘날의 월드와이드웹으로부터 뒤돌아볼 때만 제대로 읽을 수 있듯이, 소련이 발전한 '탈소유' 사회 ─ 사회적 권력과 통제 수단(정보, 행정에서)에, 다른 물질적이고 사회적인 특권에 직접 접근하는 능력이 통치 계급을 규정하는 진정한 '후기 자본주의' ― 의 첫 번째 모델을 제공했다는 것은 어쩌면 역사의 궁극적 아이러니일지도 모른다. 이제 중요한 것은 회사를 소유하는 것이 아니라 직접 그것을 운영하고, 전용 제트기를 이용할 권리가 있고, 최고의 건강관리를 받는 것 등이다. 이런 특권들은 재산을 소유해서가 아니라 다른 (교육적, 관리적 등) 메커니즘으로 획득하게 된다.

따라서 이것이 다가오는 위기이며, 이 위기는 새로운 해방 투쟁, 정치적인 것의 완전한 재발명의 전망을 제공한다. 문제는 사적 소유와 국유화 사이의 낡은 마르크스주의적 선택이 아니라, 위계적 사회와 평등한 탈소유적 사회 사이의 선택인 것이다. 여기에서 부르주아적 자유와 평등이 사적 소유와 시장 조건에 기초하고 있다는 마르크스의 낡은 명제는 예기치 않은 반전을 맞이한다. 이 명제에 따르면 (적어도) '형식적인' 자유와 '법적인' 평등은 시장 관계 때문에 가능하다. 사회적 위계는 소유를 통해 유지될 수 있기 때문에, 그 위계의 직접적인 정치적 옹호는 필요하지 않다.

따라서 소유의 역할이 축소된다면, 소유가 점진적으로 사라지는 것과 더불어 개인적인 특질에 직접적으로 기초한 어떤 새로운 위계 형태 (인종차별 또는 전문가 통치)에 대한 요구가 생기고, 이에 따라 '형식적인' 부르주아적 평등과 자유마저 철폐될 위험이 있다. 간단히 말해서 사회적 권력을 결정하는 요인이 특권적 무리(지식, 통제 등에 접근하는 권한)에 포함되느냐 거기에서 배제되느냐일 경우, 우리는 노골적인 인종차별에 이르기까지 다양한 양식의 배제가 늘어날 것이라고 예상할 수 있다. 이것의 첫 번째 분명한 표시는 정치(정부)와 자연과학 사이의 새로운 동맹이다. 새로 등장하는 생명 징치biopolitics에서 정부는 '배아 산업'을 부추긴다. 민주적 통제 바깥에 있는 우리의 유전적 유산을 통제하겠다는 것이다. 이것은 누구도 거절할 수 없는 다음과 같은 제안에 의해 정당화된다. '당신은 암, 당뇨병, 치매……를 치료받고 싶지 않습니까?' 그러나 정치가들은 그런 '과학적인' 약속을 하는 반면, 과학자들 자신은 매우 회의적인 태도를 유지한다. 그들은 종종 더 폭넓은 사회적 합의를 통해 결정을 내릴 필요를 강조하기도 한다.

유전공학의 궁극적 문제는 예측 불가능한 결과(우리가 괴물, 예를 들어 도덕적 책임감이 없는 인간을 창조하면 어쩔 것인가?)에 있는 것이 아니라 생명공학이 우리의 교육 관념에 근본적으로 영향을 주는 방식에 있다. 아이가 훌륭한 음악가가 되도록 교육을 하는 대신, 아이가 '자발적으로' 음악을 좋아하도록 유전자를 조작하는 것이 가능하지 않을까? 아이에게 규율을 심어주는 대신, 아이가 '자발적으로' 명령에 복종하는 경향이 생기도록 유전자를 조작하는 것이 가능하지 않을까?

게놈의 확인으로 열릴 가장 악몽 같은 전망의 하나는 '인종 청소' 라는 개념에 새로운 의미를 부여하게 될 DNA 전쟁이다. 전 세계 군대의 비밀 기관들에서 이미 최신의 생명공학적 결과들을 이용하여 일정한 인종 집단 구성원들에게만 영향을 주는 치명적인 화학 물질 실험을 하고 있다는 것은 잘 알려진(그러나 널리 보도되지는 않은) 사실이다. 이제 상황은 철저하게 열려 있다. 만일 두 범주의 사람들, '자연스럽게 태어난' 사람들과 유전자 조작을 받은 사람들이 등장한다면, 사회적 위계에서 어떤 범주가 더 높은 층을 차지할지 미리 분명하게 알 수 없다. '자연산'들이 조작된 사람들을 진정한 자유인이 아니라는 이유로 단순한 도구로 여길까? 아니면 훨씬 더 완벽하게 조작된 인간들이 '자연산'들을 진화의 낮은 단계에 속했다고 생각할까?

따라서 앞으로의 투쟁에는 어떠한 결과도 보장되어 있지 않다. 우리는 전례 없는 행동의 요구에 직면할 것이다. 단지 새로운 생산양식과 관련된 것이 아니라, 인간의 의미의 근본적인 파열과 관련된 것이기 때문이다.[5] 오늘날 우리는 이미 일종의 전반적 불안의 표지들

---

5 장기 체제적 접근을 보여주는 이매뉴얼 월러스틴(Immanuel Wallerstein)의 작업은 다른 면에서는 감탄할 만하지만, 그의 작업에 부족한 것이 바로 이런 긴급성이다. 지금 우리가 진실로 향후 50년 사이에 새로운 세계 질서가 등장하여 이후 약 500년 동안 지속될 것이라고 예언하는 관찰자의 편안한 입장에 설 여유가 있을까? 마찬가지로 월러스틴이 *Utopistics*(New York: New Press 1998)에서 10월혁명과 그 뒤에 이어진 소비에트 국가가 세계 자본주의 체제를 훼손하기는커녕 그 틀 안에 완전하게 끼워넣을 수 있는 종속적 사건에 불과하다고 주장할 때, 10월혁명과 그 결과가 세계 자본주의 체제에 대한 강력한 공격으로 간주될 수 있다는 점을 지나치게 과소평가하는 것이 아닐까?

소비에트 체제의 잔혹성에 관해서 어떻게 생각하든, 20세기 내내 '공산주의 블록'이 자본주의 헤게모니에 진지하게 도전하는 유일한 '적'이었으며, 따라서 자본주의 제국의 공황적 반응을 자극했던 것은 사실 아닐까? 설사 '현실 사회주의'가 사실상 자본주의 세계 체제의 한 구성 요소로 끝난다 해도, 이것은 그 내재적 본질의 증거가 아니라 사회주의적 기획이 실패한 증거다. 1990년 사태('현실 사회주의'의 해체)는 이데올로기 붕괴의 표시라기보다는 이데올로기의 가장 육중한 자기주장의 하나다. 즉 자유나 물질적 번영 등등에 대한 일관성 없는 욕망들의 조합이야말로 ─ 그 욕망들이 대중의 저항을 지탱했다. ─ 가장 순수한 형태의 이데올로기였다.

따라서 월러스틴의 이야기에서 흐릿해진 것은 '보편성'과 '특수성' 사이의 올바른 변증법적 긴장이다. 원칙적으로 '현실 사회주의'가 자본주의의 한 종에 불과하다는 사실이 증명된 것이 사실이라 해도, 단순히 자본주의와 사회주의(또 파시즘이나 제3세계의 대중 영합적이고 권위주의적이고 '민족

을 식별할 수 있다. 보통 "시애틀"이라는 이름 밑에 나열되는 일련의 항의들을 기억해보라. 승리를 거둔 세계 자본주의의 10년 밀월은 끝이 났다. 너무 늦은 '7년만의 외출'이 찾아왔다. 대중매체의 전전긍긍하는 반응을 보라. 「타임」부터 CNN에 이르기까지 갑자기 마르크스주의자들이 '정직한' 항의자 무리를 조종할 수도 있다고 우리에게 경고를 하기 시작했다. 이제 문제는 엄격하게 레닌적인 것이다. 어떻게 매체의 비난을 현실로 만들 것인가? 어떻게 이런 불안에 보편적인 정치적 요구를 부여할 조직적 구조를 만들어낼 것인가? 그렇게 하지 않으면 동력이 사라지고, 곁가지 소동만 남게 될 것이다. 어쩌면 새로운 그린피스처럼 조직이 되어, 어느 정도 능률은 보여주지만, 엄격하게 제한된 목표와 마케팅 전략 등을 갖게 될지도 모른다. 간단히 말해서 '당'이라는 형식이 없으면 운동은 '저항'의 악순환에 사로잡힌 상태에서 벗어나지 못할 것이다. '저항'은 '포스트모던적' 정치학의 거창한 구호 가운데 하나로서, 여기에서는 권력에 대한 '좋은' 저항과 '나쁜' 혁명적 권력 탈취를 대립시킨다. 그러나 우리가 가장 원치 않는 것이야말로 반지구화를 길들여 자본주의에 대항하는 또 하

주의적'인 사회경제 질서처럼 '고전적' 자본주의의 예외가 되는 다른 것들)를 '자본주의'라는 중립적인 보편적 속屬의 종들로 분류하는 것에는 뭔가 근본적으로 잘못된 것이 있다. 자본주의의 진정한 종은 자본주의 하나뿐이며, 다른 종들, 특히 사회주의는 자본주의적 틀로부터 벗어나려는, 실패로 끝난 시도들이었다. 그것들은 말하자면 자신들의 약속 불이행을 통해 자본주의의 종이 되었다. 약간 처량하게 표현한다면, 사회주의가 보편적 자본주의 질서의 한 종으로 끝나게 되는 과정에서 그 틀을 벗어나려다 실패한 투쟁으로 수백만의 사망자, 피해자가 생겼다.

나의 '저항의 장소'로 만들어놓는 것이다.

따라서 오늘날 핵심적인 '레닌주의적' 교훈은 이런 것이다. '당'이라는 조직 형식 없는 정치는 정치 없는 정치다. 따라서 단지 (아주 적절한 이름을 가진) '새로운 **사회적** 운동'만을 원하는 사람들에게 주는 답은 자코뱅이 지롱드의 타협주의자들에게 준 답과 똑같다. "당신들은 혁명 없는 혁명을 원하고 있다!" 오늘날의 딜레마는 사회정치적 참여에 두 가지 길이 열려 있다는 것이다. 체제의 게임을 하며 '제도를 관용하는 대장정'에 참여하거나, 아니면 페미니즘에서부터 환경운동과 인종차별 반대에 이르기까지 새로운 사회적 운동에 참여하는 것이다. 이런 운동들의 한계는 역시 '보편적 개별성'이라는 의미에서 정치적이지 않다는 것이다. 이런 운동들은 보편성의 차원이 결여된 '단일 쟁점 운동'이다. 즉 사회적 총체성과 관계가 없다는 것이다.

파국과 혁명 사이에서

13

탈정치에 반대하며

마르크스는 『헤겔 법철학 비판 서문A Contribution to the Critique of Hegel's Philosophy of Right』에서 헤게모니 논리 비슷한 것을 전개한다. 혁명적 열정이 절정에 이르면 '보편적 계급'이 등장한다. 즉 어떤 특수한 계급이 스스로 보편적임을 자처하여 전체의 열광을 불러일으킨다는 것이다. 이 계급은 구체제ancient régime, 반사회적 범죄 자체에 대항하여 사회 자체를 대표하기 때문이다(프랑스혁명에서 부르주아가 그랬던 것처럼). 그러나 그다음에 따르는 것은 마르크스가 아주 신랄하게 묘사한 환멸이다. 그다음 날이면 '보편적인 것'과 '특수한 것' 사이의 간극이 다시 눈에 보이기 시작한다. 자본주의적인 천박한 이윤이 보편적 자유의 현실로 나타난다 등등.[1]

---

1   Karl Marx, *A Contribution to the Critique of Hegel's Philosophy of Right, in Early Writings,* New York: Vintage 1975, p. 244 참조.

물론 마르크스에게 그 개별성(소유의 사회로부터 배제당한 상태)이 그 현실적 보편성을 보장해주는 유일한 보편적 계급은 프롤레타리아다. 에르네스토 라클라우는 자신의 헤게모니 논리에서 이것을 거부한다. 라클라우에게 '보편적인 것'과 '특수한 것' 사이의 단락은 **언제나** 환상적이고 일시적인, 일종의 '초월적 논리 오류'다.[2] 하지만 마르크스의 프롤레타리아가 정말로 긍정적이고 완전하고 본질적인 인류의 부정일까? 또는 어떤 긍정성으로도 돌이킬 수 없는, 보편성 그 자체의 간극에 '불과한' 것일까?[3] 알랭 바디우식으로 표현하자면 프롤레타리아는 여느 특수한 계급이 아니라, 사회적 구조의 개별성이며, 그 자체로 보편적 계급, 계급들 사이의 비계급이다.

여기서 핵심적인 것은 '보편적인 것'과 '특수한 것' 사이의 제대로 된 시간적-변증법적 긴장이다. 마르크스는 독일에서는 부르주아의 형편없는 무능력 때문에 부분적인 부르주아적 해방을 기대하기에는 너무 늦었으며, 이런 이유 때문에 독일에서는 **보편적** 해방이 모든 특수한 해방의 조건이 되었다고 말한다. 이것을 읽는 한 가지 방법은 그 안에서 보편적이고 '정상적인' 패러다임과 그 예외에 대한 강조를

---

2   Ernesto Laclau, "The Politics of Rhetoric", intervention at the conference Culture and Materiality, University of California, Davis, 1998년 4월 23~25일 참조. 오늘날의 포스트모던적 정치철학자들이 민주주의의 역설 — 민주주의는 오직 민주주의의 불가능성만을 배경으로 해서만 가능하다. — 을 강조할 때, 그들은 헤겔이 오래전에 인식한 '칸트의 실천 이성의 역설'을 재생산하는 것이 아닐까?

3   *L'introduction à la Critiaue de la Philosophie du Droit de Hegel*, Paris: Ellipses 2000에 대한 Eustache Kouvélkis의 논평

보는 것이다. '정상적인' 경우에는 부분적인(허위의) 부르주아적 해방 뒤에 프롤레타리아 혁명을 통한 보편적 해방이 뒤따른다. 그러나 독일에서는 '정상적인' 질서가 혼란에 빠졌다. 그러나 다른, 훨씬 더 급진적인 독법도 있다. 독일의 예외 자체, 부분적 해방을 달성하지 못하는 독일 부르주아지의 무능력이 **보편적** 해방을 위한 가능성의 공간을 연다는 것이다.

따라서 보편성의 차원은 일련의 특수한 것들을 연결하는 '정상적' 질서가 혼란을 일으키는 곳에서(만) 나타난다. 이런 이유 때문에 '정상적인' 혁명이라는 것은 없다. 모든 혁명적 폭발은 예외에, '너무 늦은 것'과 '너무 이른 것' 사이의 단락에 근거를 둔다. 프랑스혁명은 프랑스가 자본주의 발전에서 '정상적인' 영국의 길을 따를 수 없었기 때문에 일어났다. '정상적인' 영국의 길 자체도 사회경제적 권력을 가진 자본가들과 정치적 권력을 유지한 귀족 사이의 '부자연스러운' 분업을 낳았다. 마르크스에 따르면 이런 이유 때문에 독일은 사상에서 궁극적 혁명을 생산했다(프랑스혁명의 철학적 대응물인 독일 관념론). 즉 정치적 혁명이 없었다는 바로 그 사실 때문이다.

이런 비동시성, 이런 불일치의 구조적 필연성이 하버마스에게는 없다. 하버마스의 '미완의 기획인 근대성'이라는 관념의 기초적 요점은 근대성의 기획에 두 가지 측면이 있다는 것이다. 즉 '도구적 이성'(과학기술적 조작과 자연 지배)의 발달과 제약 없는 상호 주관적 소통의 등장이다. 지금까지는 첫 번째 면만 충분하게 전개되었으며, 우리의 과제는 두 번째 면의 잠재력을 실현하여 근대성의 기획을 완성하는 것이다. 그러나 이런 불일치가 구조적이라면 어쩔 것인가? 도구적

'이성'의 우위가 근대적 '이성' 자체의 본질이기 때문에, 소통적 '이성'으로 도구적 '이성'을 보완할 수 없다면 어쩔 것인가? 하버마스는 일관성을 잃지 않고 오늘날의 전 지구화에도 똑같은 논리를 적용하고 있다. 그의 주장은 '미완의 기획인 전 지구화'다.

> 진보적인 경제적 통합과 뒤처진 정치적 통합 사이의 불일치를 극복하는 것은 규제가 철폐된 시장의 속도를 따라잡을 더 높은 수준의 정치적 행동 능력을 구축하는 것을 목표로 하는 정치를 통해서만 가능하다.[4]

간단히 말해서 자본주의 지구화와 직접 싸울 필요가 없다. 적절한 정치적 지구화(스트라스부르 중앙 정치 기구의 강화, 범유럽적 사회 입법의 강제 등)로 보완해주기만 하면 된다. 그러나 이번에도 경제적 지구화를 만들어내는 근대 자본주의가 정치적 지구화로 보완될 수 없다면 어쩔 것인가? 그렇게 전 지구화를 정치적 기획으로 확장할 경우 어쩔 수 없이 경제적 지구화 자체의 지형을 근본적으로 재규정할 수밖에 없다면 어쩔 것인가?[5]

간단히 말해서 하버마스의 기본적 태도는 **20세기의 부인**disavowal이나 다름없다. 그는 마치 20세기가 그 구체적인 수준에서

---

4 Jürgen Habermas, "Warum braucht Europa eine Verfassung?", *Die Zeit*, 2001년 6월 29일, Feuilleton, p. 7.

5 하버마스의 명제의 감추어진 진실은 그의 직접적인 유럽 중심주의에서 드러난다. 하버마스가 유럽적인 '생활 방식'에 열렬히 찬사를 보내는 것도 당연하며, 정치적 세계화(초국가적인 정치적 통일체의 구축) 기획의 특징이 유럽 문명의 완성이라고 보는 것도 당연하다.

일어나지 않았던 것처럼 행동한다. 마치 20세기에 벌어진 일들이 기본적으로 우연적인 우회에 불과하고, 따라서 그 밑에 깔린 개념적 서사 ― 무한정 진보하는 계몽된 민주주의적 자유주의 ― 는 그런 일들과 관계없이 이야기할 수 있는 것처럼 행동하는 것이다.[6] 마찬가지로 하버마스는 1990년의 사회주의 체제의 붕괴의 특징을 표현하려고 "따라잡기 혁명"이라는 말을 지어냈다.[7] 서방(서방의 자유민주주의)은 동유럽의 공산주의 경험으로부터 배울 것이 없다. 1990년에 이 나라들은 단지 서방의 자유민주주의적 체제의 사회적 발전을 따라잡은 것뿐이기 때문이다. 그래서 하버마스는 이 경험을 단순히 우연적인 것으로 치부하면서, 서방의 민주주의와 '전체주의'의 등장 사이에 아무런 근본적이고 구조적인 관계가 없다고 주장한다. '전체주의'가 민주주의 기획 자체의 내적 긴장의 증상이라는 개념을 부정하는 것이다.

하버마스가 파시즘을 대하는 태도도 마찬가지다. 파시즘의 '야

---

6   이런 자유주의의 마지막 위대한 인물은 에른스트 카시러(Ernst Cassirer) 였다. 따라서 최근에 나타나는 20세기의 부인의 한 부분으로서 독일에서 카시러가 부활하는 것도 놀랄 일은 아니다. 또 하버마스만이 아니라 다른 철학자들이 1929년 다보스에서 벌어진 유명한 카시러-하이데거 논쟁으로 돌아가야 한다고 주장하는 것도 놀랄 일이 아니다. 카시러가 '패배'하고 하이데거가 마지막에 대담자와 악수하는 것조차 잔인하게 거절했던 이 논쟁은 19세기의 철학적 종말을 상징한다. 하이데거가 승리하지 않았다면 어쩔 것인가? 그의 승리가 우리의 잘못된 인식에 불과하다면 어쩔 것인가?

7   Jürgen Habermas, *Die nachholende Revolution*, Frankfurt: Suhrkamp Verlag 1990 참조.

만성'이 '계몽의 변증법'의 불가피한 결과물이라는 아도르노와 호르크하이머의 생각과는 대조적으로, 하버마스에게 파시즘 체제는 근대화와 계몽의 기본적 논리에 영향을 주지 않는 우연적 우회(지연, 퇴행)다. 따라서 '계몽'의 기획 자체를 재고하는 것이 아니라, 이 우회를 철폐하는 것이 과제가 된다. 그러나 '전체주의'에 거둔 이런 승리는 피루스 왕의 승리*와 같다. 여기서 하버마스에게 필요한 것은 히치콕의 교훈이다(그가 영화는 오직 거기에 등장하는 주요한 악당만큼만 재미있다고 주장했다는 사실을 기억하라). '전체주의'의 막다른 골목을 단순히 우연적인 우회로 치부해버린다면 우리는 주위에서 벌어지는 재앙에 혼란을 느끼지 않고 세계의 기본적 합리성에만 집착하는 사람처럼 편안해질지는 모르지만, 궁극적으로 이것은 우리에게 **무능력만** 남기게 된다.

'시애틀' 운동의 장래성은 그것이 일반적으로 매체에서 말하는 것('반지구화 항의')과 정반대라는 사실에 있다. 이것은 새로운 **전 지구적** 운동, 그 형식(이것은 전 지구적 운동이며, 시애틀에서부터 프라하까지 어디에서나 개입할 준비를 갖춘 기동성 있는 국제 네트워크다)만이 아니라 내용(현재의 자본주의와 지구적 대결을 벌이는 것을 목표로 삼는다)에서도 전 지구적인 운동의 첫 번째 씨앗이다. 이것은 '전 지구적 자본주의'보다 더 지구적이다. 그 피해자들을 게임에 끌어들이기 때문이다. 즉 자본주의적 지구화에서 배제된 사람들만이 아니라, 거기에 참여하면서 그로

---

* 많은 희생을 대가로 얻은 승리. 옛 그리스 에피루스의 왕(B. C. 318?~272). 로마와 싸워 이겼으나 많은 전사자를 냈다고 한다.

인해 프롤레타리아적인 곤궁에 떨어진 사람들도 끌어들인다.[8] 여기서 헤겔의 오래된 방법에 따라 '추상적' 보편성과 '구체적' 보편성을 구별하는 모험을 해야 할 것 같다. 자본주의 전 지구화는 '추상적'이며, '자본'의 투기적 운동에 초점을 맞춘다. 반면 '시애틀' 운동은 '구체적 보편성', 세계 자본주의의 총체성과 **동시에** 거기에서 배제된 어두운 면을 대표한다. 자본주의 지구화라는 **현실**의 가장 좋은 예는 2001년 러시아 핵 로비의 승리다. 이로써 의회는 러시아가 서방 선진국들로부터 핵폐기물을 수입한다는 결정을 내릴 수밖에 없었다.

여기에서 레닌이 자유주의자들에게 접근하던 방식이 중요하다. 자유주의자들은 보수주의자들과 대결하면서 자신의 입장을 강화하려고 노동계급을 이용할 뿐, 그들과 끝까지 동일시를 하지는 않는다

---

8   인도네시아는 이런 전 지구화 논리의 좋은 예다. 1965년에 수하르토가 권좌에 오른 후로 외국 투자자들은 값싼 노동력을 찾아 이 나라를 침범하기 시작했다. 그러나 외국 회사들이 동시에 비옥한 땅을 사들여 현지 소비가 아니라 수출을 위한 작물(고무와 파인애플)을 재배하게 되자, 이 노동력은 없어도 좋은 것이 되었다. 이런 식으로 현지 주민은 외국에 이중으로 의존하게 된다. 외국 회사들을 위해 일하면서 수입한 식량을 먹게 되는 것이다.

따라서 인도네시아의 '착취 공장' 배후의 현실은 언뜻 보기보다 복잡하다. 물론 우리는 다국적 기업들이 현지 노동력을 대하는 방식에 항의해야 한다. 그러나 현지 노동자가 다국적 기업에서 일자리를 잃으면 훨씬 더 못한 운명이 그를 기다리고 있다는 것도 분명한 사실이다. 그렇다고 결코 다국적 기업의 책임이 면제되는 것은 아니다. 해고당한 노동자가 말하자면 물러날 곳이 없다는 사실, 피난처와 일을 찾을 수 있는 현지 공동체가 없다는 사실이야말로 최근 수십 년 동안 인도네시아가 전 지구적 자본수익에 편입되면서 생긴 결과이기 때문이다.

는 것이다.[9] 이것은 오늘날의 좌파 자유주의자들에게도 해당되는 것이 아닐까? 그들은 인종차별, 환경, 노동자의 불만 등의 문제를 제기하여 **체제를 위험에 빠뜨리지 않는 한에서** 보수주의자들을 논파하려 한다. 시애틀에서 빌 클린턴 자신이 교묘하게 바깥의 거리에 있는 항의자들을 언급하면서, 경비를 받는 궁 안에 모인 지도자들에게 시위자들의 메시지(물론 클린턴은 이 메시지를 해석하면서 전복적인 독침은 빼버렸으며, 그런 독침은 다수의 평화로운 항의자 안에 혼돈과 폭력을 도입하려는 위험한 극단주의자들 탓이라고 말했다)에 귀를 기울여야 한다고 말했다는 사실을 기억하라. 클린턴식 태도는 나중에 정교한 '당근과 채찍' 억제 전략으로 발전했다. 한쪽에서는 편집증(그 뒤에 음험한 마르크스주의적 음모가 도사리고 있다는 생각)이 퍼져나가고, 다른 한편에서는 예를 들어 제노바에서는 다름 아닌 베를루스코니가 반지구화 시위자들에게 먹을 것과 쉴 곳을 제공했다. '예의 바르게 행동'하여 공식 행사를 방해하지 않는다는 조건이었다. 치아파스의 사파티스타들에 이르기까지 모든 '새로운 사회 운동'도 마찬가지다. 기성 체제는 늘 '그들의 요구에 귀를 기울이면서' 그들 고유의 정치적 독침을 제거할 준비가 되어 있다. 체제는 그 정의상 에큐메니컬(보편)적이고, 공개적이고, 관용적이고, 모든 이야기를 '들을' 준비가 되어 있다. 설사 당신이 당신의 요구에서 양보를 하지 않는다 해도, 이 요구에서 보편적인 정치적 독침은 협상의 형식 자체에 의해 제거된다. 우리가 찾아야 하는 진정

<hr>

9 The Retrieval of Lenin 심포지엄에서 Alan Shandro가 한 발표 "Lenin and the Logic of Hegemony"에서 이 점을 빌려왔다.

한 '제3의 길'은 제도화된 의회 정치와 '새로운 사회적 운동' 사이의 **이러한** 제3의 길이다.

새로 나타나는 불안과 진정한 '제3의 길'에 대한 요구의 한 증거로서, 심지어 존 르 카레John le Carré 같은 보수주의자조차 최근의 인터뷰에서 '대처와 레이건의 연애' 결과 서방의 대부분의 선진국, 특히 영국에서 '사회 기반 시설이 실질적으로 작동을 멈추었다'고 인정할 수밖에 없었다는 흥미로운 사실을 들 수 있다. 르 카레는 그래서 적어도 '철도와 수도는 재국유화해야 한다'고 직접적으로 호소한다.[10] 우리는 실제로 (선별적인) 개인적 풍요가 곧 우리 모두에게 영향을 주기 시작할 전 지구적인 (생태, 기반 시설의) 퇴락을 동반하는 상태에 다가가고 있다. 수질 문제는 영국에만 한정된 것이 아니다. 최근의 조사 결과는 로스앤젤레스 지역에 물을 공급하는 저수지 전체가 이미 인간이 만든 유독 화학물질로 오염되어 곧 가장 좋은 필터를 사용하더라도 마실 수 없는 상태가 될 것임을 보여주었다. 르 카레는 블레어가 기본적으로 대처와 같은 좌표를 받아들인 것을 두고 매우 정확한 표현으로 자신의 분노를 표현했다. "나는 지난 번 1997년에는 블레어가 자신은 사회주의자가 아니라고 부인할 때 거짓말을 한다고 생각했다. 지금 내가 블레어에게 할 수 있는 가장 심한 말은 그가 그때 진실을 말하고 있었다는 것이다."[11] 더 정확하게 말하자면, 설사 1997년에 블레어가 '주관적으로' 거짓말을 하고 있었다 해도,

---

10 John le Carré, 'My vote? I would like to punish Blair', David Hare의 인터뷰, *The Daily Telegraph*, 2001년 5월 17일 목요일, p. 23.

11 같은 곳.

또 그의 비밀 의제가 사회주의적 의제에서 구해낼 수 있는 것은 다 구하자는 것이었다 해도, 블레어는 '객관적으로' 진실을 말하고 있었다는 것이다. 그의 (결과적으로) 주관적인 사회주의적 신념은 자기기만, 즉 대처식의 '혁명'을 완수한다는 그의 '객관적' 역할을 이행하게 해주는 착각이었던 것이다.

그렇다면 급진 좌파의 영원한 딜레마에 어떻게 대응할 것인가? 보수주의자들에 맞서 빌 클린턴 같은 중도좌파적 인물들을 전략적으로 지지할 것인가, 아니면 '상관없다, 우리는 이 싸움에 끼어들면 안 된다. 어떤 면에서는 우파가 직접적으로 권력을 쥐는 게 훨씬 더 낫다, 그렇게 하면 민중이 사태의 진상을 보는 것이 더 쉽기 때문이다' 하는 입장을 취할 것인가? 그 답은 스탈린이 '어느 쪽 편향이 더 나쁜가? 우편향인가 아니면 좌편향인가?' 하는 질문에 한 답의 변형이다. **둘 다 더 나쁘다.** 우리가 할 일은 올바른 변증법적 역설의 입장을 취하는 것이다. 물론 원칙적으로 오늘날 공식 정치의 자유주의적 극과 보수주의적 극 사이의 투쟁에 무관심해야 한다. **그러나 자유주의적 선택이 권력을 쥐어야만 무관심할 여유가 있다.** 그렇지 않으면 대가가 너무 크게 느껴질 수도 있다. 1930년대 초에 나치에 대항하는 투쟁에 초점을 맞추지 않겠다는 독일 공산당의 결정이 어떤 파국적 결과를 가져왔는지 생각해보라. 그들은 나치 독재는 자본주의 지배의 마지막 필사적 단계이며, 이것이 노동계급의 눈을 뜨게 해주어 '부르주아' 민주주의적 제도에 대한 믿음을 박살낼 것이라는 이유로 그런 결정을 정당화했다.

마찬가지로 아무도 공산주의 동조자라고 비난할 수 없는 클로드르포르Claude Lefort가 최근에 프랑수아 퓌레François Furet에게 답변을 하면서 중요한 이야기를 했다. 오늘날 자유주의적 합의는 150년에 걸친 좌익 노동자들의 투쟁과 국가에 대한 압력의 결과다. 여기에는 백 년 전, 아니 그보다 더 가까운 과거에 자유주의자들이 겁에 질려 내팽개쳤던 요구들이 포함되어 있다.[12] 증거가 필요하다면 『공산당 선언』 마지막에 나와 있는 요구 목록을 보기만 하면 된다. 그 가운데 두세 개만(물론 그것이 핵심적인 것들이지만) 빼면, 나머지는 오늘날의 합의(적어도 붕괴하는 '복지국가'의 합의)에 포함되어 있다. 보통선거, 의무교육, 전 국민 건강보험, 노령자 보호, 아동 노동 제한 등. 간단히 말해서 오늘날의 '부르주아 민주주의'는 자유주의의 내재적 발전의 결과가 아니라 프롤레타리아의 계급투쟁의 결과인 것이다.

오늘날에는 급진주의적인 대중 영합적 우파가 보통 (여전히) 지배적인 자유주의–민주주의적 합의를 깨고, 지금까지는 배제되었던 관념들(파시즘의 부분적 정당화, 인종적 정체성을 근거로 추상적 시민권을 제한할 필요 등)을 점점 받아들이게 만드는 것이 사실이다. 헤게모니를 쥔 자유주의적 민주주의는 이러한 사실을 이용해 좌익 급진파를 협박한다. "불장난을 하면 안 된다. 우익의 새로운 공격에 맞서 그 어느 때보다 민주주의적 합의를 밀고나가야 한다. 이 합의에 대한 모든 비판은 알게 모르게 '신우익'을 돕는 것이다!" 이것이 핵심적인 분리선이다. 우리는 이 협박을 거부하고, 자유주의적 합의를 휘저어놓을 위험을 무릅써야 한다. 심지어 민주주의라는 개념 자체에 의문을 제기

---

12   Claude Lefort, *La complication*, Paris: Fayard 1999 참조.

해야 한다.

따라서 급진적 좌파의 제안들이 유토피아적이라는 비판에 대한 궁극적 답변은, 오늘날 진짜 유토피아적 관념은 현재의 자유주의-민주주의적 자본주의의 합의가 근본적인 변화 없이 무한정 계속될 수 있다는 믿음이라는 것이다. 우리는 오래된 1968년의 구호로 돌아가야 한다. "현실주의자가 되어 불가능한 것을 요구하자Soyons réalistes, demandons l'impossible!" 진정한 '현실주의자'가 되려면, '가능해'(또는 우리가 보통 쓰는 표현으로 하자면 '실행 가능해') 보이는 것의 속박을 부수고 나가는 것을 고려해야만 한다.

실비오 베를루스코니가 2001년 5월 선거에서 승리를 거둔 것에서 배울 교훈이 있다면, 진정한 유토피아주의자들은 '제3의 길 좌파'라는 것이다. 이탈리아에서 베를루스코니의 승리에 관하여 피해야 할 주된 유혹은 그것을 보수-좌파 문화비평가Kulturkritik의 전통(아도르노부터 비릴리오까지) — 조작된 대중의 어리석음과 비판적 사유를 할 수 있는 자율적 개인의 소멸을 애도한다. — 에 따라 또 한 번의 연습의 구실로 이용하는 것이다. 그렇다고 이 승리의 의미를 과소평가하자는 뜻은 아니다. 헤겔은 모든 역사적 사건들은 두 번 일어날 수밖에 없다고 말했다. 나폴레옹이 두 번 패배한 것도 그 한 예다. 따라서 베를루스코니도 선거에서 두 번 이겨야만 우리가 이 사건의 완전한 의미를 알 수 있을 것 같다. 첫 번째는 단순한 우연적 호기심으로 치부해버릴 수 있지만, 두 번째는 우리가 더 깊은 필연성과 만나고 있음을 보여준다.

그렇다면 베를루스코니는 무엇을 성취했는가? 그의 승리는 정치에서 도덕성의 역할에 관한 우울한 교훈을 준다. 커다란 도덕적-정치적 카타르시스 — 10년 전 기독교 민주당, 또 그와 더불어 전후 이탈리아 정치를 지배했던 기독교 민주당원과 공산당원의 이데올로기적 양극 체제까지 파멸로 몰아넣었던 '깨끗한 손'의 반부패 운동 — 의 궁극적 결과가 권좌에 앉은 베를루스코니다. 이것은 루퍼트 머독 Rupert Murdoch이 영국 선거에서 승리를 거둔 것과 비슷하다. 머독은 기업 홍보 사업을 하듯이 정치 운동을 했다. 베를루스코니의 "전진 이탈리아Forza Italia"＊는 이제 정당이 아니라, 그 이름이 암시하듯이 스포츠 팬 클럽에 가깝다. 과거의 사회주의 나라들에서 스포츠가 직접 정치화되었다면(동독이 최고의 운동 선수들에게 엄청난 투자를 했다는 사실을 기억해보라), 이제는 정치 자체가 스포츠 시합이 되어버렸다. 이런 비유를 더 밀고 나갈 수도 있다. 공산주의 체제가 산업을 국유화했다면, 베를루스코니는 어떤 면에서는 국가 자체를 사유화하고 있다. 이런 이유 때문에 베를루스코니의 승리 밑에 잠복한 네오파시즘의 위험에 대한 좌파나 자유주의적 민주주의자들의 우려는 대상을 잘못 고른 것이며, 어떤 면에서는 지나치게 낙관적인 것이라고 할 수 있다. 파시즘은 여전히 결연한 정치적 기획이지만, 베를루스코니의 경우에는 밑에 잠복한 것이 궁극적으로 **아무것도 없다.** 감춰놓은 이데올로기 기획은 없다는 말이다. 그냥 모든 것이 제대로 굴러갈 것이며, 자신이 더 잘할 것이라는 뻔뻔스러운 확언만 있을 뿐이다. 간단히 말해서 베를루스코니는 **가장 순수한 형태의 탈정치**다.[13] 모든

＊ Forza Italia는 축구 경기의 응원 구호다.

서방 국가에서 '탈정치'의 궁극적 증거는 정부를 경영적 입장에서 바라보는 태도가 늘어난다는 것이다. 정부는 그 올바른 정치적 수준을 박탈당한 채 경영적 기능으로 재고안되고 있다.

오늘날 정치투쟁의 진정한 핵심은 이것이다. 보수주의자와 '온건 좌파'라는 이전의 두 주요 정당 가운데 어느 쪽이 '여전히 낡은 이데올로기적 조직에 사로잡혀' 있는 상대 정당을 누르고 탈이데올로기 정신을 진정으로 구현한 모습을 보여줄 수 있는가? 1980년대가 보수파에게 속했다면, 1990년대의 교훈은 우리의 후기 자본주의 사회에서 '제3의 길' 사회민주주의(또는 훨씬 더 관련이 있는 것으로 구사회주의 나라들의 탈공산주의)가 실제로 자본 그 자체의 대표자로서 기능한다는 점인 것 같다. 다양한 '보수적' 정당들이 대표하는 자본의 특수한 분파가 아니라 그 총체성을 대표한다는 것이다. 그러자 '보수적' 정당들도 자신이 전 주민을 상대한다고 내세우려고 반자본주의적 계층의 특수한 요구들까지 충족시키려고 노력한다(예를 들어 값싼 이주 노동자들로부터 위협을 받는 국내의 '애국적' 중간계급 근로자들의 요구 ― 독일이 인도인 컴퓨터 프로그래머 5만 명을 수입해야 한다는 사회민주당의 제안에 반대하여 '인도인 대신 차라리 아동을Kinder statt Inder!'이라는 악명 높은 구호를 외쳤던 독일 기독교민주연합CDU을 기억하라). 이런 경제적 배치 상황은 '제3의 길' 사회민주주의자들이 왜, 또 어떻게 대자본의 이해관계를 대변하는 동시에 인종적 소수파의 이익을 보호하고자 하는 다문화주의적 관용까지도 대변할 수 있는지 많은 부분 설명해준다.

---

13   이런 탈정치의 개념에 관해서는 Žižek, *The Ticklish Subject*, 4장 참조.

'제3의 길' 좌파는 악마와 맺은 협정이 효과를 볼 것이라고 꿈을 꾼다. 좋다, 혁명은 없다, 자본주의가 유일한 게임이라는 것을 받아들인다, 하지만 '복지국가'의 업적 가운데 일부는 구출할 수 있을 것이다, 성적·종교적·인종적 소수자들에게 관용을 베푸는 사회는 만들 수 있을 것이다. 그러나 베를루스코니의 승리가 표명한 경향이 지속된다면, 훨씬 더 어두운 전망이 눈에 보인다. 그 세계는 자본의 무한 지배가 좌파-자유주의적 관용이 아니라, 순수한 홍보 스펙터클과 '도덕적 다수' 같은 단체들(바티칸이 베를루스코니를 암묵적으로 지지했다는 사실을 기억하라!)이 뒤섞인 전형적인 탈정치적 혼합으로 보완된다. 베를루스코니의 '탈정치'에 감추어진 이데올로기적 의제가 있다면, 그것은 거칠게 말해 제2차 세계대전 이후 맺어졌던 근본적인 민주주의적 협정의 해체다. 최근 제2차 세계대전 이후 맺어진 반파시즘 협정에 이미 천천히 금이 가고 있다는 표시가 여러 곳에서 나타나고 있다. '수정주의적' 역사가들로부터 '신우익'의 대중 영합적 인물들에 이르기까지, 이른바 '금기'가 사라지고 있다……. 역설적으로 이런 협정을 파괴하는 사람들은 '피해자 만들기'라는 매우 자유주의적인 보편화된 논리를 참조하여 이렇게 말한다. 물론 파시즘의 피해자도 있다. 하지만 전후에 추방된 다른 피해자는 어쩔 것인가? 체코슬로바키아의 고향에서 추방당한 독일인은 어쩔 것인가? 그들 역시 (경제적) 보상을 받을 약간의 권리가 있지 않을까?

가까운 미래는 장-마리 르펜Jean-Marie le Ren이나 팻 뷰캐넌Pat Buchanan 같은 노골적인 우익 선동가들의 것이 아니라, 베를루스코니나 하이더 같은 사람들의 것이다. 대중 영합적 민족주의라는 양가 죽을 쓴 이런 세계 자본의 옹호자들의 것이다. 그들과 '제3의 길 좌파' 사이의 투쟁은 세계 자본주의의 과잉을 누가 더 효과적으로 저지할 것이냐를 둘러싼 투쟁이다. '제3의 길'의 다문화주의적 관용이냐 아니면 대중 영합적 동성애 혐오냐? 이런 따분한 양자택일이 전 지구화에 대한 유럽의 대답일까? 따라서 베를루스코니는 최악의 형태의 탈정치다. 반좌파 자유주의의 완고한 목소리를 내는 「이코노미스트The Economist」조차 어떻게 유죄 선고를 받은 범죄자가 총리가 될 수 있느냐고 신랄한 질문을 던지자, 베를루스코니는 이 잡지가 "공산주의 음모"에 가담했다고 비난했다! 이 말은 베를루스코니에게는 그의 탈정치에 반대하는 모든 것이 '공산주의자들의 음모'에 뿌리를 두고 있다는 뜻이다. 어떤 면에서는 그가 옳다. 그 외에는 그에게 진정으로 반대하는 자가 없기 때문이다. 자유주의자들이건 '제3의 길' 좌파건 나머지는 모두 기본적으로 베를루스코니와 똑같은 게임을 하고 있을 뿐이다. 다만 때깔이 다를 뿐이다. '제3의 길' 좌파가 과연 베를루스코니의 정치에 전 지구적 대안을 내놓을 수 있을까? 따라서 베를루스코니의 편집증적인 인식론적 지도의 두 번째 측면 역시 옳은 것으로 드러나는 것이 우리의 희망이다. 즉 그의 승리가 더 급진적인 좌파에게 힘을 실어줄 것이라는 인식 말이다.

파국과 혁명 사이에서

14

회귀 대 반복

그렇다면 우리는 오늘 어디에 있는가? 소련의 전 역사는 프로이트가 보여주는 유명한 로마의 이미지와 유사하다고 파악할 수 있다. 로마는 그 역사가 서로 다른 층의 고고학적 유적이라는 형태로 현재 속에 퇴적되어 있는 도시다. 각각의 새로운 층은 이전 층을 덮고 있다. (또 다른 모델인) 트로이의 일곱 층과 마찬가지다. 그래서 역사는 점점 더 오래된 시대로 거슬러 올라가는 과정에서, 고고학자처럼 전진하며 땅 속으로 더 깊이 파고들어 새로운 층들을 발견한다. 소련의 (공식 이데올로기적) 역사도 배제하기, 사람들을 없는 존재로 만들기, 역사의 반동적 고쳐쓰기의 축적이 아니었을까?

아주 논리적인 일이지만, '탈스탈린화'는 '복권' 과정, '당'의 과거 정치의 '오류'를 인정하는 정반대의 과정으로 나타났다. 따라서 악마로 몰았던 볼셰비키 전 지도자들의 점진적인 '복권'은 소련의 '탈스탈린화'기 열마니 (그리고 이느 빙향으고) 긴행되었느지 보여주는 기강 민감한 지표 역할을 할 수 있을 것이다. 처음 복권이 된 사람들은 1937년에 총살된 노령의 군부 지도자들이었다(투하체프스키 등). 마지막으로 공산주의 체제 붕괴 직전 고르바초프 시대에 복권된 사람은 니콜라이 부하린Nikolai Bukharin이었다. 물론 이 마지막 복권은 자본주의로 방향을 튼다는 분명한 신호였다. 복권이 된 부하린은 1920년대에 노동자와 농민(토지 소유자)의 협정을 옹호했으며, "부자가 되라!"는 유명한 구호를 제기했고, 강제 집단화에 반대했다. 그러나 공산주의자들만이 아니라 반공 러시아 민족주의자들로부터도 배제된 한 인물이 결코 복권되지 않았다는 사실은 의미심장하다. '혁명'의 '방황하는 유대인'이자, 진정한 반스탈린주의자이자, '한 나라에서 사회주의를 건설한다'는 관념에 '영구 혁명'을 대립시켰던 대적大敵 트로츠키였다.

나는 이것을 프로이트가 무의식에서 최초의 (기반이 되는) 억압과 2차 억압을 구분한 것에 비유하고 싶은 유혹을 느낀다. 트로츠키 축출은 소비에트 국가의 '최초의 억압'과 같은 것이었다. '복권'을 통해서도 결코 다시 받아들일 수 없는 것이었다. 그 전체 '질서'가 축출이라는 이 부정적 행동에 의지하고 있었기 때문이다.[1] 트로츠키는

---

1   요즘 1928년 이후 스탈린의 정치의 아이러니는 그것이 사실상 일종의 '영구 혁명'이었다고 주장하는 것이 유행이다. 혁명이 되풀이하여 자신의 자식들을 삼키는 영구적인 비상 상황이었다는 것이다. 그러나 이런 주장은 오해를 불러일으킨다. 스탈린의 공포정치는 소련을 다른 여느 국가, 군건한 경계와 제도가 있는 국가처럼 안정시키려는 시도의 역설적 결과였다. 다시 말해서 공포정치는 공황에서 나온 행동, 국가의 안정성에 대한 위협에 대항하는 방어적 반작용이었다.

1990년 이전의 '현실 사회주의'나 1990년 이후의 '현실 자본주의' 어느 곳에도 자리가 없는 사람이다. 심지어 공산주의를 그리워하는 사람들조차 트로츠키의 영구 혁명은 어떻게 다루어야 할지 모른다. 어쩌면 "트로츠키"라는 기표는 레닌주의의 유산에서 구제할 만한 가치가 있는 것을 가장 적절하게 지칭하는지도 모른다. 여기서 우리는 죄르지 루카치가 1935년에 쓴 기이하지만 핵심적인 짧은 에세이 「횔덜린의 히페리온Hölderlin's Hyperion」을 보아야 한다. 여기에서 루카치는 횔덜린이 영웅적이고 혁명적인 유토피아에 비타협적으로 충실한 태도를 보인 것에 반하여 헤겔이 나폴레옹의 테르미도르를 승인한 것에 찬사를 보낸다.

헤겔은 테르미도르 이후의 시대와 부르주아적 발전의 혁명적 시기의 종결을 받아들이고, 세계사의 이 새로운 전환점에 대한 이해 위에 그의 철학을 세운다. 횔덜린은 테르미도르 이후의 현실과 타협하지 않는다. 그는 '폴리스' 민주주의를 회복한다는 낡은 혁명적 이상에 충실하지만, 심지어 시와 사상의 수준에서조차 그의 이상이 들어설 자리가 없는 현실에 의해 무너져버린다.[2]

여기서 루카치는 프랑스혁명의 영웅적 시기는 필수적이고 열광적인 돌파구였으며, 그 뒤에 영웅적이지 않은 시장 관계의 단계가 따

---

2   Georg Lukács, "Hölderlin's Hyperion", in *Goethe and His Age*, London: Allen & Unwin 1968, p. 137.

른다는 마르크스의 개념을 참조하고 있다. '혁명'의 진정한 사회적 기능은 부르주아 경제의 산문적 지배를 위한 조건을 확립하는 것이었으며, 진정한 영웅주의는 맹목적으로 초기의 혁명적 열광에 집착하는 것이 아니라 헤겔이 루터를 슬쩍 바꾸어 표현했듯이 "현재의 십자가에서 장미"를 인식하는 데 있는 것이다. 즉 '아름다운 영혼'의 입장을 버리고, 현실적 자유의 유일하게 가능한 영역으로서 현재를 완전히 받아들이는 데 있다는 것이다. 따라서 헤겔이 핵심적인 철학적 걸음을 내디딜 수 있었던 것은 사회적 현실과 이렇게 '타협'을 했기 때문이다. 그래서 그가 『인륜성의 체계』 원고에서 "유기적" 공동체라는 원파시즘적 개념을 극복하고, 부르주아 시민사회의 적대 관계를 변증법적으로 분석하는 걸음을 내디뎠다는 것이다. (이것은 근대 이전의 '유기적' 공동체로 돌아가려는 원파시즘적 노력의 정확히 변증법적인 역설이다. 파시즘의 '봉건 사회주의'는 단순하게 '반동적'이기는커녕, 일종의 타협적 해결책, 자본주의 자체의 제약 내에서 사회주의를 건설하려는 시도의 대용이었던 것이다.) 루카치의 분석이 심오하게 우화적인 것은 분명하다. 루카치는 트로츠키가 '스탈린주의는 10월혁명의 테르미도르'라는 테제를 발표하고 나서 두 달 뒤에 이 에세이를 썼다. 따라서 루카치의 텍스트는 트로츠키에 대한 답으로 읽어야 한다. 루카치는 스탈린 체제가 '테르미도르적'이라는 트로츠키의 규정을 받아들이면서 그것을 긍정적으로 비튼 것이다. 유토피아적 에너지의 상실을 애달파 하지 말고, 영웅적으로 체념하는 방식으로 그 결과가 사회 진보의 유일하게 현실적 공간임을 받아들여야 한다는 것이다.

　　물론 마르크스에게 혁명적 도취 뒤에 오는 '숙취'는 '부르주아' 혁명 기획의 원초적 한계, 보편적 자유라는 약속의 허위를 보여준다. 보편적 인권의 '진실'은 상업과 사적 소유의 권리라는 것이다. 루카치의 스탈린주의적 테르미도르의 승인은 (아마 그의 의식적 의도와는 반대이겠지만) 완전히 비관적인 반마르크스주의적 전망을 의미한다. 즉 프롤레타리아 혁명 자체가 자유에 대한 환영적인 보편적 단언과 그 뒤에 오는 새로운 지배와 착취 관계에서 이루어지는 각성 사이의 간극을 특징으로 한다는 것이다. 이것은 '현실적 자유'를 실현한다는 공산주의 기획이 실패했다는 뜻이다.

그렇다면 우리는 이런 상황에서 무엇을 할 것인가? 지금까지 남아 있는 소수의 정통 '레닌주의자들'은 단순하게 낡은 레닌주의를 재활용할 수 있는 것처럼 행동하면서, 계속 근로 대중의 혁명적 충동을 배반한 부패한 지도자들 이야기를 하지만, 그들의 문제는 그들이 어떤 입장에서 말을 하는 것인지 분명치 않다는 점이다. 둘 중의 하나다. 하나는 과거에 관한 열띤 논의에 참여하는 것이다(감탄할 만한 박학으로 반공주의 '레닌학자들'이 어떻게 어디에서 레닌을 왜곡했는지 보여주는 등). 이럴 경우 그들은 **왜 이것이 오늘날 중요한가(순수하게 역사적인 관심에서가 아니라면)** 하는 문제를 회피한다. 또 하나는 현대의 정치에 가까이 다가갈수록, 아무에게도 위협이 되지 않는 순수한 은어를 사용하는 태도를 취한다는 것이다.

2000년의 마지막 몇 달 동안 세르비아에서 밀로셰비치 체제가 마침내 무너졌을 때, 서방의 많은 마르크스주의자들이 이런 문제를 제기했다. "파업으로 전기 공급을 방해하여 결과적으로 밀로셰비치를 무너뜨린 서방 광부들은 어떤가? 그것은 진정한 노동운동이 있었만 나중에는 민족주의자 또는 CIA에게 매수된 정치가들에게 조종을 당한 것이 아닐까?" 모든 새로운 사회적 격변(예를 들어 10년 전 '현실 사회주의'의 해체)에도 똑같은 증상적 지점이 나타난다. 이런 상황마다 진정한 혁명적 — 또는 적어도 사회주의적 — 잠재력을 보여주는 것으로 여겨지는 노동계급의 운동이 확인된다. 그러나 친자본주의 세력 그리고/또는 민족주의 세력이 이 운동을 처음에는 이용하고, 나중에는 배반한다. 이런 식으로 우리는 계속 혁명이 목전에 있다고 꿈을 꿀 수 있다. 우리한테 필요한 것은 노동자들의 혁명적 잠재력을 조직할 수 있는 진정한 지도력뿐이라고. 그 구성원들의 이야기를 믿을 수 있다면, 솔리다르노시치*도 원래 노동자들의 민주주의–사회주의 운동이었으나, 나중에 교회와 CIA에 매수된 지도자들에게 '배신'당했다.

물론 이런 접근 방식에도 진실의 요소는 있다. 공산주의 해체의 궁극적 아이러니는 대규모 폭동들(1953년 동독, 1956년 헝가리, 폴란드의 '연대')이 원래 **노동자들**의 봉기이고, 이것이 나중에야 고전적인 '반공' 운동의 터전이 되었다는 것이다. 공산주의 체제는 '외부의' 적에게 굴복하기 전에 자신의 오류에 관하여 이 '노동자와 농민의 국가'의 사회적 기반으로 여겨지는 사람들로부터 메시지를 받았던 셈이다. 그러나 바로 이 사실은 동시에 노동자들의 폭동에 어떤 실질적인 사회주의적 전망이 결여되어 있다는 것을 보여준다. 모든 경우 일단 운동이 폭발하면, 표준적인 '부르주아' 이데올로기(정치적 자유, 사적 소

---

* 연대라는 뜻으로서 폴란드의 자유노조 운동을 가리킴.

유, 국가 주권 등)가 부드럽게 헤게모니를 잡았다.

믿을 수 없는 민족주의자 그리고/또는 자유주의적 정치가들 때문에 혁명적 동력의 발현에 연거푸 제동이 걸린 이 수수께끼의 노동계급은 오늘날 마르크스주의의 실질적인 횔덜린들, 즉 현재 남아 있는 트로츠키주의자들 가운데 일부에게 **물신** 구실을 한다. 그들이 사태에 관한 전반적 해석을 유지할 수 있도록 부인disavowal을 가능케 해주는 개별적 요소인 것이다. 이들은 낡은 마르크스-레닌주의 틀에 물신주의적으로 고착되어 있는데, 이런 태도는 '새로운 패러다임'과 같은 유행을 타는 논의 ― 예를 들어 노동계급 등의 낡은 '좀비 같은 개념들'을 어떻게 버릴 것인가. ― 와 대척점에 있다. 그러나 이 둘은 오늘날 떠오르는 '새로움'을 생각하려는 노력을 회피하는 상호 보완적인 두 방법이기도 하다. 여기서 먼저 해야 할 일은 이런 '진정한' 노동계급은 **존재하지 않는다**는 사실을 완전히 받아들여 그런 부인을 없애버리는 것이다.[3] 앞의 입장에 네 가지를 더 보태면, 오늘날 좌파의 서글픈 곤경에 관한 아주 분명한 그림을 얻을 수 있다. '문화전쟁'(페미니스트, 동성애자, 인종차별 반대자 등의 다문화주의적 투쟁)을 해방 정치학의 지배적 영역으로 받아들이는 것. '복지국가'의 업적을 보호하는 순수하게 방어적인 자세. 사이버 공산주의(새로운 매체가 직접적으

---

3 그들의 다른 물신은 오로지 레닌이 스탈린을 해임하려는 노력에서 트로츠키와 힘을 합치는 데 성공하지 못했기 때문에 소련의 사태가 나쁜 방향으로 흘러갔다는 믿음이다. 이런 물신은 트로츠키 자신에게서도 발견된다. 그는 바로 자신의 '구조적 교조주의'(역사 발전의 보편적인 '마르크스주의적' 구도에 집착했던 것) 때문에 스탈린주의를 스탈린의 개인 성격의 산물로 이해하는 이상으로 나아갈 수가 없었다.

로 새롭고 진정한 공동체를 위한 조건을 창조할 것이라는 관념)에 대한 순진한 믿음. 마지막으로 항복 그 자체인 '제3의 길'. 그러나 현재의 반지구화 운동이 마침내 다시 자본주의를 해결책으로도, '여러 문제들 가운데 하나'인 문제로도 받아들이지 않고 자본주의야말로 바로 문제 **자체**라고 생각함으로써 새로운 수준으로 나아가게 될 것이라는 희망을 품어보자.

레닌에 대한 참조는 이런 그릇된 선택들의 악순환을 깨려는 노력의 기표 역할을 해야 한다. 제일 먼저 할 일은 기본적인 정치 갈등이 — 심지어 겉으로 보기에는 '비정치적인' 적대의 경우에도 — 계속해서 은밀한 기준점 구실을 하는 방식을 해독하는 법을 배우는 것이다.

'비정치적인' 입장으로 눈에 띄는 시리즈인 크쥐스토프 키에슬로프스키의 「십계Decalogue」를 예로 들어보자. 「십계」를 촬영한 역사적 상황을 알고 있는 관객에게 가장 먼저 눈에 띄는 점은 정치에 대한 언급이 전혀 없다는 점이다. 이 시리즈는 제2차 세계대전 후 폴란드 역사에서 가장 심한 격동기(야루첼스키 장군이 '연대'를 제어하려고 쿠데타를 일으킨 뒤 비상사태를 선포한 상황)에 찍었음에도, 키에슬로프스키는 이야기에 직접적인 반체제적 스릴이라는 양념을 뿌려 쉽게 점수를 따고 싶은 유혹에 저항한다. 그러나 면밀히 분석해보면 이런 노골적인 정치화를 피한 것 자체가 그 본래의 역사적 맥락에서는 뛰어난 정치적 제스처라는 사실이 드러난다. 지배적인 공산주의 체제만이 아니라, 적어도 고전적인 반공주의 형태로 나타난 '반체제적' 반대도 거부한다는 제스처인 것이다. 나아가서 정치적 차원은 그냥 없는 것이 아니라 **적극적으로 지워버린 것**이다. 「제1계명」에서 과학과 종교

사이의 갈등이 ('과학적인' 무신론적) 공산주의와 (종교적인) '연대'의 반체제 인사들 사이의 정치적 갈등의 암호화된 정식화라고 한다면,[4] 과학과 종교가 서로를 중단시키는 파국은 「십계」의 세계의 탈정치화를 선언한다. 그 나름의 전형적인 외상들(윤리적 선택, 정절, 낙태)을 갖고 있는 중간계급 사생활의 세계 테두리에 머물겠다는 뜻이다.

여기에서 나는 키에슬로프스키의 이전 작품인 「눈먼 우연Blind Chance」(1981)으로 돌아가보고 싶은 유혹을 느낀다. 이 영화의 줄거리는 이렇다. 비텍은 기차를 타려고 달려간다. 이어 겉으로 보기에는 평범한 이 사건이 그의 남은 인생에 어떤 영향을 줄 수 있는지 보여주는 세 편의 이야기가 나온다. 첫째, 비텍은 기차를 타고, 정직한 공산주의자를 만나, 스스로 당 활동가가 된다. 둘째, 기차를 타려고 달려가다가 철도 경비원을 넘어뜨리는 바람에 체포되어 재판에 회부되고, 공원에서 무보수 노동을 하는 형을 선고받게 되며, 여기에서 반체제 인사를 만나 전투적인 반체제 인사가 된다. 셋째, 기차를 놓치는 바람에 하다 만 공부를 계속하고, 학생과 결혼하여, 정치에 말려들기 싫어하는 의사로서 평화로운 인생을 산다. 그러다 심포지엄에 참가하기 위해 해외 출장을 가는데, 그가 탄 비행기가 공중에서 폭발한다……. 세 번째가 유일하게 '진실한' 이야기라고 주장할 만하다면(처음 둘은 비텍이 죽음을 맞이할 때 환각 상태에서 본 대안들이었다), 이 영화는 공산주의자들과 반체제 인사들 사이의 투쟁이 막다른 골목

---

4   Kieslowski 심포지엄에서 Frederic Jameson의 발표(UCLA, 2001년 4월) 참조.

에 이른 뒤에 사생활로 탈출하는 것을 암시한다고 이야기할 수 있다. 간단히 말해서 「눈먼 우연」은 「제1계명」의 암호를 푸는 열쇠를 제공하는 것이다.

그러나 정말 이 셋으로 완결인 걸까? 일종의 종결부 역할을 하는 듯이 보이는 마지막 파국(주인공이 비행기 사고로 죽는 것)이 암시하듯이 더 이상 선택할 여지가 없는 것일까? **네 번째** 선택이 있다면 어떨까? 공산주의/반체제의 대립을 **넘어서서** 그것을 재정치화하고, 또 그 대립을 공산주의 이후 탈정치적 사회에서 지양한다면?[5] 이 재정치화는 이전의 정치화의 외부에 있는 것이 아니다. 그 기초는 오히려 겉으로 보기에는 대립적인 두 극단, 즉 공산주의와 반체제의 교차점으로 생각해야 한다. 외국과 접촉이 허용되기 때문에 사회주의하에서도 번창하는 일종의 진정한 비밀 공동체인 우표 수집가 협회가 등장하는 「제10계명」은 그런 방향을 가리키지 않을까?[6] 따라서 이런 우

---

5 이 사회는 이전의 대립, 즉 공산주의자들과 반체제 인사들의 대립의 양극의 한계를 소급적으로 드러낸다. 반체제 인사들의 승리 자체가 그들 자신의 무덤을 파는 행위였다는 것이다. 공산주의 이후 폴란드에서 자본의 이해관계를 대변하는 공산주의자들 출신의 정부가 '연대' 운동의 요람인 그다인스크 조선소를 폐쇄한 사실이 보여주는 교훈도 그것이 아닐까?

6 Fredric Jameson, Kieslowski 심포지엄 발표 참조. 따라서 우리는 키에슬로프스키의 작품에서 언뜻 주변적으로 보이지만, 그럼에도 핵심적인 면인 정치적인 수준에 관심을 기울여야 한다. '연대'의 정치적 시위가 벌어지는 광장에서 두 베로니크가 만나는 「베로니카의 이중생활(The Double Life of Véronique)」의 핵심적인 장면을 예로 들어보자. 이 만남은 빙빙 돌며 회전하는 숏으로 제시되는데, 이것은 히치콕의 「현기증」에 나오는 유명한 360도 숏을 연상시킨다. 따라서 카메라의 회전운동은 우리

표 수집가 협회는 정신 분석 협회로부터 전복적인 반半합법 정치 조직에 이르기까지 공동체 정신이 살아남은 다른 협회들의 모델이 아닐까? 여기에는 또 다른 측면이 있다. 프레드릭 제임슨은 오늘날에는 음모론(이것은 민재들의 깽지식 인식론으로서, 사신들이 느끼는 당혹스러움을 배후에서 조종하는 은밀한 적에 관한 환상에 투사하는 것이며, 이런 식으로 그 적에 의지하면 모든 것이 설명된다)에 반대하는 표준적인 통념으로는 충분치 않다는 점을 지적했다. 외려 오늘날 지속되는 많은 현상들(반공개 정부 부서의 활동, 대기업의 전략)을 일종의 음모론으로 설명되어야만 한다는 것이다. 그들과 싸우기 위해서는 우리 나름의 반半비밀 조직이 점점 더 필요해진다. 어쩌면 많은 비방을 받은 『무엇을 할 것인가』에

가 서로 다른 현실들이 결합하는 소용돌이의 가장자리에 있으며, 이 소용돌이가 이미 영향력을 행사하고 있다는 사실을 보여준다. 여기서 한 걸음 더 나아가면, 다시 말해서 두 베로니크가 실제로 대면하여 서로를 알아보면, 현실은 해체될 것이다. 사람이 자신의 분신, 다른 시공간에 존재하는 자기 자신과 만난다는 것은 세계의 가장 근본적인 구조에서 배제되는 것이기 때문이다. (한 여배우[헤일리 밀스]가 쌍둥이 자매 역을 맡았던 디즈니의 『페어런트 트랩』의 맥락에서 보면 이런 불가능한 만남의 할리우드판이 어떻게 될지 쉽게 상상할 수 있다. 두 베로니크는 서로 알게 된 뒤 장소를 바꾼다. 폴란드의 베로니크는 프랑스로 가고, 프랑스의 베로니크는 폴란드로 가는 것이다.) 이런 회전운동이 경찰이 시위자들을 해산하려고 하는 광장에서 벌어지는 것도 놀랄 일은 아니다. 현실을 해체하겠다고 위협하는 소용돌이는 기존의 사회정치적 질서를 해체하겠다고 위협하는 정치적 혁명의 전망에 반영되기 때문이다. 흥미롭게도 「베로니카의 이중생활」의 2부, 그러니까 프랑스 부분에서도 이렇게 정치적 현실이 순간적으로 나타나는 장면이 나온다. 파리의 가르 생라자르 외곽에서 테러리스트의 폭탄이 터지는 것이다. 베로니크는 이곳에서 그녀에게 암호화된 메시지를 보내던 수수께끼의 인물을 만나게 된다. 동유럽에서는 정치적 시위가 벌어지고, 서구에서는 데리다[?]드의 공격이 벌어지는 것이다.

서 레닌이 이야기한 '당'의 공식이 오늘날 새로운 타당성을 얻게 된 것인지도 모른다.

최근 존 버저John Berger는 인터넷 투자 중개사인 '셀프트레이드'의 프랑스 포스터를 두고 주목할 만한 점을 지적했다. 이 포스터를 보면 금으로 만들고 다이아몬드로 장식을 한 낫과 망치의 이미지 밑에 다음과 같은 글이 적혀 있다. "모두가 주식시장에서 이익을 본다면 어떨까?" 이 포스터의 전략은 분명하다. 오늘날 주식시장은 평등주의적인 공산주의적 기준에 부응한다. 이 시장에는 모두가 참여할 수 있다. 버거는 간단한 머릿속 실험을 해 본다. "오늘날 금으로 만들고 다이아몬드로 장식을 한 나치 십자 기장으로 광고 캠페인을 한다고 상상해보라! 물론 먹히지 않을 것이다. 왜? 나치 철십자는 패자가 아니라 잠재적 승자를 상기시키기 때문이다. 그것은 정의가 아니라 지배를 떠올리게 한다"[7] 이와는 달리 낫과 망치는 "역사가 결국 우애의 정의를 위하여 투쟁하는 사람들의 편이 될 것"이라는 희망을 떠올리게 한다.[8] 따라서 '이데올로기들의 종언'이라는 지배 이데올로기가 그 희망이 사망했음을 공식적으로 선포한 바로 그 순간에 모범적인 '탈산업화' 기업(인터넷으로 주식을 거래하는 것보다 더 '탈산업적'인 것이 있을까?)이 자신의 메시지를 전달하려고 이 잠든 희망을 동원했다는

---

7   John Berger, "The Hammer and Sickle", *Janus*, 5(2000), p. 16.

8   같은 책, p. 17. 나치즘과 스탈린주의의 핵심적 차이는 물론 나치 체제는 실제로 기본적 생산관계에 개입하지 않은 반면, 스탈린주의적 강제 집단화는 이 관계를 근본적으로 바꾸려는 의지를 암시했다는 점이다.

것은 아이러니다.[9] '레닌을 반복하는 것'은 여전히 우리를 쫓아다니는 이 희망에 새로운 희망을 준다는 뜻이다.

그 결과 레닌을 **반복**하는 것은 레닌으로 **회귀**하는 것을 의미하지 않는다. 레닌을 되풀이하는 것은 '레닌이 죽었다'는 것, 그의 특수한 해법이 실패했다는 것, 그것도 아연할 정도로 실패했다는 것, 그러나 그 안에 구해낼 가치가 있는 유토피아적 불꽃이 있다는 사실을 받아들이는 것이다.[10] 레닌을 반복한다는 것은 레닌이 실제로 한 일과 그가 연 가능성의 영역을 구분한다는 뜻이다. 레닌이 실제로 한 일과 또 다른 수준, 즉 '레닌 내부에서 레닌 자신을 넘어선' 것 사이의 긴장을 받아들여야 한다는 것이다. 레닌을 반복한다는 것은 레닌이 **한 일**을 반복하는 것이 아니라, 그가 **하지 못한 일**, 그가 놓친 기

---

9 비슷한 머릿속 실험을 해보자. '현실 사회주의'의 마지막 시절에 항의하던 군중은 당국에게 그들이 이행하지 못한 약속을 상기시키기 위하여 국가를 포함하여 공식적인 노래들을 부르곤 했다. 1989년에 동독의 군중이 그냥 동독 국가를 부르는 것보다 더 나은 일이 뭐가 있었겠는가? 그 가사("독일이여, 통일된 조국이여[Deutschland Einig Vaterland]")가 새로운 사회주의 국가로서 동독을 강조하는 데 어울리지 않았기 때문에, 동독에서는 1950년대 말부터 1989년까지 이 노래를 공적인 자리에서 부르는 것이 금지되어 있었다. 공식 행사에서는 가사 없이 곡만 연주했다. (따라서 동독은 국가를 부르는 것이 범죄행위가 되는 유일한 나라였다!) 나치즘 아래에서도 똑같은 일을 상상할 수 있을까?

10 어쩌면 마르크스가 (암묵적으로) 그랬던 것처럼, 노동계급('객관적인' 사회적 범주, 사회학 연구의 논제)과 프롤레타리아(어떤 주체적 위치 — 오래된 그리고 약간 불행한 표현을 사용하자면, '대자적' 계급, 사회적 부정성의 구현체)의 구분을 복원해야 할지도 모른다. 우리는 사라지고 있는 노동계급을 찾으려 하는 대신 이렇게 물어야 한다. 누가 오늘날 프롤레타리아의 위치를 차지하고, 또 주체화할 수 있는가?

회를 반복한다는 것이다. 오늘날 레닌은 다른 시간대에서 온 인물처럼 보인다. 중앙집권적인 '당'의 개념 등이 '전체주의적 위협'으로 다가온다는 말이 아니다. 이제는 우리가 적절하게 관련을 맺을 수 없는 다른 시대에 속한 것처럼 보인다는 뜻이다.

그러나 이 사실을 레닌이 낡았다는 증거로 읽는 대신, 어쩌면 그 반대의 추측을 하는 모험을 해야 할지도 모른다. 레닌의 이런 불가해함이 **우리 자신의** 시대에 뭔가 문제가 있다는 표시라면 어쩔 것인가? 우리가 레닌을 관련이 없는 것으로, 우리의 포스트모던 시대와 '어긋난' 것으로 경험한다는 사실이 우리 시대 자체가 '어긋나 있다'는, 어떤 역사적 차원이 우리 시대로부터 사라지고 있다는 훨씬 더 불안한 메시지를 전해주는 것이라면 어쩔 것인가?[11] 어떤 사람들에게는 이런 주장이 헤겔의 악명 높은 경구에 위험할 정도로 가까이 다가간 것으로 보일 수도 있다. 헤겔은 9번째 행성(명왕성)이 발견되어 태양 주위를 공전하는 행성은 8개밖에 없다는 자신의 연역이 틀렸다는 것이 증명되자 이렇게 말했다. "사실한테는 그만큼 더 나빠진 셈이로군!" 우리가 거기에 다가간 것이라면 우리는 이 역설을 완전히 떠안을 준비를 해야 한다.

계몽주의 이데올로기가 18세기 프랑스에서는 어떻게 진화했던

---

11   더 일반적인 방법론적 수준에서 우리는 또 일반적인 유사(pseudo) 니체적인 관점도 뒤집어야 한다. 이 관점에 따르면 우리가 우리의 역사 편찬에서 구축하는 과거는 우리의 현재 문제의 한 증상, 한 표현일 뿐이다. 그러나 반대로 우리 자신 — 우리의 현재 — 이 과거의 해결되지 않은 막다른 골목의 증상이라면 어쩔 것인가?

가? 우선 살롱의 시대가 있었다. 이 시기에 철학자들은 평등, 권력의 기원, 인간의 본성 등에 관한 자신들의 '급진적인' 관념들로 자신들의 후원자, 즉 관대한 백작과 백작부인, 심지어 왕과 여제(홀바흐는 프리드리히 대제, 디드로는 예카테리나 대제)에게 충격을 주려 했다. 그러나 이 모든 것은 일종의 지적인 게임을 벗어나지 않았다. 이 단계에서 누군가 이런 관념들을 문자 그대로 받아들였다면, 급진적인 사회정치적 변화를 위한 청사진으로 받아들였다면 아마 그 이데올로그들 자신도 충격을 받았을 것이다. 이 이데올로그들은 계몽된 귀족의 측근이거나 루소처럼 외롭고 애처로운 인물이었다. 그들은 이반 카라마조프가 배다른 사생아 형제이자 하인이 자신의 니힐리즘적인 생각을 그대로 행동에 옮겨 아버지를 죽였다는 것을 알았을 때처럼 역겨움을 느꼈을 것이다.

지적인 게임으로부터 실제로 '대중을 사로잡는' 관념으로 이렇게 이행하는 것이 바로 **진리**truth의 순간이다. 여기에서 지식인은 자신의 메시지를 뒤집힌/참된 형태로 다시 듣는다. 프랑스에서는 루소의 점잖은 성찰에서 자코뱅의 공포정치로 넘어간다. 마르크스주의의 역사에서 이런 이행이 일어나는 것, 즉 게임이 **진정으로** 끝나는 것은 레닌의 경우뿐이다. 이 똑같은 이행을 되풀이하여, 게임을 하는 '포스트모던' 급진주의로부터 **게임이 끝나는** 영역으로 운명적인 걸음을 내딛는 것은 우리에게 달린 일이다.

사회주의는 지금까지 인간 역사 전체에서 최고의 성취들을 종합한 것이라는 오래된 농담이 있다. 선사시대 사회에서는 원시주의를 가져왔다. 고대 세계에서는 노예제를 가져왔다. 중세 사회에서는 야만적 지배를 가져왔다. 자본주의에서는 착취를 가져왔다. 그리고 사회주의에서는 이름을 가져왔다……[12] 레닌의 자세를 되풀이하려는 우리의 시도에 관해서도 비슷한 이야기를 할 수 없을까? 보수적인 문화 비평으로부터는 오늘날의 민주주의가 이제는 핵심적인 결정이 이루어지는 현장이 아니라는 관념을 가져온다. 사이버 스페이스 이데올로그들로부터는 전 지구적 디지털 네트워크가 공동체 생활을 위한 새로운 공간을 제공한다는 등의 관념을 가져온다. 레닌으로부터는 대체로 이름 자체만 가져온다…….

그러나 이렇게 이름을 가져오는 것만으로도 '레닌으로의 회귀'를 **지지하는** 주장으로 간주될 수 있다. 사실 "레닌"이라는 기표가 그 전복적인 날카로움을 얼마나 유지하고 있는지는 금세 알 수 있다. 예를 들어 오늘날의 민주주의는 역할을 다 했다, 중요한 결정은 거기서 이루어지지 않는다는 '레닌주의적' 주장을 하면 바로 '전체주의'라고 비난을 받는다. 그러나 사회학자나 심지어 바츨라프 하벨Václav Havel이 비슷한 주장을 하면 그들은 깊은 통찰을 보여주었다는 찬사를 받는다……. **이런** 저항에 부딪히는 것이야말로 "왜 레닌인가?"라는 질문에 대한 답이다. 다른 곳에서 발견되는 그런 내용을 **형식화**하고, 일련의 일반적인 개념들을 전복적인 이론적 구성체로 바꾸는 것이 "레닌"이라는 기표이기 때문이다.

---

12 이 농담의 라캉적인 독법에 대한 자세한 내용은 Žižek, Tarrying *with the Negative* 2장 참조.

2008년 한국어판 옮긴이 후기

타자기로 쳐서 여러 번 복사하는 바람에 잘 보이지도 않는 레닌의 『무엇을 할 것인가』 번역판을 처음 읽었을 때의 충격을 기억하는 사람들이 아직도 꽤 있을 것이다. 무엇에 충격을 받았던 것일까? 대부분 그 내용, 또는 어떤 행동 방침을 꼽을지 모르지만, 그런 내용을 빚어낸, 어떤 면에서는 생경하다고까지 할 수 있는 발상에도 적잖이 충격을 받았을 것이다. 사실 이 문건의 영향력이나 그 뒤의 흐름을 생각해볼 때, 레닌의 생각이 야기한 결과보다는 생각하는 방법으로부터 받은 충격이 좀 더 강했더라면 하는 아쉬움이 남기도 한다(『무엇을 할 것인가』가 스스로 생각할 것을 장려하는 내용과는 거리가 멀다는 점에서 아이러니이기는 하지만). 사실 많은 경우 생각의 결과를 받아들이는 것은 상대적으로 쉽지만, 생각하는 방법을 배우기는 그렇게 쉽지 않은 것 같다. 최악의 경우 그야말로 '포즈'만 가져오는 폐해 또한 만만치 않기도 하다.

당연한 말이지만, 한 개인의 하루하루와 마찬가지로 사회적인 상황 또는 위기도 늘 되풀이되는 것인 동시에 늘 전례 없는 것이기도 하다. 이런 상황에서 개인이든 어떤 역사적 과제를 떠안은 집단이든 전과 다름없는 결과를 되풀이해 내놓기도 하고, 외려 전보다 못한 결과에 좌절하기도 하고, 간혹 전례 없는 결과물을 창조해내기도 한다. 1917년 2월혁명 이후 러시아의 상황도 10여 년 전에 벌어졌던 상황의 되풀이인 동시에 전례 없는 상황이기도 했다. 많은 사람들이 어떤 틀에 맞추어 그 상황을 재단하면서 이전 역사 또는 다른 나라의 예와 비슷한 결과물을 만들어내려 했다. 그러나 레닌은 심지어 부인 크루프스카야에게 제정신이 아니라는 말을 들어가면서까지 새로운 눈으로 상황을 보고 또 새로운 주장을 했으며, 마침내 어떤 사람들은 경탄하고 어떤 사람들은 경악하는 전례 없는 결과물을 만들어냈다. 도대체 레닌은 어떤 식으로 생각을 했던 것일까?

지젝은 바로 그 점을 확인하기 위해, 『혁명의 기술에 관하여』에 레닌이 1917년 2월부터 10월 사이에 쓴 주요 문건들을 모아놓았다. 현재의 시점에서 이 글들을 일독하는 것은 그 자체로도 상당히 흥미 있는 일이 될 것이다.

그러나 지젝이 현 시점에서 90년 전 레닌의 글들을 다시 읽어보자고 하는 것은 회고 취미나 단순한 지적인 흥미 때문은 아니다. 자신의 앞에 놓인 21세기의 상황이 어떤 면에서는 1917년 레닌 앞에 놓인 상황의 되풀이인 동시에 전례가 없는 상황이라고 판단했기 때문이다. 그래서 이 책 『레닌의 유산: 진리로 나아갈 권리』에서는 직접 나서서, 현재의 상황을 염두에 두면서 1917년에 레닌이 했던 생각을 살펴본다. 물론 레닌의 생각이 야기한 '낡은' 결과물을 가져오려는 것이 아니라, 레닌이 생각하던 방식, 또 그 앞뒤의 배경이나 결과를 추적하면서 거기서 배울 것을 배워 현재의 상황을 돌파할 해법을 모색하려는 것이다. 레닌이라는 날실을 지젝 자신의 공부, 그리고 그 나름의 독보적인 발상과 사유라는 씨실과 엮어 옷감을 짜 나아가는 일이니, 그 복잡하고 입체적인 무늬를 파악해 나아가는 것도 만만치는 않은 일이다. 그러나 결과만을 암기하려 하지 않는 다음에야 그런 까다로움이 바로 즐거움이기도 한 것 아닐까. 사실 우리 앞에 놓인, 언젠가 본 것 같으면서도 뭔가 다른 상황을 두고 생각을 갈아 날을 세우는 데 이만큼 좋은 기회도 드물지 싶다.

지젝의 논평이나 발상에 대해 레닌 자신은 과연 뭐라고 응수할까? 자못 궁금한 일이지만, 아쉽게도 그것은 이 책이 제공할 수 있는 범위를 넘어선다. 그 점은 각자 머릿속의 레닌에게 직접 물어볼 수밖에.

이 책을 번역하면서 일일이 거명할 수 없을 만큼 많은 도움을 받았지만, 한 가지만큼은 언급해두고 싶다. 레닌이 쓴 글들을 번역하면서 멀리는 20여 년 전에 나온 번역들까지 들추어보게 되었는데, 그 결과 번역을 업으로 삼고 사는 사람으로서 여러 대목에서 감탄하지 않을 수 없었다는 것이다. 그 익명의, 또는 가명의 번역자들의 뜨거움과 젊음에 경의를 표한다.

2017년 한국어판 옮긴이 후기

───────

이 책의 첫 번역판이 나온 것은 2008년, 지금으로부터 거의 10년 전이다. 이명박 대통령이 취임한 것이 2007년이니 책을 번역하는 사람이나 펴내는 사람이나 읽는 사람이나 어떤 심정이었을지 짐작이 간다. 그 마음은 이후 10년 간 비슷했을 것이다. 한편으로는 이 책에서 많은 위로를 받기도 했을 것이다.

지젝이 매우 중시하고 높이 평가하는 것 가운데 하나가, 세계대전이 벌어지면서 이른바 좌파 대부분이 애국주의로 기울고 있던 시점에서, 또 그것을 이런저런 궤변으로 합리화하는 상황에서, 레닌만이 거의 유일하게 거기에서 벗어나 세계대전을 제국주의 전쟁으로 규정하고 반대했다는 점이다. 아마도 지젝이 레닌의 글을 모으고 거기에 공들여 주석 겸 해설을 쓴 것은 그런 점, 레닌이 어떤 상황에서도 자신의 당파성을 가장 깊고 견고한 진리와 결합시키려는 노력을 멈추지 않았다는 점 때문이 아닐까 싶다. 지젝 또한 좌파마저 상품화되는, 세계를 해석할 뿐 아니라 바꾸는 역할을 한다는 좌파의 긍지가 희화화되는 세계에 살고 있기 때문이다.

우리는 우리 나름으로 지난 10년 동안 끝 모르는 퇴행을 지켜보고, 때로는 거기에 휩쓸렸으며, 그 와중에 많은 사람들이 그 10년 이전까지 거슬러 복기하고 또 다음 수를 내다보았을 것이다. 그럴 때 레닌과 지젝을 연결하는 『혁명의 기술에 관하여』와 『레닌의 유산: 진리로 나아갈 권리』가 몇몇 사람에게는 위로도 되고 보탬도 되었으리라 짐작해보는 것이다. 물론 레닌이든 지젝이든, 어떤 사람을 또는 어떤 경험을 복제하려는 시도는 당연히 어리석은 일이며, 이 책을 펼친 독자들이 그런 어리석음에서 출발했을 리도 없다. 그러나 상황을 궁구하고 진지하게 한 걸음을 내딛고자 하는 마음과 논리들이 서로를 비추며 위로도 되고 보탬도 되리라는 것 또한 분명하다.

레닌에게 러시아 민중의 폭발이 마치 '도적'처럼 다가왔듯이, 우리에게도 지난 10년을 마감하는 사건은 너와 내가 모두 참여했으면서도 동시에 우리 모두의 예상을 넘어서서 다가왔다. 그 덕분에 새로운 해방의 공기를 맛있게 숨 쉬고 있지만, 순식간에 현실은 우리 뒷덜미를 낚아채고 있다. 지난 10년을 마감한 것은 사실이지만, 그리고 그 사건으로 인해 새로운 10년, 20년이 잉태되고 있겠지만, 당장 눈앞에 밀려오는 현실은 우리의 생각이 여전히 얕다는 사실을 여지없이 드러낸다. 그래서 혹시 이 책이 다시 위로가 되고 보탬이 될지도 모른다는 생각도 든다. 여전히 그럴 만한 책이면 좋겠다. 마침 올해는 러시아혁명 100주년이다. 어떤 식으로든 그 영향을 받고 살아온 우리 모두가 다시 큰 그림을 살펴보는 세기가 되기를 기대한다.

러시아혁명 연보

1861년, 알렉산드로 2세가 농노 해방령을 실시하다.

1870년 4월 22일, 블라디미르 일리치 레닌이 출생하다.

1902년, 레닌이 『무엇을 할 것인가』를 발표하다.

1905년 1월 9일 '피의 일요일', 군인들이 수도 상트페테르부르크에서 8시간 노동제와 최저임금제를 요구하며 평화 시위를 하고 있던 14만 명의 노동자들에게 발포하여 수백 명이 죽고 수천 명이 부상당한 사건이 벌어지다. 러시아 전역으로 시위가 확산되고, 노동자들은 총파업을, 농민들은 폭동을, 일부 군인들은 반란을 일으키다. 9월, 러일전쟁에서 러시아가 패배하다.

• 날짜는 러시아력(율리우스력)을 따랐다.

10월, 니콜라이 2세는 국민의 기본권과 자유, 선거에 의한 제헌 의회 창설을 약속하는 '10월선언'을 발표하다.

12월, 모스크바 노동자들이 10일 간 무장봉기를 일으키다.

1906년 5월, '10월선언'에 따라 간접선거에 의한 러시아 최초의 입법 의회 '두마'가 구성되다.

1914년 8월, 제1차 세계대전이 발발하다.

1917년 1월 9일, '피의 일요일'을 기념하여 페테로그라드의 노동자 5만 명이 파업에 동참하다.

2월 23일 '2월혁명', '세계 여성의 날'에 페트로그라드에서 식량 배급을 받기 위해 줄을 서고 있던 여성들이 시위를 시작하면서 혁명이 촉발되다. 여성들과 노동자들이 "차르 타도!" "빵을 달라!" "전쟁 반대!" 등의 슬로건을 내걸고 파업과 시위를 시작하다. 니콜라이 2세는 카발로프 장군은 니콜라이 2세의 진압 명령을 거부하였고, 일부 군부마저 반란을 일으켜 시위대에 가담하기 시작하다.

3월 2~15일, 니콜라이 2세가 퇴위하고, 두마 임시위원회가 임시정부를 수립하다. 로마노프 왕조 시대가 마감하다.

4월 4일, 스위스에 망명 중인 스위스로부터 독일이 제공한 열차 편으로 귀국한 레닌이 「4월테제」를 낭독하다. 이후 볼셰비키는 이를 강령으로 삼아 "모든 권력은 소비에트로"라는 슬로건을 내세워 임시정부에 대항하다.

4월 20~21일, 전쟁을 계속한다는 내용을 담은 비밀문서 폭로로 인해, 임시정부 외교정책을 반대하는 시위가 열리다.

5월 2일, 외무장관 밀류코프가 사임하다.

6월 3~24일, 전 러시아 소비에트 1차 대회에 개최되었다. 레닌은 볼셰비키 소수파를 대표하여 정권 장악을 선언하다.

7월 3~7일, 페트로그라드의 일부 병사들과 노동자들이 임시정부 타도를 외치며 무장봉기를 일으키다. 임시정부는 이를 볼셰비키 탄압의 구실로 삼아 트로츠키와 콜론타이 등 주요 지도자들을 체포하다. 레닌은 핀란드로 탈출하다.

7월 중순, 레닌이 「슬로건에 관하여」를 작성하다.

7월 24일, 케렌스키가 새로운 총리로 하는 3차 임시정부가 수립되다.

8월 27~31일, 코르닐로프 총사령관의 쿠데타가 실패하다.

9월 10~14일, 레닌이 「임박한 파국, 어떻게 그것과 싸울 것인가」를 작성하다.

9월 14일, 레닌이 「혁명의 한 가지 근본 문제」를 「라보치 푸트」에 발표하다.

9월 15일, 레닌이 「볼셰비키는 권력을 장악해야 한다」를 페트로그라드 볼셰비키 지도부에 전달하다.

9월 25일, 볼셰비키가 페트로그라드 소비에트에서 다수파가 되고, 트로츠키가 페트로그라드 소비에트 의장이 되다.

9월 29일, 레닌이 「위기가 무르익었다」를 작성하다.

10월 8일, 레닌이 「한 국외자의 조언」을 작성하다.

10월 10일, 볼셰비키 당 중앙위원회 회의에서, 레닌이 주장대로 무장봉기 조직과 권력 장악을 의사일정으로 확정하다.

10월 17일, 레닌이 「동지들에게 보내는 편지」를 작성하다.

10월 24~25일 '10월혁명'. 볼셰비키가 무장봉기를 일으켜 저항 없이 수도 페드로그라드를 점령하다. 혁명군사위원회는 임시정부의 해체를 선언하고 정권을 장악하다.

10월 25~26일, 전 러시아 소비에트 2차회의가 개최되다. 26일 새벽, 겨울궁전에 있던 임시정부 각료들을 체포하다. 오전 5시, 레닌이 작성한 선언문 「노동자, 병사, 농민에게」를 채택하여 혁명정부 수립을 합법화하다.

10월 26~27일, 전 러시아 소비에트 대회가 레닌의 「평화와 토지에 관한 포고령」을 인준하고, 레닌을 의장으로 하는 볼셰비키 혁명정부인 '인민위원회' 수립을 선언하다.

찾아보기

음악·영화·책

용어

옮긴이 **정영목**

서울대학교 영문학과를 졸업하고 동 대학원을 졸업했다. 현재 전문번역가로 활동하며 이화여대 통역번역대학원 교수로 재직 중이다. 제3회 유영번역상과 제53회 한국출판문화상(번역 부문)을 수상했다. 옮긴 책으로 『마르크스 평전』『프로이트』(1, 2) 『호치민 평전』『로드』『카인』『죽음의 중지』『텍스트의 포도밭』『굴드의 피아노』『권력의 법칙』『제5도살장』『카탈로니아 찬가』『눈먼 자들의 도시』 등이 있다.

파국과 혁명 사이에서 **2**

레닌의 유산: 진리로 나아갈 권리

1판 1쇄 펴냄 | 2017년 10월 25일

지은이   슬라보예 지젝
옮긴이   정영목
발행인   김병준
편집장   김진형
편   집   유승재
디자인   박연미·이순연
발행처   생각의힘

등록   2011. 10. 27. 제406-2011-000127호
주소   경기도 파주시 회동길 37-42 파주출판도시
전화   031-955-1653(편집), 031-955-1321(영업)
팩스   031-955-1322
전자우편   tpbook1@tpbook.co.kr
홈페이지   www.tpbook.co.kr

ISBN 979-11-85585-44-4 04300
ISBN 979-11-85585-42-0 04300 (세트)

이 도서의 국립중앙도서관 출판시도서목록(CIP)은
서지정보유통지원시스템 홈페이지(http://seoji.nl.go.kr)와
국가자료공동목록시스템(http://www.nl.go.kr/kolisnet)에서
이용하실 수 있습니다.(CIP제어번호: CIP 2017025167)